„BESCHÄFTIGUNGSWUNDER"? - FAKTEN UND FAKTOREN

Ein internationaler Vergleich beschäftigungspolitisch erfolgreicher Länder

Die Publikationen der Reihe ARBEIT IM UMBRUCH entstanden im Rahmen des transnationalen Projekts **Job Transfer Europe** mit der Förderung durch das Land Nordrhein-Westfalen und die Europäische Union (Gemeinschaftsinitiative ADAPT).

INHALT

1 EINLEITUNG

Betrachtet man die Überschriften der Wirtschafts- und Tagespresse, so wird z.T. erst auf den zweiten Blick deutlich, dass es sich um Kommentare zur europäischen Beschäftigungspolitik handelt und nicht um Artikel über das Abschneiden der deutschen Fußballnationalmannschaft. "Die Beschäftigungspolitik ist nur noch Zweite Liga" heißt es da beispielsweise, und gemeint ist speziell die deutsche Beschäftigungspolitik, die bei der Bewertung der 21 wichtigsten Industrienationen immer weiter zurückfällt.[1] Trotz einer leichten Entspannung auf dem Arbeitsmarkt nimmt Deutschland hier nur noch Platz 15 ein. Zu diesem Ergebnis kommt zumindest die vierte internationale Beschäftigungswertung der Bertelsmann-Stiftung, die die Beschäftigungspolitik der 21 bedeutendsten Industrieländer regelmäßig beurteilt.[2] Begründet wird dieses schlechte Abschneiden Deutschlands in der Studie u.a. damit, dass, anders als in

[1] Vgl. "Die Beschäftigungspolitik ist nur noch 'Zweite Liga'", in: WAZ, 29.06.2000.

[2] Vgl. Schröder, Jörg / van Suntum, Ulrich (1998): Internationales Beschäftigungsranking 1998. Gütersloh.

anderen Staaten, dringend notwendige Reformen auf den Arbeitsmärkten, in der Steuerpolitik und bei der Neuordnung der Sozialversicherungssysteme in der Bundesrepublik nicht durchgeführt wurden. Die Hauptprobleme für die Entwicklung in Deutschland liegen laut dieser Untersuchung bei der vergleichsweise hohen Langzeitarbeitslosigkeit und dem schwächsten mittelfristigen Beschäftigungszuwachs unter den 21 untersuchten Ländern. "In den Jahren 1998 und 1999 sei die Zahl der Erwerbstätigen nur um 0,4 bzw. 0,2% angestiegen. Die Niederländer hätten gleichzeitig Werte von 3 bzw. 2,5% erreichen können. Auch die Arbeitslosenquote sei hier mit 9,1% immer noch die sechsthöchste aller Industrienationen. Hinzu komme eine überdurchschnittliche Staatsquote und - vor allem in Ostdeutschland - eine anhaltende Investitionsschwäche"[3].

Doch nicht nur im internationalen Beschäftigungs-Ranking der Bertelsmann-Stiftung schneidet die deutsche Beschäftigungspolitik schlecht ab. Auch die EU-Kommission kritisiert sie massiv;[4] in einer Studie stellt die Kommission der deutschen Beschäftigungspolitik ein denkbar schlechtes Zeugnis aus und fordert von Deutschland zusätzliche Anstrengungen in einigen wichtigen Bereichen der Arbeitsmarktpolitik. In der Bewertung des nationalen deutschen Aktionsplans zur Beschäftigung für das Jahr 1998 kommt die EU-Kommission u.a. zu dem Schluss, dass in Deutschland vor allem das Po-

[3] "Die Beschäftigungspolitik ist nur noch 'Zweite Liga'", a.a.O.
[4] Vgl. auch zu den folgenden Ausführungen "EU-Kommission kritisiert deutsche Beschäftigungspolitik", in: Hamburger Morgenpost Online, 08.09.1999.

tenzial im Dienstleistungssektor nicht genutzt werde.[5] "In Deutschland seien lediglich 38,5 Prozent der Arbeitnehmer in Dienstleistungen tätig. In den erfolgreichsten EU-Ländern betrage dieser Prozentsatz jedoch bis zu 50 Prozent, sagte der für Arbeit zuständige scheidende EU-Kommissar Padraig Flynn. Die Behörde sieht ein bisher ungenutztes Potenzial von sechs Millionen Jobs. Als Hindernisse für neue Arbeitsplätze in diesem Sektor wurden Überregulierung und Steuern genannt"[6]. Darüber hinaus wird an der deutschen Beschäftigungspolitik bemängelt, dass zu wenig zur Bekämpfung der Langzeitarbeitslosigkeit getan werde. Im Kommissions-Bericht ist daher die Aufforderung zu finden, mehr für die vorbeugende Verhinderung von Langzeitarbeitslosigkeit zu unternehmen. Die Bundesrepublik müsste in diesem Zusammenhang vor allem konkrete Ziele und Zeitpläne formulieren. Die "Mängelliste", die die EU-Kommission für die deutsche Beschäftigungspolitik erstellt hat, ist damit jedoch noch lange nicht zu Ende. "Ein weiterer Punkt der Kritik war der Abstand in der Beschäftigungsrate zwischen Männern und Frauen, der einer der höchsten in der Union sei. Außerdem sei die Beschäftigungsrate für Arbeitnehmer zwischen 50 und 64 Jahren mit lediglich 47,5 Prozent gering. Besorgt zeigte sich die Kommission über die großen Beschäftigungsunterschiede zwischen den alten und den neuen Bundesländern. Empfohlen wird außerdem, die Belastung des Faktors Arbeit zu verringern und Steuern und Sozialbeiträge zu senken. Die Arbeitskosten sollten vor allem für geringbezahlte Jobs gesenkt werden"[7].

---

[5] Vgl. "Europäische Arbeitspolitik auf dem Prüfstand", in: TAZ, 08.09.1999.

[6] "EU-Kommission kritisiert deutsche Beschäftigungspolitik", a.a.O.

[7] ebd.

Neben der Kritik an der deutschen Beschäftigungspolitik benennt die angeführte Studie der Europäischen Kommission auch "Musterländer", in welchen die Arbeitslosigkeit in den vergangenen Jahren erfolgreich reduziert und darüber hinaus die Erwerbstätigkeit der arbeitsfähigen Bevölkerung erhöht werden konnte. Zu diesen Vorbildern werden u.a. Dänemark und Großbritannien gezählt. Aber auch die in den USA und in den Niederlanden entwickelten Konzepte gelten nach verbreiteter Auffassung immer mehr als Musterbeispiele für erfolgreiche Strategien zur Förderung der Beschäftigung und zum Abbau von Arbeitslosigkeit.[8] Betrachtet man diese aktuellen „Musterbeispiele" beschäftigungspolitisch erfolgreicher Länder genauer, so wird schnell deutlich, dass sich die Rangordnung der erfolgreichen "Ländermodelle" innerhalb weniger Jahre völlig gedreht hat. *Werner* macht darauf aufmerksam, dass noch Anfang der neunziger Jahre auch Deutschland in der Spitzengruppe der hochgelobten Musterländer gewesen wäre.[9] "Am unteren Ende der Rangskala hätte man die Niederlande, Dänemark und die USA gefunden. Insbesondere das Beispiel der USA ist aufschlußreich. Sie standen damals noch unter dem Eindruck einer tiefen Rezession und blickten ihrerseits über die Grenzen nach Anregungen. Heute hat sich die Situation umgekehrt. Japan befindet sich in einer Wirtschaftskrise, in Deutschland erreichten die Arbeitslosenzahlen einen neuen

[8] Vgl. Kleinhenz, Gerhard (1998): Was ist beschäftigungspolitischer Erfolg? In: Mitteilungen aus der Arbeitsmarkt- und Berufsforschung, 2/1998, S. 258.
[9] Vgl. Werner, Heinz (1998): Beschäftigungspolitisch erfolgreiche Länder - Was steckt dahinter? In: Mitteilungen aus der Arbeitsmarkt- und Berufsforschung, 2/1998, S. 324.

Rekord, die Beschäftigung ging seit einigen Jahren bis in die jüngste Zeit zurück. Demgegenüber befinden sich die USA im achten Jahr eines Wirtschaftsaufschwungs, die Arbeitslosigkeit sank auf das niedrigste Niveau seit fast 30 Jahren, die Beschäftigung steigt seit Jahrzehnten stetig an, so daß das Wort vom amerikanischen 'Beschäftigungswunder' die Runde macht. Aber auch in einer Reihe von europäischen Staaten geht die Arbeitslosigkeit zurück und steigt die Beschäftigung wieder"[10].

Das schlechte Abschneiden bei aktuellen Beschäftigungs-Rankings, aber auch die vielfältige Kritik an der deutschen Beschäftigungspolitik von unterschiedlichen Seiten, beispielsweise - wie dargestellt - von der EU-Kommission oder u.a. auch vom IWF[11] etc., erklärt, weshalb auf Deutschland, auf das jahrzehntelang erfolgreiche deutsche System der industriellen Beziehungen, nicht mehr geschaut wird, wenn nach innovativen Wegen aus der Arbeitslosigkeit gesucht wird. Wie ist diese Entwicklung vom einstigen "Vorzeigemodell" Deutschland zum "Auslaufmodell" zu erklären? "Blickt man über die Grenzen, springt zunächst ins Auge, daß andere Länder offenbar das Problem, Arbeitskräfteangebot und -nachfrage in Übereinstimmung zu bringen, sehr viel besser gelöst haben. Auch die 'Experimentierfreude', das soziale Sicherungssytem besser mit der Arbeitsmarkt - und Beschäftigungspolitik abzustimmen, ist in anderen Ländern offenbar ausgeprägter. (...) In der Diskussion um die Qualität des Wirtschaftsstandortes Deutschland und die Situation am deutschen Arbeitsmarkt wurde in letzter Zeit

[10] ebd.

[11] Vgl. Halusa, Martin (1999): IWF fordert Wende in der deutschen Arbeitsmarktpolitik, in: Die Welt online, 05.11.1999.

immer stärker auf politische Blockaden verwiesen, die jede Veränderung in unserem Lande verhinderten. Im Gegensatz dazu wird auf die vermeintlichen oder tatsächlichen Erfolgsbeispiele anderer Länder verwiesen, in denen notwendige Veränderungen entweder hart gegen widerstrebende Interessengruppen durchgesetzt worden seien oder die im gesellschaftlichen Konsens auf den Erfolgspfad gefunden hätten. Neben den USA (...) werden innerhalb Europas vor allem Großbritannien, Dänemark und die Niederlande genannt"[12]. Und tatsächlich, während in Deutschland die Arbeitslosenzahlen in den vergangenen Jahren unverändert auf hohem Niveau verharrten, ist es in anderen Ländern gelungen, trotz ähnlicher externer Bedingungen (hierunter sind vor allem die durch die Globalisierung veränderten internationalen Wettbewerbsbedingungen zu verstehen) Arbeitsplätze zu schaffen und die ökonomische Struktur an die neuen Wettbewerbsbedingungen anzupassen.[13] Es verwundert daher nicht, dass in Deutschland viel mehr als früher über die Grenzen geblickt wird, wenn nach Lösungen aus der Beschäftigungskrise gesucht wird. "Der neugierige Blick über den Tellerrand schärft den Sinn dafür, daß es nicht *den* europäischen Wohlfahrtsstaat gibt und auch kein vorzeigbares Modell mehr wie einst Schweden oder Deutschland, sondern ein Vielzahl variierender Teil-Lösungen. Neu ist auch, daß von nationalen Eliten nicht rundweg behauptet wird, 'so etwas ist mit der deutschen Tradition und Kultur

[12] Scherrer, Peter / Simons, Rolf / Westermann, Klaus (Hrsg.) (1998): Von den Nachbarn lernen. Wirtschafts- und Beschäftigungspolitik in Europa, Marburg, S. 9.
[13] Vgl. Hancké, Bob (1998): Deregulierung und Flexibilität als Wunderheilmittel. Fragen zur Übertragbarkeit des flexiblen Modells, in: WSI Mitteilungen, 4/1998, S. 255.

des Sozialstaats nicht vereinbar'. Politiker und andere Verantwortungsträger sind sensibler geworden für die Möglichkeit, konstruktive Verbesserungen und Strukturreformen des Sozialstaates in anderen Ländern zu inspizieren und langfristig auch zu importieren, und zwar mit gewissen Anpassungen an die eigenen Institutionen"[14].

Bei der Analyse der Beschäftigungssituation anderer Länder fällt aus deutscher Sicht sofort auf, dass die Beschäftigungsentwicklung in den USA, dem Vereinigten Königreich, den Niederlanden und in Dänemark, trotz teilweise unterschiedlicher Wege (z.B. verschiedener Maßnahmekombinationen), zumindest in den letzten Jahren deutlich positiver verlief als in Deutschland.[15] "Die beiden 'Beschäftigungswunderländer' USA und Niederlande blicken nun bereits auf zwei Dekaden zurück, in denen die Erwerbstätigkeit kräftig zugelegt hat. In beiden Ländern konnte das steigende Arbeitskräfteangebot absorbiert und schließlich auch die Arbeitslosigkeit abgebaut werden. In Großbritannien und Dänemark ergab sich dagegen erst in den letzten Jahren, unterstützt durch einen anhaltenden Wirtschaftsaufschwung, eine deutliche Besserung der Arbeitsmarktlage. In allen vier Ländern gibt es Hinweise auf eine Nachhaltigkeit der positiven Entwicklung, so daß auch bei neuerlichen Rezessionen die früheren Höchststände der Arbeitslosigkeit wohl kaum

[14] Heinze, Rolf G. / Schmid, Josef / Strünck, Christoph (1999): Vom Wohlfahrtsstaat zum Wettbewerbsstaat. Arbeitsmarkt- und Sozialpolitik in den 90er Jahren, Opladen, S. 11.
[15] Vgl. Walwei, Ulrich (1998): Beschäftigungspolitisch erfolgreiche Länder: Konsequenzen für Deutschland, in: Mitteilungen aus der Arbeitsmarkt- und Berufsforschung, 2/1998, S. 334.

wieder erreicht werden dürften"[16]. Die im Vergleich zu Deutschland in den letzten Jahren also entscheidend verbesserte Beschäftigungssituation der genannten vier Länder wirft einige Fragen auf: Wie lassen sich die z.T. deutlich divergierenden Beschäftigungstrends in den USA und Kontinentaleuropa erklären? Wie kommt die z.T. erheblich große Variation der Beschäftigungs- und Arbeitslosenquoten selbst innerhalb Westeuropas zustande? Welche Ursachen waren ausschlaggebend dafür, dass es innerhalb Europas einigen Ländern (vor allem den neuen "Musterländern") trotz ähnlicher Anpassungserfordernisse und Problemkonstellationen gelungen ist, sich vom Trend steigender Arbeitslosigkeit abzukoppeln und eine wesentlich günstigere Arbeitsmarktperformanz zu erreichen als die Bundesrepublik Deutschland? Lassen sich Mechanismen und Gemeinsamkeiten für den Erfolg auf dem Arbeitsmarkt erkennen, und welche Folgerungen lassen sich daraus u.U. für die Arbeitsmarktpolitik in Deutschland ableiten? Welche Lehren lassen sich aus den Erfolgen und Erfahrungen der beschäftigungspolitisch erfolgreichen Länder für Deutschland ziehen? Gibt es Übertragungsmöglichkeiten für das arbeitsmarktpolitische Instrumentarium erfolgreicher Länder, und welche Grundvoraussetzung für ein konstruktives "Lernen" von innovativen ausländischen Politikstrategien muss erfüllt sein? Diese Fragen lieferten die Motivation für die vorliegende Untersuchung. Ziel der Studie ist es, die Strategien und Instrumente zum Abbau von Arbeitslosigkeit von derzeit beschäftigungspolitisch erfolgreichen Ländern anhand eines Ländervergleichs aufzuzeigen. Als besonderes Erkenntnisinteresse steht die Frage der Übertragbarkeit der beim internationa-

[16] ebd., S. 334f.

len Vergleich identifizierten erfolgreichen Politikstrategien und arbeitsmarktpolitischen Instrumente im Mittelpunkt. Es werden Hintergründe, Ursachen und Begleitumstände der "Erfolgsgeheimnisse" der beschäftigungspolitisch erfolgreichen Länder analysiert, um daraus u.U. etwas für die Lösung der Arbeitsmarktprobleme in Deutschland zu lernen.[17] Dabei soll der Mythos, mit dem die beschäftigungspolitisch erfolgreichen Länder derzeit bisweilen umgeben werden, kritisch hinterfragt werden.[18] Vorschnelle und undifferenzierte Forderungen, im Ausland erfolgreiche Modell einfach zu kopieren sind z.T. naiv und der Sache oftmals nicht besonders dienlich. "Bei allem Interesse an den Lösungen der Arbeitsmarktprobleme im Ausland, das ja auch die vorliegende Darstellung motiviert hat, sollte freilich die Erwartung, dort Patentrezepte, nach Möglichkeit noch kostenlose, zu finden, nicht zu hoch gespannt sein. Wie auch im folgenden deutlich wird, sind die dort gefundenen Lösungen meist nur vor dem Hintergrund der spezifisch ökonomischen und gesellschaftlichen Gegebenheiten, Regelungen, Verhaltensweisen, Erfahrungen und Perspektiven dieser Länder zu verstehen und zu würdigen. Eine wichtige Funktion des Blicks über die Landesgrenzen ist daher nicht nur darin zu sehen, die Arbeitsmarkterfolge näher zu beleuchten, sondern auch die generellen und situativen Funktions- bzw. Erfolgsbedingungen zu verdeutlichen. Erst dann läßt sich sinnvoll die Frage nach den zu ziehenden Lehren beantwor-

[17] Vgl. Kleinhenz, Gerhard (1998): Was ist beschäftigungspolitischer Erfolg? A.a.O., S. 258.
[18] Vgl. Heinze, Rolf G. / Schmid, Josef / Strünck, Christoph (1999): Vom Wohlfahrtsstaat zum Wettbewerbsstaat. A.a.O., S. 167.

ten"[19]. In diesem Sinne werden bei dieser Untersuchung die Beschäftigungserfolge der neuen "Musterländer" in ihrer Gesamtheit betrachtet, d.h. die wirtschaftlichen, politischen, sozialen und vor allem kulturellen Ausgangsbedingungen fließen mit in die Analyse ein. Es werden hierzu zwei sog. Ländermodelle und deren spezifische arbeitsmarktpolitischen Strategien zum Abbau von Arbeitslosigkeit ausführlich vorgestellt und in Beziehung zum deutschen Modell gesetzt. Analysiert werden hierbei sowohl makro- als auch mikroökonomische Wirkungszusammenhänge. Die beschäftigungsgenerierenden Strategien und Instrumente der Niederlande und Dänemark wurden für diese Darstellung ausgewählt, weil sie dem deutschen System institutionell und politisch näher stehen als etwa die USA oder auch Großbritannien, die daher "erheblich schwerer als 'Kopiervorlagen' dienen können und damit unter politisch-praktischen Gesichtspunkten weniger interessant sind"[20]. Dennoch wird zum Schluss der Untersuchung auch auf die zwei letztgenannten Länder, die einen rein marktwirtschaftlichen Ansatz bei der Reduzierung der Arbeitslosigkeit verfolgen, Bezug genommen.

Um deutlich zu machen, dass der internationale Vergleich und das Lernen von ausländischen Politikstrategien mit mehr "Fallstricken" verbunden ist als es vor allem die mediale Aufbereitung des Themas, aber auch viele Äußerungen aus Politik und Wirtschaft auf den ersten Blick vermuten

---

[19] Döhrn, Roland / Heilemann, Ullrich / Schäfer, Günter (1998): Ein dänisches 'Beschäftigungswunder'? In: Mitteilungen aus der Arbeitsmarkt- und Berufsforschung, 2/1998, S. 312f.
[20] Heinze, Rolf G. / Schmid, Josef / Strünck, Christoph (1999): Vom Wohlfahrtsstaat zum Wettbewerbsstaat. A.a.O., S. 104.

lassen, werden im folgenden zunächst die bei einem internationalen Vergleich auftauchenden Grundfragen thematisiert (**Kapitel 2.1**). Daneben werden Möglichkeiten, Probleme und Grenzen des "Lernens" von erfolgreichen Politiken aufgezeigt (**Kapitel 2.2**). Hierbei stehen die hemmenden bzw. fördernden Einflüsse für eine Übertragung der bei einem internationalen Vergleich erkennbaren Lösungsansätze auf deutsche Verhältnisse im Mittelpunkt. **Kapitel 2.3** widmet sich einer weiteren Schwierigkeit internationaler Politikvergleiche: Hier werden die uneinheitlichen statistischen Erhebungsmethoden dargestellt, die zu großen Verzerrungen in der Beurteilung der Beschäftigungsentwicklung eines Landes führen können.

In der politischen Debatte um eine erfolgreiche Strategie zur Bekämpfung der Arbeitslosigkeit in Deutschland sind die Lager gespalten: "Die eine Seite will den Staat mit aktiver Arbeitsmarktpolitik noch stärker in die Pflicht nehmen, die andere hingegen plädiert für Deregulierung, Flexibilisierung oder Lohnzurückhaltung und wirft den Verfechtern der aktiven Arbeitsmarktpolitik die Wirkungslosigkeit ihres Instrumentariums und demzufolge eine Verschwendung öffentlicher Mittel vor"[21]. In **Kapitel 3** werden diese kontroversen politischen Konzepte zur Bewältigung von Beschäftigungsproblemen näher erläutert und in Beziehung zum deutschen System industrieller Beziehungen gesetzt. Ausgehend von der Frage, welche Alternativen es zum

[21] Kröger, Martin / van Suntum, Ulrich (1999): Mit aktiver Arbeitsmarktpolitik aus der Beschäftigungsmisere? Ansätze und Erfahrungen in Großbritannien, Dänemark, Schweden und Deutschland. Gütersloh, S. 7.

"Modell Deutschland" gibt, werden hier einige Vor- und Nachteile beider Gesellschaftsentwürfe skizziert.

Im Mittelpunkt der Untersuchung stehen die zwei eigenständigen Länderstudien zur Beschäftigungsentwicklung in den Niederlanden und Dänemark (**Kapitel 4**). In diesem Kapitel werden die beschäftigungspolitischen Strategien beider Länder vorgestellt, analysiert und abschließend auch im Hinblick auf Übertragungsmöglichkeiten bewertet. Neben den konjunkturellen Eckdaten wird zunächst die Arbeitsmarktlage in beiden Länderanalysen ausführlich beschrieben. Daran anschließend folgt eine Darstellung der jeweils spezifischen Grundlagen des Beschäftigungserfolgs bzw. eine ausführliche Beschreibung der hierbei erkennbaren einzelnen Erfolgsfaktoren. Die Länderanalysen schließen mit dem Versuch, die Frage nach der Übertragbarkeit der als erfolgreich identifizierten beschäftigungspolitischen Maßnahmen und Instrumente zu beantworten.

Den Abschluss der Untersuchung bildet zunächst eine Zusammenfassung der Ergebnisse aus den Länderanalysen (**Kapitel 5**). Anhand dieser Ergebnisse werden einige Schlussfolgerungen auch für eine zukünftige deutsche Beschäftigungsentwicklung abgeleitet. In **Kapitel 5.1** wird zusätzlich der Versuch unternommen, unter Berücksichtigung neo-liberaler Antworten auf die Beschäftigungskrise, die sich gegenüberstehenden und konkurrierenden konzeptionellen Ansätze des "anglo-amerikanischen Modells" und des "Sozialmodells Europa" zu systematisieren und auf die Bundesrepublik Deutschland zu beziehen. Es sollen hierbei die Vor- und Nachteile der unterschiedlichen Regulierungsformen des Arbeitsmarktes aufgezeigt werden. Im

Hinblick auf die deutsche Arbeitsmarktpolitik soll dies abschließend u.a. die Frage beantworten helfen, an welchem Modell die Bundesrepublik Deutschland sich orientieren sollte, um in Zukunft vom Sorgenkind vielleicht wieder zum beschäftigungspolitisch erfolgreichen Musterland zu werden.

Das Ziel dieser Untersuchung lässt sich zusammenfassend und sehr treffend in folgendem Zitat wiederfinden: "Wenn es uns gelingt, den Ernst der Lage ins Bewußtsein zu rücken, einige Grundstrukturen in der Sozial- und Arbeitsmarktpolitik wichtiger westlicher Länder für die deutsche Debatte transparent zu machen, sie vor ihrem jeweiligen politischen, ökonomischen und sozialen Hintergründen darzustellen und die Möglichkeiten einer Übertragung bzw. des Lernens anhand ausländischer Vorbilder wohlwollend kritisch zu diskutieren, dann haben wir unser Ziel erreicht"[22].

[22] Heinze, Rolf G. / Schmid, Josef / Strünck, Christoph (1999): Vom Wohlfahrtsstaat zum Wettbewerbsstaat. A.a.O., S. 12.

2 VON DER NOTWENDIGKEIT VON DEN "EUROPÄISCHEN NACHBARN" ZU LERNEN. DER POLITISCHE UND WISSENSCHAFTLICHE HINTERGRUND

2.1 Ländervergleiche. Ein neuzeitliches Phänomen? Grundfragen und Problemlage

Vor dem Hintergrund der anhaltend schlechten Situation auf dem deutschen Arbeitsmarkt steht das Problem "Arbeitslosigkeit" immer mehr im Mittelpunkt der politischen sowie auch der wissenschaftlichen (Fach-)Diskussion. Die Häufigkeit und inhaltliche Vielfalt der publizistischen Auseinandersetzung mit dem Thema "Arbeitslosigkeit" unterstreicht dabei fast täglich den wachsenden Stellenwert, den die genannte Problematik in der Bundesrepublik Deutschland einnimmt. So ist es nicht verwunderlich, dass "kaum eine Woche vergeht, in der nicht neue Zahlen publiziert, Maßnahmen angekündigt oder kritisiert werden. Zugleich nimmt hierzulande die politische Auseinandersetzung immer öfters Bezug auf ausländische Modelle und vielversprechende Entwicklungen der Arbeitsmarktpolitik, nicht zuletzt, um aus den Erfahrungen und Erfolgen anderer zu lernen und die eigenen Probleme besser bewältigen zu können"[23].

Das "Voneinander Lernen", der Austausch von Ideen und Konzepten, ist in der Politik grundsätzlich kein neues Phä-

[23] Roth, Christian / Schmid, Josef / Blancke, Susanne (2000): Unterrichtseinheit: Internationale Modelle der Arbeitsmarktpolitik - Von den "Besten" lernen., in: SOWI, 1/2000; http://www.uni-tuebingen.de/uni/spi/rount.htm, S. 2.

nomen; es gibt einige historische Beispiele. So weist *Schmid* z.B. darauf hin, dass schon die Maßnahmen der frühen deutschen Sozialreformen (Bismarcksche Sozialversicherung) in anderen Ländern, z.B. in Dänemark und den Niederlanden, intensiv diskutiert und für die eigene Entwicklung aufgegriffen wurden.[24] *Cox* hält "policy borrowing" (Kopieren von Politiken) geradezu für den Schlüssel zum Verständnis der niederländischen Sozialpolitik der Nachkriegszeit und darüber hinaus für einen in der vergleichenden Wohlfahrtsstaatsforschung insgesamt unterschätzten Einflussfaktor.[25] Seiner Meinung nach lässt sich beispielsweise die spezifische Mischung aus "deutschen" und "englischen" Elementen im niederländischen Wohlfahrtsstaat nur auf "policy borrowing" zurückführen. "Auch die neokonservative Wende in den USA, Großbritannien und mit Abstrichen den anderen westeuropäischen Ländern in den späten 70er und frühen 80er Jahren weist Formen eines 'Diffusionsprozesses' auf; insbesondere das Vorbild Thatchers hat hier stilbildend gewirkt und ist häufig kopiert worden - freilich auch in diesem Falle mit unterschiedlichen Ergebnissen"[26]. Als weiteres historisches Beispiel für ein (erfolgreiches) "policy borrowing" lässt sich Japan nennen. Hier wurde während der sogenannten Meji-Reformen im letzten Jahrhundert bewusst versucht, einen Entwicklungsrückstand aufzuholen, indem

[24] Vgl. Schmid, Josef (1999): Von den Nachbarn lernen - Reflexionen über eine Grauzone zwischen Bildungsreisen und komparativen Analysen, in: WIP Schwerpunktheft: Reformen in westeuropäischen Wohlfahrtsstaaten - Potentiale und Trends, WIP Occasional Paper Nr. 5 - 1999, S. 5.

[25] Vgl. Heinze, Rolf G. / Schmid, Josef / Strünck, Christoph (1999): Vom Wohlfahrtsstaat zum Wettbewerbsstaat. Arbeitsmarkt- und Sozialpolitik in den 90er Jahren, Opladen, S. 100.

[26] ebd.

Kommissionen ins Ausland entsandt wurden, um die dortigen positiven Entwicklungen und Erfahrungen im Rahmen eines Informationsaustausches zu nutzen und damit Lernprozesse zu forcieren.[27] Trotz abweichender Ausgangsbedingungen konnte der erwünschte Modernisierungsprozess hiermit erheblich beschleunigt werden. Auch heute bietet "policy borrowing" selbst modernen Industrienationen die Chance, Entwicklungsdefizite schneller aufzuholen. "Die existierenden Unterschiede und Ungleichheiten machen aus den (westlichen) Wohlfahrtsstaaten zugleich ein Laboratorium. Dieses Laboratorium genauer zu betrachten trägt nicht nur zu einem besseren Verständnis der eigenen Strukturen bei, sondern erweitert ebenfalls die Vorstellung darüber, was politisch möglich ist. In vielen Fällen ist darüber hinaus Lernen bzw. eine Politikdiffusion möglich, da man auf diesem Wege brauchbare ausländische Lösungen (best practices) übernehmen kann, ohne daß dieselben Voraussetzungen wie Entwicklungsstand, politische Mehrheiten oder ähnliche Probleme als Grundlage einer politischen Entscheidung vorliegen müssen"[28].

Informations- und Konsultationsreisen zum Zweck des Austauschs bewährter und erfolgreicher Politikmodelle werden auch in der heutigen Zeit durchgeführt.[29] In diesem Zusammenhang sind beispielsweise Arbeitsgruppen mit Groß-

---

[27] Vgl. Schmid, Josef (1999): Von den Nachbarn lernen - Reflexionen über eine Grauzone zwischen Bildungsreisen und komparativen Analysen, a.a.O., S. 5.
[28] Heinze, Rolf G. / Schmid, Josef / Strünck, Christoph (1999): Vom Wohlfahrtsstaat zum Wettbewerbsstaat. A.a.O., S. 99.
[29] Vgl. auch zu den folgenden Ausführungen Schmid, Josef (1999): Von den Nachbarn lernen - Reflexionen über eine Grauzone zwischen Bildungsreisen und komparativen Analysen, a.a.O., S. 5.

britannien und Dänemark zu nennen, die die deutsche Bundesregierung unter Bundeskanzler Gerhard Schröder ins Leben gerufen hat. Neben der Möglichkeit eines ständigen Informationsaustauschs, diskutiert werden z.B. gemeinsame Fragen in der wohlfahrtsstaatlichen Politik, wurden diese Arbeitsgruppen nicht zuletzt auch aus der Idee heraus geschaffen, möglichst viel aus den Erfolgen anderer Länder lernen zu können. Die Diffusion und Anwendung von erfolgreichen Politikkonzepten ist demnach erklärtes Ziel dieser vom Bundeskanzleramt organisierten Konsultationsgruppen. Mit derselben Intention wurde im Rahmen der Verhandlungen um ein "Bündnis für Arbeit" auch eine Arbeitsgruppe Benchmarking gebildet. "Ein solches 'Learning by Seeing' durch 'Policy-Borrowing', 'Monitoring' und 'Diffusion' - so die entsprechenden politikwissenschaftlichen Konzepte - hat zugleich den Vorzug, daß es erheblich geringere Voraussetzungen an die Informations- und Entscheidungskapazitäten eines politischen Systems stellt als zentral geplante Strategien. Dies ist gerade in der Bundesrepublik als einem 'semisouveränen Staat' (Katzenstein) von hoher Bedeutung, weil hier markante Defizite und Reformbarrieren bestehen, bzw. die Gefahr von Blockaden und Immobilismus durch den Förderalismus, das Regieren mit Koalitionen, die starke Position der Bundesbank und des Bundesverfassungsgerichtes nicht von der Hand zu weisen sind. (...) Wechselseitige Anpassung durch Imitation, Diffusionsprozesse und die Entwicklung von Strategien, die quasi als Ersatz für formale Entscheidungen fungieren, können hier einige Erleichterung schaffen (...)"[30].

[30] ebd., S. 6.

Betrachtet man die Einschätzungen und (vermeintlichen) Ergebnisse der aktuellen politischen und wissenschaftlichen Auseinandersetzung mit dem Thema Arbeitslosigkeit und Beschäftigungspolitik in den westlichen Industrieländern, könnte man schnell zu dem Schluss gelangen, dass alle europäischen Wohlfahrtsstaaten im Bereich der Arbeits- und Sozialpolitik momentan mit denselben Problemkonstellationen zu kämpfen haben. Einigkeit scheint vor allem darüber zu bestehen, dass diese Staaten mit demographischen, sozialen, wirtschaftlichen und politischen Veränderungen konfrontiert sind, die die Grundpfeiler, auf denen diese Staaten einstmals aufgebaut und entwickelt worden sind, umzustürzen drohen.[31] "Häufig entsteht der Eindruck, daß Globalisierung und wachsende Standortkonkurrenzen die Sozialpolitik in jedem Land denselben Kräften ausliefern, an die sie sich anpassen muß. Bekämpfung der Arbeitslosigkeit und gestraffte Haushaltsdisziplin scheinen überall die gleiche Priorität zu besitzen. Doch auch in grob geschnittenen Artikeln und Reportagen fällt auf, daß Antworten, Instrumente, aber auch politische Debatten in den einzelnen Ländern durchaus unterschiedlich ausfallen.... Doch die mediale Aufbereitung des Themas gleitet auch über viele grundsätzliche Aspekte hinweg und verschiebt die Wahrnehmung von Problemen. So werden die meisten Wohlfahrtsstaaten keineswegs in den 'Sog' der Globalisierung gezogen - wie immer wieder gerne formuliert -, sondern haben vorwiegend mit internen Problemen zu kämpfen wie dem demographischen Wandel, neuen Familienstrukturen oder strukturellen Defiziten der

[31] Vgl. Visser, Jelle / Hemerijck, Anton (1998): Lehren aus dem holländischen Beispiel, in: Die Mitbestimmung, 5/1998, S. 11.

Wohlfahrtsstaatlichen Institutionen"[32]. Dass nicht alle europäischen Industrieländer im gleichen Boot sitzen und im gleichen Maß von den Folgen des Anpassungsdrucks, den die "neuen Regeln" des globalen Wettbewerbs ausüben, betroffen sind, zeigt auch die Tatsache, dass die politisch-ökonomische Wirklichkeit in den westlichen Ländern eine beachtliche Vielfalt aufweist. Deutlich wird dies u.a. darin, dass es zwar in den westlichen Industrieländern durchschnittlich rund 10% Arbeitslosigkeit gibt, dabei jedoch im Niveau wie auch in der Entwicklung der Arbeitslosigkeit von Land zu Land erhebliche Unterschiede zu konstatieren sind (siehe auch Abbildung 1).

Abbildung 1[33] Arbeitslosigkeit im Vergleich

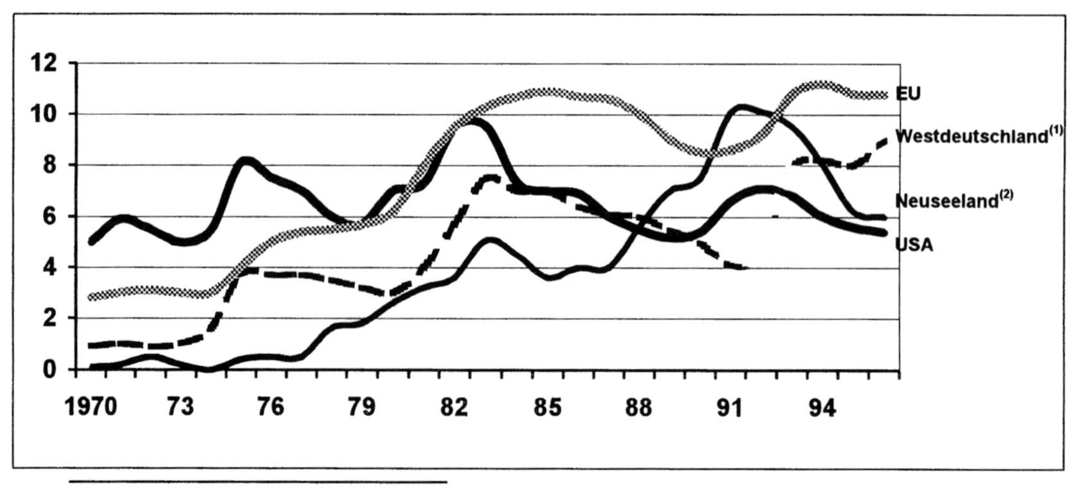

[32] Heinze, Rolf G. / Schmid, Josef / Strünck, Christoph (1999): Vom Wohlfahrtsstaat zum Wettbewerbsstaat. A.a.O., S. 11.
[33] Abbildungen entnommen aus: Gemeinschaftsdiagnose (1997): Die Lage der Weltwirtschaft und der deutschen Wirtschaft im Herbst 1997, Berlin, Teil 3, S. 2; http://www.hwwa.uni-hamburg.de/publications/gemDiagnose/gd97herbst/Teil3_1.html

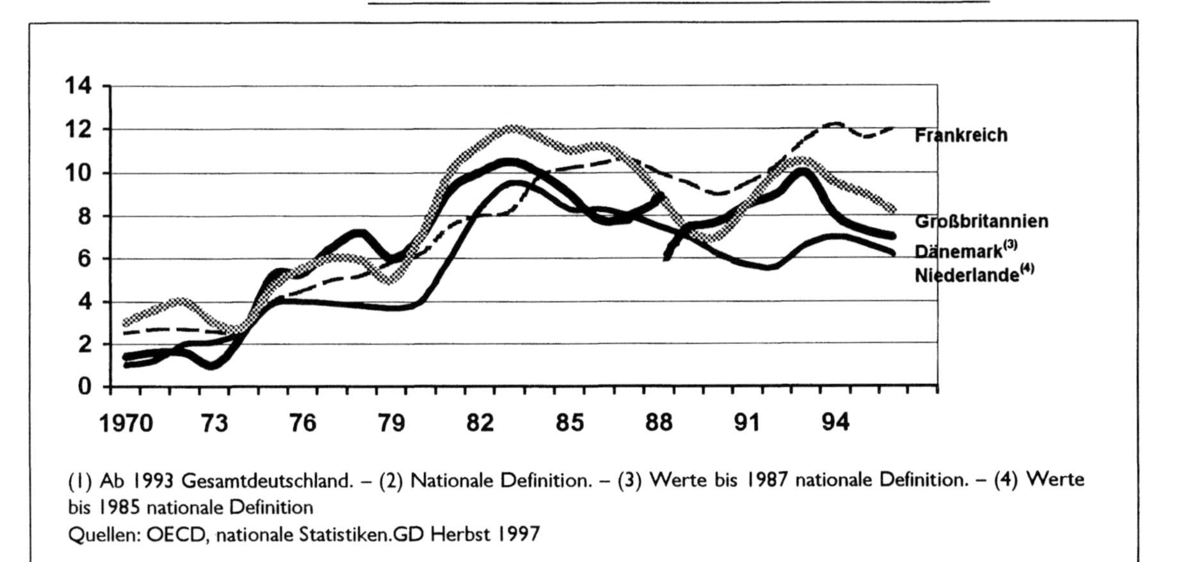

(1) Ab 1993 Gesamtdeutschland. – (2) Nationale Definition. – (3) Werte bis 1987 nationale Definition. – (4) Werte bis 1985 nationale Definition
Quellen: OECD, nationale Statistiken.GD Herbst 1997

Eine Frage, die sich an dieser Stelle sofort stellt, ist, welche Ursachen ausschlaggebend dafür gewesen sind, dass es den beschäftigungspolitisch erfolgreichen Ländern (Erfolg gemessen am Kriterium "Abbau von Arbeitslosigkeit") - in den letzten Jahren waren dies nach verbreiteter Auffassung vor allem die USA, Großbritannien, die Niederlande und Dänemark - gelungen ist, trotz ähnlicher Anpassungserfordernisse durch veränderte (Weltmarkt-) Bedingungen und technischen Wandel eine wesentlich bessere Beschäftigungsperformanz als z.B. Deutschland zu erreichen. Mit der Beantwortung dieser Frage wird immer mehr die Hoffnung verknüpft, dass die bei den "Jobwunderländern" eingeschlagenen Wege zu mehr Beschäftigung auch für die Lösung der eigenen Arbeitsmarktmisere beschritten werden könnten. Vor allem in jüngster Vergangenheit wird daher zunehmend die Forderung gestellt, die vermeintlichen "Geheimnisse" des Erfolgs anderer Länder in der Beschäftigungspolitik, etwa der USA oder der Niederlande, zum Vorbild zu nehmen. "Eine solche Sichtweise ist u.E. jedoch zu wenig differenziert: Sie fokussiert ausschließlich auf die quantitative Beschäftigungsentwicklung und läßt die qualitativen Merkmale der Beschäftigung sowie die nationalen Spezifika eines jeden Beschäftigungssystems unberücksichtigt. Stattdessen werden die Entwicklungsbedingungen derjenigen (wenigen) Volkswirtschaften verabsolutiert, die eine vergleichsweise positive Beschäftigungsentwicklung aufweisen. Nationale Spezifika der Beschäftigungsentwicklung sehen wir in unterschiedlichen sozialen und politischen Kulturen mit dementsprechend differierenden institutionellen Arrangements, abweichenden Formen der Arbeits- und Unternehmensorganisation, unterschiedlicher Einbindung in die Weltwirtschaft sowie verschiedenen Branchenstrukturen in den einzelnen Staaten. Eine in dieser Weise differenziertere Betrachtungsweise zeigt, daß Struktur und Dynamik der Beschäftigungsentwicklung eines Landes in erster Linie von seinem jeweils spezifischen Setting *zusammenwirkender* ökonomischer, sozialer, kultureller und institutioneller Faktoren abhängen"[34].

Die von *Glott / Wilkens / Tasch* geforderte ganzheitliche Betrachtung der "Beschäftigungswunder"-Länder bedeutet, dass, will man die Konzepte und Strategien zum Abbau der Arbeitslosigkeit von den derzeitigen "Erfolgsländern" zur Mithilfe bei der Lösung der eigenen Arbeitsmarktprobleme

[34] Glott, Rüdiger / Wilkens, Ingrid / Tasch, Andreas (1998): Bedingungen der Beschäftigungsentwicklung. Ein Vergleich zwischen den USA, den Niederlanden und Westdeutschland, in: SOFI-Mitteilungen, Nr. 26; http://www.gwdg.de/sofi/projekte/dl200-PEMI.htm

heranziehen, es vorab unabdingbar erforderlich ist, die **Kriterien** zu analysieren, nach denen sich **beschäftigungspolitischer Erfolg** vor dem Hintergrund unterschiedlicher "Arbeitsmarktphilosophien" und unterschiedlicher Rahmenbedingungen überhaupt messen und beurteilen lässt.[35] Eine isolierte Betrachtung einzelner (statistischer) Arbeitsmarktindikatoren hingegen ist für die Beurteilung internationaler Modelle der Arbeitsmarktpolitik oftmals wenig hilfreich und kann leicht zu Fehleinschätzungen führen. "Nach wie vor gelten die Indikatoren Arbeitslosenquote und Höhe der Beschäftigung - auch in international vergleichenden Betrachtungen - als die maßgeblichen Größen zur Beurteilung der Arbeitsmarktsituation; jedoch haben diese Indikatoren bei den unterschiedlichen 'Philosophien' einen je anderen Stellenwert bei der Beurteilung dessen, was als beschäftigungspolitischer Erfolg angesehen wird. Eine gemeinsame Basis in dieser Frage könnte der internationale Vergleich bieten, denn bei allen Unterschieden in den institutionalen Rahmenbedingungen und historischen Ausgangsbedingungen besteht doch in allen hochentwickelten marktwirtschaftlichen Systemen der Gegenwart eine gemeinsame Auffassung über die beschäftigungs- und arbeitsmarktpolitischen Wohlfahrtsziele"[36]. Nach Schmid ist dementsprechend eine der wichtigsten und zugleich schwierigsten Aufgaben des **internationalen Vergleichs,** die spezifischen Rahmenbedingungen einer Politik systematisch zu erfassen.[37]

---

[35] Vgl. auch zu den folgenden Ausführungen Kleinhenz, Gerhard (1998): Was ist beschäftigungspolitischer Erfolg? In: Mitteilungen aus der Arbeitsmarkt- und Berufswelt, 2/1998, S. 258.
[36] ebd.
[37] Vgl. Schmid, Josef (1998): Arbeitsmarktpolitik im Vergleich: Stellenwert, Strukturen und Wandel eines Politikfeldes im Wohl-

Nur so ist seiner Auffassung nach bei einem internationalen Vergleich zu verhindern, dass nicht beispielsweise Konkurrenz- und Konkordanzdemokratien, korporatistische und pluralistische Systeme der industriellen Beziehungen oder große und kleine Länder in einen Topf geworfen werden.[38] Um einschätzen zu können, welche Relevanz die ausländischen "Erfolgsrezepte" zum Abbau der Arbeitslosigkeit für die bundesdeutsche Beschäftigungssituation besitzen, muss im Vorfeld eines internationalen Vergleichs zunächst geklärt werden, inwieweit die deutsche Situation überhaupt mit der jener anderen Länder vergleichbar ist bzw., ob die dort als erfolgreich geltenden Maßnahmen ggf. auch unabhängig vom situativen Kontext wirken.[39] Die Übertragung ausländischer Erfolgsfaktoren könnte andernfalls sogar verheerende Auswirkungen für den nationalen Arbeitsmarkt haben. Um ein Beipiel zu nennen: Eine starke Flexibilisierung der externen Arbeitsmärkte (etwa nach dem Vorbild USA - Beispiel Kündigungsschutz lockern) wäre vor dem Hintergrund des derzeit in Deutschland praktizierten Modells ("Modell Deutschland"[40]) kontraproduktiv.[41] "So drängt etwa das

fahrtsstaat. In: Schmid, J. / Niketta, R. (Hrsg.) (1998): Wohlfahrtsstaat - Krise und Reform. Marburg. http:// www.uni-tuebingen.de/uni/spi/schpaiv.htm, S. 1.

[38] Vgl. ebd.

[39] Vgl. auch zu den folgenden Ausführungen Walwei, Ulrich (1998): Beschäftigungspolitisch erfolgreiche Länder: Konsequenzen für Deutschland, in: Mitteilungen aus der Arbeitsmarkt- und Berufswelt, 2/1998, S. 335.

[40] Zum "Modell Deutschland" siehe ausführlich Kapitel 3.

[41] Vgl. Scherrer, Peter / Simons, Rolf / Westermann, Klaus (1998): Von den Nachbarn lernen? Für eine Modernisierung des "Rheinischen Kapitalismus" durch Arbeitsumverteilung, Innovation und Qualifizierung. In: Scherrer, Peter / Simons, Rolf / Westermann,

deutsche Kündigungsschutzrecht die Unternehmen zur Nutzung der qualifikatorischen Ressourcen ihrer Beschäftigten und zur Orientierung auf Innovationen, die hohe Qualifikationen erfordern. Konjunkturelle Schwankungen werden in solchen Strukturen nicht über Entlassungen, sondern über Variationen der Arbeitszeiten aufgefangen. Das Produktionssystem in den USA basiert dagegen auf niedrigqualifizierten Arbeitern und 'hire-and-fire'"[42]. Dieses Beispiel unterstreicht die Notwendigkeit, die beschäftigungspolitischen Erfolgsfaktoren eines Landes in ihrer Gesamtheit zu betrachten, d.h. sämtliche Erfolgsbedingungen müssen vollständig in eine Beurteilung darüber einfließen, ob, und wenn ja, inwieweit einzelne Erfolgsfaktoren auch auf deutsche Problemzusammenhänge übertragbar sind.[43]

Angesichts dieser eingeschränkten Übertragungsmöglichkeiten stellt sich die Frage, was Länderuntersuchungen, in denen der Vergleich von Beschäftigungssystemen und deren Konvergenz oder Divergenz im Vordergrund stehen, letztendlich leisten können. "Problemlos transferfähige Erfolgsrezepte darf man sich nicht erhoffen. Maßnahmen, die auf einen Abbau von Arbeitslosigkeit zielen, müssen in das rechtliche und institutionelle Gefüge des nationalen Arbeitsmarktes und der Sozialsystem 'passen'. Wohl aber können erfolgreiche Konzepte im Ausland den Blick auf unterschiedliche Ansatzpunkte lenken, deren Wirkung auf das sensibel austarierte Gleichgewicht des nationalen Sys-

---

Klaus (Hrsg.) (1998): Von den Nachbarn lernen. Wirtschafts- und Beschäftigungspolitik in Europa, Marburg, S. 32.

[42] ebd.

[43] Vgl. Heinze, Rolf G. / Schmid, Josef / Strünck, Christoph (1999): Vom Wohlfahrtsstaat zum Wettbewerbsstaat. A.a.O., S. 168.

tems genau analysiert werden müssen. Nichts ist verlockender als die Imitation von Modellen, aber nichts ist auch gefährlicher, wenn man nicht die eigene Erfolgsbasis genau analysiert"[44]. *Walwei* formuliert den praktischen Nutzen vergleichender Länderuntersuchung folgendermaßen: "Die 'Erfolgsgeschichten' liefern Anhaltspunkte dafür, wie andere Länder eine schwierige Beschäftigungssituation angegangen sind und welche Ergebnisse durch Reformen erzielt werden konnten. Sie unterstreichen, daß in westlichen Industrieländern ein Beschäftigungsaufschwung prinzipiell möglich ist. (...) Natürlich können die von den 'Erfolgsländern' eingeschlagenen Wege zu mehr Beschäftigung und weniger Arbeitslosigkeit nicht einfach kopiert werden. Die wirtschaftlichen, politischen, sozialen und kulturellen Ausgangsbedingungen sind so verschieden, daß jedes Land eigene Strategien zur Bekämpfung der Arbeitsmarktprobleme entwickeln muß. Bei Auswahl und Kombination der Strategien liefern die Ländererfahrungen aber wichtige Orientierungshilfen"[45]. Mit anderen Worten: erfolgreiche Politiken eignen sich nicht als "Komplettpaket" zum Export.[46] Wohl aber können sie fruchtbare Impulse, Denkanstöße und Anregungen für eine eigene Reformdebatte liefern und so u.U. wichtige Lernprozesse in Gang setzen. "Hier trifft das Motto 'Ein gutes Vorbild und praktische Erfolge sind allemal besser als

[44] Scherrer, Peter / Simons, Rolf / Westermann, Klaus (1998): Von den Nachbarn lernen? Für eine Modernisierung des "Rheinischen Kapitalismus" durch Arbeitsumverteilung, Innovation und Qualifizierung. In: Scherrer, Peter / Simons, Rolf / Westermann, Klaus (Hrsg.) (1998): Von den Nachbarn lernen. A.a.O., S. 22.
[45] Walwei, Ulrich (1998): Beschäftigungspolitisch erfolgreiche Länder: Konsequenzen für Deutschland, a.a.O., S. 335.
[46] Vgl. Visser, Jelle / Hemerijck, Anton (1998): Lehren aus dem holländischen Beispiel, a.a.O., S. 12.

bloße Appelle oder graue Theorie' zu. Demnach können Unterschiede in den wohlfahrtsstaatlichen Arrangements auch danach analysiert werden, ob sie interessant und nachahmenswert sind, bzw. ob hier in bezug auf einzelne Probleme bereits Lösungsansätze bestehen, die über das weisen, was im eigenen Land existiert"[47]. Übrigens bietet die Auseinandersetzung mit ausländischen Lösungswegen auch die große Chance, aus den negativen Erfahrungen und Fehlern der anderen Länder zu lernen.[48]

Nicht zuletzt liefert der internationale Vergleich die Möglichkeit, die eigene Position innerhalb des globalen Rahmens zu verorten: "von anderen Ländern lernen heißt auch 'vergleichen lernen', im Vergleich eigene Schwächen, aber auch Stärken zu identifizieren"[49].

Im folgenden Kapitel werden die Möglichkeiten, Probleme und Grenzen des "Lernens" von erfolgreichen Politiken sowie spezifische Probleme des internationalen Vergleichs näher thematisiert. Im Mittelpunkt hierbei stehen die hemmenden- und fördernden Einflüsse für eine Übertragung der bei einem internationalen Vergleich erkennbaren Lösungsansätze auf deutsche Verhältnisse.

[47] Heinze, Rolf G. / Schmid, Josef / Strünck, Christoph (1999): Vom Wohlfahrtsstaat zum Wettbewerbsstaat. A.a.O., S. 100.
[48] Vgl. ebd., S. 168.
[49] Scherrer, Peter / Simons, Rolf / Westermann, Klaus (1998): Von den Nachbarn lernen? A.a.O., S. 31.

2.2 Möglichkeiten, Probleme und Grenzen des "Lernens" von erfolgreichen Politiken

In den vorangegangenen Ausführungen wurde bereits kurz skizziert, dass die meisten europäischen Wohlfahrtsstaaten schon seit einigen Jahren mit ähnlichen Problemkonstellationen, vor allem im ökonomischen und sozialen Bereich, zu kämpfen haben, wobei das Ausmaß und die Verfestigung der Arbeitslosigkeit in vielen Fällen als das gravierendste soziale Problem angesehen wird.[50] "Überall sind die Dinge aus den Fugen geraten, werden Um- und Abbaupläne geschmiedet, um den neuen Herausforderungen und Problemen gerecht zu werden. Die Szenarien der Krise gleichen sich dabei in den wesentlichen Punkten. Mangelndes Wirtschaftswachstum, Staatsverschuldung, Massenarbeitslosigkeit, demographischer Wandel etc. zwingen überall zum Umdenken in der Sozial- und Arbeitsmarktpolitik. Allerdings gibt es zum einen bemerkenswerte Unterschiede im Umfang und im Zeitpunkt, zu dem die Probleme virulent werden, und zum anderen fallen die Reaktionen nicht überall gleich aus. Dazu sind die politisch-institutionellen Handlungsbedingungen und die Strukturen der etablierten Wohlfahrtsstaaten zu unterschiedlich"[51]. Nicht zuletzt diese ungleichen politisch-institutionellen Handlungsbedingungen und Strukturen haben dazu geführt, dass sich bei der Bewältigung der Krise bereits seit längerer Zeit "Verlierer" und "Gewinner" abzeichnen. Auf der einen Seite gibt es Länder, die in den vergangenen Jahren in der Wirtschafts- und Beschäftigungspoli-

---

[50] Vgl. Glott, Rüdiger / Wilkens, Ingrid / Tasch, Andreas (1998): Bedingungen der Beschäftigungsentwicklung. A.a.O.
[51] Heinze, Rolf G. / Schmid, Josef / Strünck, Christoph (1999): Vom Wohlfahrtsstaat zum Wettbewerbsstaat. A.a.O., S. 97.

tik sehr erfolgreich gewesen sind und sich nun wieder der Vollbeschäftigung annähern. Bezogen auf Europa sind dies vor allem Großbritannien, Dänemark und die Niederlande. Ebenfalls große Beschäftigungserfolge können die USA aufweisen, die neben den Niederlanden das einzige Land sind, das bereits langfristig Erfolge bei der Reduzierung der Arbeitslosigkeit zu verzeichnen hat.[52] Andererseits gibt es Länder wie die Bundesrepublik Deutschland oder auch Schweden, die noch in der jüngsten Vergangenheit mit zweistelligen Arbeitslosenzahlen (ca. 10 Prozent) zu kämpfen hatten. "Die im internationalen Vergleich identifizierten Varianzen weisen darauf hin, dass es unterschiedliche 'Welten der Beschäftigung' gibt, die in jeweils eigentümliche Konfigurationen von ökonomischen und politischen Institutionen eingebunden sind. Das Mischungsverhältnis von Markt und Hierarchie, die Regulationsformen von Arbeit, Produktion und Innovation, der Umfang wohlfahrtsstaatlicher Leistungen und Interventionen unterscheidet sich jedoch nicht nur von Land zu Land, sondern diese Faktoren weisen zusammen zugleich eine abweichende Effizienz auf. Hierauf beruhen die Vorteile in der Wettbewerbsfähigkeit und der Arbeitsmarktperformanz der jeweiligen Länder"[53]. Die hier von *Schmid u.a.* beschriebenen "Welten der Beschäftigung" stellen spezifische politisch-ökonomische Varianten des modernen Wohlfahrtsstaats dar, die in der Litera-

[52] Vgl. Scherrer, Peter / Simons, Rolf / Westermann, Klaus (1998): Von den Nachbarn lernen? A.a.O., S. 22.

[53] Schmid, Josef / Blancke, Susanne / Roth, Christian / Steiert, Rudolf (2000): Arbeitslosigkeit und Politik zum Wechsel des Jahrtausends, in: SOWI-Themenheft "Politik und Arbeitsmarkt", 1/2000; http://www.uni-tuebingen.de/uni/spi/scheinl.htm

tur auch häufig als unterschiedliche Modelle des Kapitalismus gegenübergestellt werden.[54]

In der aktuellen Diskussion stehen hierbei in erster Linie die zwei konkurrierenden Ansätze des "rheinischen" und "angelsächsischen" Modells im Mittelpunkt.[55] Diese Einteilung in Modelle oder Typen ist eine in der international vergleichenden Politikwissenschaft übliche Vorgehensweise, um die Komplexität verschiedener Grundoptionen und deren Konsequenzen zu erfassen und damit (Länder-) Vergleiche überhaupt erst zu ermöglichen.[56] **Typisierungen** sind nach *Heinze / Schmid / Strünck*[57] eine Möglichkeit, einerseits dieser "strukturierten Vielfalt" der verschiedenen "Welten" bzw. der verschiedenen institutionellen Arrangements gerecht zu werden, und sie andererseits zum Zwecke des Vergleichs auf ein verständliches Maß zu reduzieren. "Klassisch ist etwa die Gegenüberstellung des Bismarck- und des Beveridge-Modells, d.h. der Beitrags- oder der Steuerfinanzierung der Sozialpolitik. Derzeit stellen die von Gösta Esping-Andersen (1990) entwickelten "drei Welten" des modernen Wohlfahrtsstaates den einflussreichsten Versuch in dieser Richtung dar; sie umfassen qualitative und quantitative Aspekte wie politische Akteure und Machtverhältnisse (v.a. zwischen Kapital und Arbeit), administrative Organisationsformen, Rechtsgrundlagen und Ausgaben der Sozialen Sicherheit sowie die spezifische Ausrichtung von Arbeits-

[54] Vgl. ebd.
[55] Siehe hierzu ausführlicher Kapitel 3.
[56] Vgl. Heinze, Rolf G. / Schmid, Josef / Strünck, Christoph (1999): Vom Wohlfahrtsstaat zum Wettbewerbsstaat. A.a.O., S. 152.
[57] Vgl. auch zu den folgenden Ausführungen ebd., S. 101.

marktregimen, die mehr oder weniger auf Vollbeschäftigung ausgerichtet sein können"[58].

Nach der Typisierung von *Esping-Andersen* gibt es "den" Wohlfahrtsstaat überhaupt nicht. Entsprechend gibt es "die" Arbeitsmarktpolitik auch nicht, was nach *Roth / Schmid / Blancke* erhebliche Konsequenzen für den Vergleich, die Analyse und Bewertung von Problemen und Politiken der Arbeitsmärkte in verschiedenen Ländern hat.[59] Vielmehr beinhaltet das Modell von *Esping-Andersen* drei "Welten des Wohlfahrtsstaats". Demnach existiert neben einem sozialdemokratischen und einem liberalen Modell noch eine konservative Mischform (siehe hierzu Abbildung 2).[60] Im Rahmen dieses Modells, das die jeweils unterschiedlichen Formen der Institutionalisierung von sozialer Sicherung und Arbeitsmarktregimen berücksichtigt, lassen sich nach *Esping-Andersen* die "wichtigsten" westlichen Länder folgendermaßen einordnen: Schweden, Norwegen und Dänemark stellen demnach den Typus des **sozialdemokratischen Wohlfahrtsstaates** dar. Die USA, Kanada, Australien und Großbritannien (seit Thatcher) repräsentieren den **liberalen Wohlfahrtsstaat**. Dem Typus des **konservativen Wohlfahrtsstaats** können Länder wie Frankreich, Italien, Deutschland und die Niederlande zugeordnet werden. Das Modell von *Esping-Andersen* schließt mit dieser Typisierung

[58] Roth, Christian / Schmid, Josef / Blancke, Susanne (2000): Unterrichtseinheit: Internationale Modelle der Arbeitsmarktpolitik - Von den "Besten" lernen, in: SOWI, 1/2000; a.a.O., S. 5.
[59] Vgl. ebd., S. 3.
[60] Vgl. auch zu den folgenden Ausführungen Schmid, Josef (1998): Herkunft und Zukunft der Wohlfahrt. Entwicklungspfade zwischen ökonomischem Globalisierungsdruck, staatlich vermittelter Solidarität und gesellschaftlicher Leistung im Vergleich. WIP Occasional Paper, 1/1998, S. 7ff.

an das Modell der "Länder-Familien"[61] an, bei dem ebenfalls zugrunde gelegt wird, das eine gewisse Nähe (im räumlichen Sinne, aber auch bezüglich der Problemkonstellationen und Reformkoalitionen) ein guter Ausgangspunkt für die Übertragung von ausländischen Lösungen ist.[62]

Abbildung 2[63] Drei Typen des Wohlfahrtsstaats nach Esping-Andersen

Variablen *Indikatoren*	**Typus des Wohlfahrtsstaates**		
	liberal	**konservativ**	**sozial-demokratisch**
Dekommodifizierung: Schutz gegen Marktkräfte und Einkommensausfälle • *Einkommensersatzquote* • *Anteil individueller Finanzierungsbeiträge (invers)*	schwach	mittel	stark
Residualismus • *Anteil von Fürsorgeleistungen an gesamten Sozialausgaben*	stark	stark	schwach
Privatisierung • *Anteil privater Ausgaben für Alter bzw. Gesundheit an den Gesamtausgaben*	hoch	niedrig	niedrig
Korporatismus / Etatismus • *Anzahl von nach Berufsgruppen differenzierten Sicherungssystemen* • *Anteil der Ausgaben für Beamtenversorgung*	schwach	stark	schwach
Umverteilungskapazität • *Progressionsgrad des Steuersystems* • *Gleichheit der Leistungen*	schwach	schwach	stark
Vollbeschäftigungsgarantie • *Ausgaben für aktive Arbeitsmarktpolitik* • *Arbeitslosenquote, gewichtet mit Erwerbsbeteiligung*	schwach	schwach	stark

[61] Vgl. hierzu Castles, Francis G. (Hrsg.) (1993): Families of Nations. Pattern of Public Policy in Western Democracies. Aldershot u.a.
[62] Vgl. Heinze, Rolf G. / Schmid, Josef / Strünck, Christoph (1999): Vom Wohlfahrtsstaat zum Wettbewerbsstaat. A.a.O., S. 100.
[63] Abbildung entnommen aus: Schmid, Josef (1998): Herkunft und Zukunft der Wohlfahrt. A.a.O., S. 11.

Entsprechend der von *Esping-Andersen* vorgenommenen Klassifizierung lassen sich bei den unterschiedlichen wohlfahrtsstaatlichen Typen jeweils spezifische Reaktionsmuster und Lösungsstrategien zur Überwindung der ökonomischen Krise finden. Auch die Wege, die zur Bewältigung der Globalisierungsfolgen auf dem Arbeitsmarkt eingeschlagen werden, hängen im wesentlichen vom jeweiligen Wohlfahrtsstaatstypus ab (siehe Abbildung 2). "Jeder Wohlfahrtsstaatstypus produziert (...) seine charakteristischen sozial- und arbeitsmarktpolitischen Programme, Leistungen und Eintrittskonditionen (und manchmal Barrieren), was sich als Maß an 'Dekommodifizierung', d.h. der relativen Unabhängigkeit von den Zwängen und Risiken kapitalistischer Märkte zusammenfassen läßt. Zugleich bestehen unterschiedliche normative Muster und Orientierungen über soziale Ungleichheit und Gerechtigkeit. Und - last but not least - stößt jeder dieser drei Typen gegenwärtig auf (unterschiedliche) Probleme und Grenzen der Entwicklung, was Anlaß zu Kritik und Reformvorschlägen gibt, die wiederum eng mit der Typik des Wohlfahrtsstaats verbunden sind"[64].

[64] Schmid, Josef (1998): Herkunft und Zukunft der Wohlfahrt. A.a.O., S. 9f.

Abbildung 3[65] **Der Wohlfahrtsstaat angesichts der Globalisierung und der ökonomischen Krise**

	Liberaler Wohlfahrtsstaat	Konservativer Wohlfahrtsstaat	Sozialdemokratischer Wohlfahrtsstaat
Arbeits- und sozialpolitische Lösungsstrategien	Flexibilisierung und Deregulierung der Arbeitsmärkte	Spaltung der Gesellschaft in Kern und prekären Rand	Ausbau des öffentlichen Dienstes, kontrollierte Flexibilität
Grenzen und Widersprüche der Entwicklung	Armutsfalle („working poor") soziale Desintegration	Modernisierungsdefizite (soziale und ökonomische)	Finanzierungsprobleme (Steuerprotest, Kapitalflucht)

Angelehnt an das Modell von *Esping-Andersen* ist die Klassifizierung der Arbeitsmarktpolitik in "vier Welten" der Beschäftigung (siehe Abbildung 4).[66] Auch bei diesem Systematisierungsversuch der Strukturvarianz zwischen den Gesellschaftssystemen im Bereich der Arbeitsmarktpolitik wird deutlich, dass Politiken zur Reduzierung der Arbeitslosigkeit "pfadabhängig" sind, d.h. dass sie die spezifischen politisch-institutionellen Handlungsbedingungen und Strukturen des jeweiligen Wohlfahrtsstaates widerspiegeln. "Die Strukturvarianz in den westlichen Industrienationen verweist auf die Tatsache, dass in den einzelnen Staaten unterschiedliche Instrumente und Maßnahmen zur Bekämpfung der Arbeits-

[65] Abbildung entnommen aus: Schmid, Josef (1998): Herkunft und Zukunft der Wohlfahrt. A.a.O., S. 12.
[66] Vgl. hierzu Rehm, Philipp / Schmid, Josef (1999): Vier Welten der Beschäftigung - eine Längsschnittanalyse arbeitsmarktpolitischer Performanz. WIP-Occasional Paper Nr. 13, Tübingen.

losigkeit zur Anwendung kommen, die in dem jeweiligen Systemkontext von wirtschaftlichen und politischen Akteuren eingebunden sind und je nach Staat ganz unterschiedliche Effekte auf den nationalen Arbeitsmarkt haben. (...) Dass diese Welten Modelle sind und so trennscharf in der Realität nicht anzutreffen sind, versteht sich von selbst. Welche dieser beschäftigungspolitischen Welten und arbeitsmarktpolitischen Strategien die besten sind, kann so nicht beantwortet werden. Es handelt sich um historisch gewachsene Handlungsmuster (abhängig z.B. von Parteien, Sozialversicherungssystemen, industriellen Beziehungen etc.), die sich einer schnellen induzierten politischen Veränderung entziehen"[67].

Abbildung 4[68] Die "vier Welten" der Beschäftigung

Beschäftigungs"Welt"	Funktionslogik des Arbeits marktes	Korrespondierende Sozial politik
Neoliberal **USA**	Wirtschaftswachstum und hohe Beschäftigungselastizität	Geringe soziale Sicherung, arbeitspolitische Deregulierung
Postmodern **NL**, (DK)	Starker Strukturwandel, hoher Anteil an Dienstleistungs- und Teilzeitarbeit	Starke Grundsicherungselemente
New Labour **DK, GB**, (SW)	Integration in den Arbeitsmarkt, Aktivierung von Beschäftigten	Maßnahmen und Pflichten
Passivierung **BRD, SW**	Passivierung / Verringerung des Arbeitskräftevolumens	Hohes Sicherungsniveau

[67] Roth, Christian / Schmid, Josef / Blancke, Susanne (2000): Unterrichtseinheit: Internationale Modelle der Arbeitsmarktpolitik - Von den "Besten" lernen, a.a.O., S. 5f.
[68] Abbildung entnommen aus: ebd.

Diese komplexen politisch-ökonomischen Konfigurationen, auf denen die jeweiligen "Welten der Beschäftigung" beruhen, sowie die spezifisch historisch gewachsenen Entwicklungspfade in den westlichen Industrieländern stehen einem umstandslosen Kopieren bewährter Praktiken beschäftigungspolitisch erfolgreicher Länder im Wege.[69] Im Umkehrschluss lässt sich gleichzeitig annehmen, dass sozial- und wirtschaftspolitische Lösungsstrategien um so eher (partiell) übertragbar sind, je mehr sich Wohlfahrtsstaaten in ihren Strukturen gleichen.[70]

Die "Pfadabhängigkeit" der unterschiedlichen Wohlfahrtsstaatstypen schränkt deren Fähigkeit zu institutionellem Wandel oftmals stark ein, was ihrer Möglichkeit, von anderen zu lernen, entgegensteht. Dies könnte nach *Schmid* eine Erklärung für die relativ hohe Stabilität und Persistenz der etablierten wohlfahrtsstaatlichen Arrangements sein.[71] "Die unterschiedlichen Modelle des Wohlfahrtsstaates sind auch in ihrer realen, praktischen Gestalt über sehr lange Zeiträume stabil geblieben, und sie lassen sich beispielsweise durch veränderte Wahlergebnisse kaum von ihrem jeweiligen Entwicklungspfad abbringen bzw. grundlegend verändern. In der einprägsamen Formel von Manfred G. *Schmidt*, wonach ein Regierungswechsel nur zu Kurskorrekturen von

---

[69] Vgl. Schmid, Josef / Blancke, Susanne / Roth, Christian / Steiert, Rudolf (2000): Arbeitslosigkeit und Politik zum Wechsel des Jahrtausends, a.a.O., S. 3

[70] Vgl. Heinze, Rolf G. / Schmid, Josef / Strünck, Christoph (1999): Vom Wohlfahrtsstaat zum Wettbewerbsstaat. A.a.O., S. 169.

[71] Vgl. Schmid, Josef (1998): Zukunft des Wohlfahrtsstaats (im internationalen Vergleich). In: Otto, Hans-Uwe (Hrsg.) (1998): Handbuch für Sozialarbeit. Neuwied; http.//www.uni-tuebingen.de/uni/spi/schpzdw.htm, S. 3.

fünf Prozent führt, kommt die institutionelle Trägheit wohlfahrtsstaatlicher Entwicklungen treffend zum Ausdruck. Nach dieser Lesart sind die Spielräume für Reformen sowie die Lerneffekte über ausländische Vorbilder eher als bescheiden einzustufen"[72].

Heinze / Schmid / Strünck bewerten diese institutionelle Trägheit und Beharrlichkeit der Gesellschaftssysteme allerdings nicht ausschließlich negativ.[73] Sie berge zwar einerseits die Gefahr in sich, zu Reformbarrieren zu führen, andererseits könne sie u.U. dazu beitragen, dass die eigenen Stärken bei einer Imitation von vermeintlichen Erfolgsfaktoren anderer Länder nicht vorschnell "über Bord" geworfen werden. Die Beharrlichkeit wohlfahrtsstaatlicher Arrangements bietet demnach auch gerade für die Bundesrepublik Deutschland, in der die schlechte Situation am Arbeitsmarkt oftmals auf Reformblockaden zurückgeführt wird, "die Gelegenheit, aktuelle Herausforderungen gründlich sowie in institutionellen Kategorien zu reflektieren und eben nicht kurzfristig nur Krisenmanagement und Status-Quo-Erhalt zu betreiben. Schließlich darf nicht vergessen werden, daß dieses institutionelle Gefüge durchaus sehr erfolgreich war und möglicherweise kleine Veränderungen und mehr politischer Gestaltungswille das Schiff eher wieder flott bekommen, als eine Veränderung der gesamten Verfassungsstruktur"[74].
Angesichts der bislang angestellten Vorüberlegungen zur Möglichkeit des Transfers beschäftigungspolitisch erfolgreicher Strategien zur Bewältigung von Arbeitslosigkeit und

[72] Heinze, Rolf G. / Schmid, Josef / Strünck, Christoph (1999): Vom Wohlfahrtsstaat zum Wettbewerbsstaat. A.a.O., S. 102.
[73] Vgl. ebd., S. 174f.
[74] ebd.

der hierbei identifizierten Schwierigkeiten, erscheint die auch in der deutschen Sozialwissenschaft vieldiskutierte Frage, was genau bei einem Vergleich innovativer ausländischer Politikstrategien für die Bewältigung der Arbeitsmarktmisere in Deutschland tatsächlich zu lernen ist, gerechtfertigt: "Die Ergebnisse der Debatte bestätigen weder naive Modelltheoretiker, die einfach entweder ganze Regulationssysteme oder beliebige Elemente von anderen Gesellschaften meinen übertragen zu können, noch den Skeptizismus einzelner Pfadtheoretiker, die Entwicklungspfade als 'stählerne Gehäuse' (M. Weber) der Abhängigkeit von Ausgangsbedingungen (miß-)verstehen und wenig Lernchancen sehen. Die Modelltheoretiker unterschätzen die Schwierigkeiten des Lernens von anderen Gesellschaftssystemen, bestimmte Nutzungsvarianten der Pfadtheorie neigen dazu, sie zu überschätzen"[75]. Der internationale Vergleich erfolgreicher Reformmodelle kann jenseits des Versuchs einer simplen Kopie der jeweiligen Politiken vor allem dazu beitragen, dass eigene Problembewusstsein zu schärfen und festgefahrene Diskussionen und Routinen aufzubrechen.[76] Darüber hinaus können u.U. eigene, zukünftige Entwicklungslinien aufgezeigt werden. "Die Vielfalt an Modellen wohlfahrtlicher Politik gibt jedoch zugleich einige Informationen darüber, welche Strukturen und Strategien unter wel-

---

[75] "Dienstleistungen als Chance: Entwicklungspfade für die Beschäftigung". Im Rahmen der BMBF-Initiative "Dienstleistungen für das 21. Jahrhundert". Abschlußbericht der PEM 13, Kurzfassung, Göttingen, 1999, S. 79.

[76] Vgl. Schmid, Josef (1999): Von den Nachbarn lernen - Reflexionen über eine Grauzone zwischen Bildungsreisen und komparativen Analysen, in: WIP Schwerpunktheft: Reformen in westeuropäischen Wohlfahrtsstaaten - Potentiale und Trends, WIP Occasional Paper Nr. 5 - 1999, S. 5.

chen Bedingungen existieren, so daß der internationale Vergleich zumindest teilweise als Surrogat bzw. als Kontrolle für eine Prognose künftiger Entwicklungen dienen kann"[77].

Für die deutsche Situation scheinen vor allem die an Deutschland angrenzenden Nachbarländer Niederlande und Dänemark besonders interessant zu sein. Die Niederlande und Dänemark gelten nach verbreiteter Auffassung als beschäftigungspolitisch sehr erfolgreich. Darüber hinaus stellen sie Reformmodelle dar, die sogar einen partiellen Wechsel von Entwicklungspfaden bzw. die Mischung von Elementen unterschiedlicher Politiktypen vollzogen haben.[78] Sowohl die Niederlande als auch Dänemark lassen sich daher heute als sozial-, wirtschafts- und arbeitsmarktpolitische Mischmodelle bezeichnen, in deren Strukturen u.a. auch "deutsche" Spuren zu finden sind. Beiden Ländern ist es damit gelungen, bereits "ausgetretene" Entwicklungspfade zu verlassen. Sie können als Beispiel dafür dienen, "daß es große Lernchancen in der Nutzung von Erfahrungen in anderen Gesellschaften gibt. Entwicklungspfade sind keine hermetisch verriegelten Gleise, aus denen nicht auszubrechen ist. In einer sich zunehmend internationalisierenden Wirtschaft, in der das Lernen voneinander eine unabdingbar notwendige Sache ist, wäre eine solche Interpretation von Pfadabhängigkeit fatal. *Aber voneinander lernen heißt nicht Kopieren von anderswo praktizierten Mustern, heißt nicht 1:1-Übernahmen. Vielmehr bedeutet es einen recht komplizierten*

[77] Vgl. Schmid, Josef (1998): Zukunft des Wohlfahrtsstaats (im internationalen Vergleich). A.a.O., S. 2.

[78] Vgl. Roth, Christian / Schmid, Josef / Blancke, Susanne (2000): Unterrichtseinheit: Internationale Modelle der Arbeitsmarktpolitik - Von den "Besten" lernen, a.a.O., S.4.

Adaptionsprozeß, der nur gelingen kann, wenn man sich bewußt macht, daß Gewinne von institutionellen Transfers auf der einen auch mit Verlusten auf der anderen Seite verbunden sein können (z.B. mehr Beschäftigung durch Deregulation mit mehr sozialer Unsicherheit und/oder Anstieg sozialer Ungleichheit). (...) Die Bedingung für erfolgreiches Lernen von anderen ist eine Reflexion darauf, in welcher Weise von institutionellen Transfers nicht intendierte Wirkungen auf den sozio-ökonomischen und -politischen Rahmen der eigenen Gesellschaft ausgehen, die auch langfristig erhaltenswerte Stärken zerstören können"[79]. Diese Aussage macht auch vor dem Hintergrund großer beschäftigungspolitischer Erfolge anderer Länder die Notwendigkeit deutlich, bei der Bewältigung eigener Probleme eine Reformstrategie der kleinen Schritte zu beschreiten, die den historisch-traditionellen Hintergrund und die spezifischen institutionellen Rahmenbedingungen ausreichend berücksichtigt. Ziel des Vergleichens und des Lernens von internationalen Modellen der Arbeitsmarktpolitik kann es also nicht sein, eine vollständige Transformation eines erfolgreichen Modells anzustreben, vielmehr sollte der eigene politische Handlungskorridor durch die Ergänzung von einzelnen Elementen erweitert werden.[80]

Will man von innovativen Politikstrategien partizipieren, die im Ausland erfolgreich Anwendung finden, so muss grundsätzlich unterschieden werden, "um welche Art bzw. Ebene der Problemlösung es sich handelt, d.h. ob es um relativ weitreichende ordnungspolitische Diskurse und Leitbilder oder um Teilbereiche umfassende Programmpakete oder

---

[79] "Dienstleistungen als Chance: Entwicklungspfade für die Beschäftigung". A.a.O., S. 80f.
[80] Vgl. Schmid, Josef (1998): Herkunft und Zukunft der Wohlfahrt. A.a.O., S. 22.

um einzelne Instrumente geht. Gerade bei einer politisch-normativen Bewertung ist es von zentraler Bedeutung, etwa die Einführung von Marktelementen danach zu beurteilen, ob es sich um ein Ziel handelt, das ein breit angelegtes Ordnungsmodell beschreibt oder bloß um ein Instrument, das in unterschiedlichen Zielsystemen zum Einsatz gelangen kann"[81]. Bei der Beurteilung der Möglichkeiten und Grenzen der Übertragbarkeit erfolgreicher Politik ist es daher hilfreich, zwischen globalen Problemdefinitionen und Lösungsstrategien einerseits und spezifischen Programmen und Instrumenten andererseits zu unterscheiden.[82] Wird darüber hinaus berücksichtigt, dass sich politisch-ökonomische Rahmenbedingungen in ihrer Form entweder gleichen oder auch erheblich unterscheiden können, so lassen sich die Diffusions- und Lernpotentiale bzw. die Möglichkeiten und Probleme einer Übertragung nach *Schmid* wie in folgender Abbildung darstellen:

[81] Heinze, Rolf G. / Schmid, Josef / Strünck, Christoph (1999): Vom Wohlfahrtsstaat zum Wettbewerbsstaat. A.a.O., S. 169.
[82] Vgl. auch zu den folgenden Ausführungen Schmid, Josef (1999): Von den Nachbarn lernen - Reflexionen über eine Grauzone zwischen Bildungsreisen und komparativen Analysen, a.a.O., S. 5.

Abbildung 5[83] **Möglichkeiten und Grenzen der Übertragbarkeit erfolgreicher Politik**

Bedingungen ähnlich	Bedingungen verschieden	Inhalt der Politik
(1) Möglichkeit einer Übertragung bzw. des Lernens ist hoch	(2) Konsensdefizite	**globale Problemdefinitionen und Lösungsstrategien**
(4) Effizienzdefizite (technische Kompatibilitätsprobleme)	(3) Wahrscheinlichkeit einer Diffusion ist niedrig	**spezifische Programme und konkrete Instrumente**

"Eindeutig sind die Felder 1 und 3, während - und dies dürfte der normale Fall sein - in den Konstellationen 2 und 4 Probleme der Übertragbarkeit auftreten. In diesen Fällen müßte die Kompatibilität erhöht werden - entweder im technischen Sinne oder im politisch-institutionellen Bereich. So müssen - will man etwa Modelle der Teilzeitarbeit übernehmen - neue Konzepte an die sozialrechtlichen Bedingungen angepaßt werden, beispielsweise durch ein entsprechende tarifpolitische Absicherung der unteren Lohngruppen (ggf. durch ein System von Mindestlöhnen). Hier läßt sich einiges von anderen Ländern lernen; freilich weniger durch 'Abkupfern' als durch Nachdenken. Schwieriger ist das Feld 2, wo nur langsame und nur schwer steuerbare Veränderungen des Institutionengefüges und der politischen Kultur einen politischen Kurswechsel zulassen"[84].

---

[83] Abbildung entnommen aus: ebd., S. 6.

[84] Heinze, Rolf G. / Schmid, Josef / Strünck, Christoph (1999): Vom Wohlfahrtsstaat zum Wettbewerbsstaat. A.a.O., S. 170.

Die vorangegangenen Ausführungen haben die Möglichkeiten, Probleme und Grenzen des "Lernens" von erfolgreichen Politiken aufgezeigt. Weitere Schwierigkeiten des internationalen Vergleichs werden im folgenden Kapitel thematisiert. Hierbei stehen in erster Linie die nationalen sowie supranationalen Arbeitsmarkt- und Beschäftigungsstatistiken im Vordergrund.

2.3 Beschäftigungswunder oder statistische Artefakte?

Angesichts der in Deutschland vorherrschenden Arbeitsmarktmisere gelten die beschäftigungspolitischen Erfolge verschiedener anderer Länder hierzulande bereits seit geraumer Zeit als wahre "Jobwunder". Allerdings stehen viele dieser "Wunder" auch nahezu ebenso lange in der Kritik. Arbeitsmarktexperten sprechen beispielsweise im Zusammenhang mit den Arbeitsmarkterfolgen der USA und auch der Niederlande davon, dass es sich nur um die Illusion eines Jobwunders handele.[85] Auch vor dem Hintergrund, dass in den USA seit 1993 ca. 20 Millionen neue Stellen geschaffen wurden und die Arbeitslosenquote derzeit bei 4,1 Prozent rangiert, bringen die Kritiker "die Millionen von Erwerbspersonen ins Kalkül, die sich vom Arbeitsmarkt zurückgezogen haben, die die unterwertig arbeiten oder nur

[85] Vgl. Willke, Gerhard (1998): Standortkonkurrenz und Beschäftigung - Ein internationaler Vergleich. Nürtingen; http://www.lpb.bwue.de/publikat/global/wilke.htm, S. 11.

einen Teilzeitjob haben, obwohl sie lieber Vollzeit arbeiten würden. Unter Anrechnung all dieser Formen der Unterbeschäftigung kommt Rifkin auf 'eine Arbeitslosigkeit von 13 bis 14 Prozent'. In gleicher Weise ist die niederländische Arbeitslosenquote von der OECD korrigiert worden, und zwar um die versteckte Arbeitslosigkeit in Form von Arbeitsbeschaffungsmaßnahmen, vorgezogenem Ruhestand, überhöhter Arbeitsunfähigkeit (Invalidität) und niedriger Erwerbsbeteiligung. Werden diese Faktoren berücksichtigt, so ergibt sich eine 'breite' Arbeitslosenquote von erstaunlichen 27,1%. (Bei gleicher Meßlatte kommt die OECD für Deutschland auf einen Wert von 22%)"[86]. Diese Zahlen verdeutlichen die Problematik, die in der statistischen Erfassung der "wirklich" vorhandenen Arbeitslosigkeit eines Landes enthalten ist: Die Definition von Arbeitslosigkeit und Beschäftigung divergiert - trotz einiger Standardisierungsversuche - immer noch erheblich, was die Aussagekraft des Vergleichs von statistischen Erhebungen aus verschiedenen Ländern grundsätzlich in Frage stellt.[87] Nicht zuletzt aufgrund dieser Divergenz "sind nationale Daten notorisch 'falsch', da sie vor allem für nationale Zwecke und nach abweichenden Definitionen erstellt worden sind. So unterscheiden sich Daten von *Eurostat* und die des statistischen Bundesamtes durch die Art der Erhebung (Umfrage oder Meldung durch Behörde) sowie die verwendeten Merkmale: In Großbritannien gelten nur Personen als arbeitslos, die einen Leistungsanspruch haben und eine Vollbeschäftigung suchen, während in der BRD alle Personen erfaßt werden, die mindestens 15 Stunden in der Woche Arbeit suchen.

[86] Vgl. ebd.
[87] Vgl. Gemeinschaftsdiagnose (1997): Die Lage der Weltwirtschaft und der deutschen Wirtschaft im Herbst 1997, a.a.O., S. 6.

Die niedrigen englischen Arbeitslosenquoten sind allein deshalb schon mit Vorsicht zu genießen"[88]. Vor dem Hintergrund dieser unterschiedlichen Erfassungskriterien sind nationale Arbeitsmarktstatistiken nur bedingt vergleichbar. Zu diesem Schluss kommt auch *Armindo Silva*, Referatsleiter der EU-Kommission in der Generaldirektion "Beschäftigung und Soziale Angelegenheiten", der in der Messung und Bewertung der Gesamtentwicklung des Arbeitsmarktes in den Mitgliedsländern Informationsdefizite sieht.[89] Seiner Ansicht nach ist eine vergleichbare Messung der Beschäftigung aufgrund unterschiedlicher methodischer Ansätze, Stichprobenverfahren oder Referenzzeiträume in den Mitgliedsländern der EU nahezu ausgeschlossen.[90]

Vor allem am Beispiel Großbritanniens zeigt sich, wie eine Veränderung der statistischen Definition von Arbeitslosigkeit zu Verzerrungen in der nationalen Arbeitsmarkt- und Beschäftigungsstatistik führen kann. So wurde die statistische Abgrenzung von Arbeitslosigkeit in Großbritannien seit Mai 1979 von den verschiedenen konservativen Regierungen nicht weniger als **zweiunddreißigmal** geändert, wobei mit jeder Änderung der Kreis der statistisch erfassten Arbeitslosen kleiner wurde.[91] "Nach der nationalen Definition gelten in Großbritannien all jene Personen als arbeitslos, die Transferleistungen beziehen, welche in unmittelbarem Zu-

[88] Heinze, Rolf G. / Schmid, Josef / Strünck, Christoph (1999): Vom Wohlfahrtsstaat zum Wettbewerbsstaat. A.a.O., S. 144.
[89] Vgl. "Politik und Statistik in der EU. Herausforderung und Antwort", in: SIGMA, 1/2000, S. 48.
[90] Vgl. ebd.
[91] Vgl. Klodt, Henning (1998): Großbritannien: Die marktwirtschaftliche Strategie, in: Mitteilungen aus der Arbeitsmarkt- und Berufsforschung, 2/1998, S. 278; siehe dort auch Fußnote 1.

sammenhang mit Arbeitslosigkeit gewährt werden. Die Anspruchsvoraussetzungen einiger Sozialleistungen sind jedoch von der Arbeitslosigkeit abgekoppelt worden, so daß diejenigen Personenkreise, die diese Sozialleistungen beziehen, aus der Arbeitslosenstatistik herausgefallen sind"[92]. Darüber hinaus werden jugendliche Berufsanfänger und Hausfrauen, die wieder einer Berufstätigkeit nachgehen wollen, nach dieser Definition ebenfalls nicht berücksichtigt.[93] Diese erhebungstechnischen Verzerrungen erklären, weshalb die in den vergangenen Jahren positiv verlaufende Entwicklung der registrierten Arbeitslosenzahlen in Großbritannien etwas zu relativieren ist. Nicht selten stößt man in diesem Zusammenhang auch auf die Einschätzung, dass die Arbeitsmarkterfolge Großbritanniens nicht darauf beruhten, dass die Arbeitslosen erfolgreich in den Arbeitsmarkt integriert worden sind, sondern man vertritt dagegen eher die Auffassung, dass sie aus der Arbeitslosenstatistik eliminiert worden seien.[94] Diese Auffassung spiegelt nach *Spenneberg* vor allem die Einschätzung wider, dass nationale Arbeitslosenzahlen politische Größen sind, da die jeweiligen Regierungen per Definition festlegen können, wer zum Kreis der statistisch erfassten arbeitslosen Personen zählt und wer nicht.[95] Untermauert wird diese These indirekt von *Spinner*, der auf der internationalen Konferenz "Politik und Statistik in der

---

[92] ebd.

[93] Vgl. Dingeldey, Irene (1998): Arbeitsmarktpolitische Reformen unter New Labour, in: Aus Politik und Zeitgeschichte, 11/98, S. 35; siehe dort auch Fußnote 16.

[94] Vgl. Klodt, Henning (1999): Arbeitsmarkterfolge in Großbritannien. Die marktwirtschaftliche Strategie, in: Wirtschaftswissenschaftliches Studium, 8/1999, S. 394.

[95] Vgl. Spenneberg, Lutz (1997): Von Holland lernen? In: Die Woche, vom 7.3.1999.

EU", die zusammen vom Statistischen Bundesamt und Eurostat in Berlin veranstaltet wurde, zur Rolle der amtlichen Statistik einräumt, dass sie seiner Meinung nach in erster Linie die Aufgabe habe, die von den Politikern vorgefassten Meinungen zu bestätigen und eine nachträgliche Begründung für ein politisches Handeln zu liefern.[96]

Ähnliche Relativierungen des Arbeitsmarkterfolges wie im Fall Großbritanniens lassen sich auch in anderen derzeit als beschäftigungspolitisch erfolgreich geltenden Ländern anstellen. Als weiteres Beispiel wurden bereits die USA genannt. "Der ältere Herr in Livree, der jedem Besucher bei Burger King in New York schwungvoll die Tür aufmacht, gilt in den USA bereits als Erwerbstätiger, auch wenn er das nur einen Tag in der Woche tut. In Deutschland muß man dazu mindestens 18 Stunden arbeiten. Auch diese statistische Besonderheit hat zu der hohen amerikanischen Erwerbsquote von 76 Prozent beigetragen, die vor allem dem boomenden Dienstleistungssektor zu verdanken ist"[97]. Auch bei den USA zeigt sich demnach, dass national gefärbte Zahlen und Statistiken nur unter großem Vorbehalt zu einem internationalen Vergleich herangezogen werden können. Im Fall der USA, die im Bereich der Beschäftigungspolitik derzeit vielen als Maß aller Dinge erscheinen, muss bei der Bewertung der niedrigen Arbeitslosenzahlen eine weitere "statistische Besonderheit" berücksichtigt werden. Nach dem amerikanischen Wissenschaftsjournalist *Jeremy Rifkin* ist ein Grund für die geringe Arbeitslosenquote in den

[96] Vgl. "Politik und Statistik in der EU. Herausforderung und Antwort", a.a.O., S. 47.
[97] "USA und Holland: Jobwunder oder Zahlentrick, Berliner Morgenpost, vom 23.5.1999.

USA u.a. darin zu suchen, dass derzeit etwa drei Prozent der Bevölkerung in amerikanischen Strafanstalten inhaftiert sind. [98] Die zunehmende Ungleichheit und Armut in den USA, die durch die rein marktwirtschaftliche Strategie des amerikanischen Modells in den letzten Jahren verstärkt hervorgerufen wurden, führten zu einer Explosion von Kriminalität und Inhaftierung. "Gerade Jugendliche mit den geringsten Verdienstchancen sind besonders anfällig für Kriminalität. Rund 7 vH der männlichen US-amerikanischen Erwerbsbevölkerung sind in irgendeiner Form im Justizsystem (Gefängnis, bedingt haftentlassen, auf Bewährung). (...) Amerikanische Untersuchungen zeigen weiterhin, daß das Niveau der Kriminalität mit Arbeitslosigkeit und sozialer Ungleichheit korreliert und daß die höchsten Erfolgschancen, eine kriminelle Karriere zu beenden, die Aufnahme einer Erwerbstätigkeit ist. (...) Rechnet man die Gefängnisinsassen zu den Arbeitslosenzahlen hinzu, dann haben die USA etwa den gleichen Anteil von Langzeitarbeitslosen wie die Bundesrepublik Deutschland und andere europäische Staaten - allerdings in anderer und gesellschaftlich wesentlich unerwünschterer Weise"[99]. Das Beispiel USA veranschaulicht auf eindrucksvolle Weise, dass die Konzentration auf eine einzige Maßzahl, beispielsweise die Zahl der Arbeitslosen oder auch die Arbeitslosenquote, zur Beschreibung der komplexen Wechselbeziehungen auf dem Arbeitsmarkt nicht ausreicht.[100] Auch wenn die Indikatoren Arbeitslosenquote und Höhe der Beschäftigung in internati-

---

[98] Vgl. ebd.

[99] Bosch, Gerhard (1998): Brauchen wir mehr Ungleichheit auf dem Arbeitsmarkt? In: WSI Mitteilungen, 1/1998, S. 23f.

[100] Vgl. hierzu auch "Politik und Statistik in der EU. Herausforderung und Antwort", a.a.O., S. 48.

onal vergleichenden Studien immer noch als Standardgrößen zur Bewertung der Arbeitsmarktsituation dienen, zeigen nicht nur die USA, dass bei der Beurteilung eines Beschäftigungsergebnisses alle wichtigen ökonomischen **und** auch sozialen Dimensionen ausreichend berücksichtigt werden müssen. Nur durch diese Vorgehensweise in der Analyse von Beschäftigungssystemen kann vielleicht vermieden werden, dass die Betrachtung hoch aggregierter statistischer Indikatoren nicht zur Vernachlässigung der menschlichen Dimension des Phänomens führt. "Der vergleichende Ansatz setzt überspitzt formuliert Methode vor Moral und liefert empirisch begründete Meßlatten zur Bewertung von Systemen und Trends. Dabei werden Variablen statt Eigennamen verwendet, funktionale Äquivalente berücksichtigt und einzelne Phänomene relativiert, indem sie standardisiert und in ihrem jeweiligen Kontext betrachtet werden - etwa indem man die Sozialhilfeleistungen in Relation zur Reallohnentwicklung setzt oder die Arbeitslosenraten auf die Erwerbsquoten bezieht. Dazu bedarf es nicht selten umfangreicher Datensätze und statistischer Analysen, was gelegentlich eine gewisse Abstraktheit und Problemdistanz erzeugt und die Wahrnehmung des sozialen Alltags, der kleinen Krisen und Kämpfe, ja der konkreten Menschen verstellen kann"[101].

Die Kriterien zu benennen und zu analysieren, die nötig wären, um eine Harmonisierung und Vereinheitlichung der nationalen amtlichen Statistiken zu erreichen, würde den Rahmen dieser Untersuchung sprengen. In den Länderanaly-

[101] Schmid, Josef (1998): Herkunft und Zukunft der Wohlfahrt. A.a.O., S. 2.

sen der vorliegenden Studie wurde daher auf die offiziellen Statistiken zurückgegriffen. Um erhebungstechnische Verzerrungen sowie nationale statistische Schönfärbereien möglichst zu vermeiden, wurden in der Regel die **standardisierten Arbeitslosenquoten** zum Vergleich herangezogen.[102] Die standardisierten Arbeitslosenquoten basieren auf Umfragen und sind deshalb von Änderungen der Erfassungskriterien weniger beeinflusst als die nationalen Arbeitslosenstatistiken.[103] Dennoch können die in dieser Untersuchung verwendeten statistischen Daten z.T. voneinander abweichen, weil die in der Literatur vorzufindenden Statistiken, auf die auch hier Bezug genommen wird, ebenfalls je nach Quelle und auch Erscheinungsjahr variieren.[104] Es ist aber davon auszugehen, dass diese Varianzen die Aussagekraft der Ergebnisse, die im Rahmen dieser Untersu-

[102] "Diese standardisierten Arbeitslosenquoten werden für alle Länder nach dem gleichen Schema ermittelt, und zwar auf der Grundlage von Haushaltsbefragungen. Als arbeitslos gilt demnach, wer in der Woche des Erhebungszeitpunkts keiner bezahlten Arbeit nachging, aber in der Lage ist, innerhalb der nächsten zwei Wochen eine Arbeit aufzunehmen, und während der vorangegangenen vier Wochen aktiv nach Arbeit gesucht hat. Für Deutschland liegen die Quoten um rund einen Prozentpunkt unter den nationalen Quoten, wofür in erster Linie die unterschiedlichen Bezugsgrößen verantwortlich sind. Die standardisierten Quoten der OECD sind auf alle zivilen Erwerbspersonen bezogen, während die nationale deutsche Quote nur die abhängigen Erwerbspersonen berücksichtigt", zitiert nach: Klodt, Henning (1998): Großbritannien: Die marktwirtschaftliche Strategie, a.a.O., S. 278
[103] Vgl. Gemeinschaftsdiagnose (1997): Die Lage der Weltwirtschaft und der deutschen Wirtschaft im Herbst 1997, a.a.O., S. 7.
[104] Vgl. Heinze, Rolf G. / Schmid, Josef / Strünck, Christoph (1999): Vom Wohlfahrtsstaat zum Wettbewerbsstaat. A.a.O., S. 147; siehe dort auch Fußnote 22.

chung erzielt wurden, in einem nur unerheblichen Grad tangieren.[105]

[105] "Für die politische Qualität und die Tendenz der Entwicklungen sind diese Differenzen und methodischen Unsauberkeiten kaum relevant", zitiert nach: ebd.

3 POLITISCHE KONZEPTE ZUR BEWÄLTIGUNG VON BESCHÄFTIGUNGSPROBLEMEN. GIBT ES ALTERNATIVEN ZUM "MODELL DEUTSCHLAND"?

Lange Zeit galt das "Modell Deutschland" als vorbildliches Wirtschafts- und Gesellschaftsmodell in Europa.[106] Das deutsche System der industriellen Beziehungen, das jahrzehntelang als der ausschlaggebende Faktor für den wirtschaftlichen Wiederaufstieg und spätere Erfolge der Bundesrepublik angesehen wurde, erfreute sich im Ausland großer Aufmerksamkeit, um nicht zu sagen Bewunderung.[107] Vor allem in den USA ist eine gewisse Hochachtung vor dem deutschen Modell noch in den achtziger Jahren deutlich spürbar: "Looking at West Germany from abroad, one had the feeling that if West Germans still had problems, they would not be around for long, since they excelled in the art

[106] Der Ursprung des Begriffs „Modell Deutschland" lässt sich nicht eindeutig zurückverfolgen. Nach *Heise* entstammt er vermutlich der sozialdemokratischen Wahlkampagne des Jahres 1976: „Es ist also kein Wunder, daß er in der wissenschaftlichen Literatur kaum eindeutig definiert ist. Als wesentliche Bestandteile werden aber einmütig genannt: - stabile, umfassende Organisationen (im Sinne Mancur Olsons) – stark kodifiziertes Arbeitsbeziehungssystem – stabile Kapitaleigentümer (Stakeholder) – hohe Partizipation der Arbeitnehmer – staatliche Bereitstellung hoher sozialer Sicherheit, infrastruktureller Rahmenbedingungen und einer breiten Ausbildungsbasis", zitiert nach: Heise, Arne (1998): Institutioneller Wandel, Beschäftigung und Effizienz. Ein deutsch-britischer Vergleich zur Klärung eines komplexen Zusammenhanges, in: WSI Mitteilungen, 4/1998, S. 233f.

[107] Vgl. Modell Deutschland – modernes Deutschland? In: WSI Mitteilungen, 4/1998, S. 225.

of problem solving. That is exactly what Model Germany was all about"[108]. Nicht selten diente Deutschland daher in der Vergangenheit als "Modellnation" für Reformbemühungen in anderen, meist westeuropäischen Industrienationen. Diese Vorbildfunktion hatten zuvor bereits auch schon andere Länder. Es ist daher kein neuzeitliches Phänomen, dass ökonomisch erfolgreiche Länder bzw. deren erfolgreiche Strategien zum Vorbild der Entwicklung auch in anderen Ländern genommen werden. "Daß Nationen, daß Unternehmen und Gewerkschaften auf andere Länder und Nationen schauen, um von den ökonomisch Erfolgreichen zu lernen ist nicht neu. (...) Neu ist aber, wie schnell die Vorbilder wechseln: Wurde vor zehn Jahren noch die ‚Krise der USA' beschworen, gilt sie heute vielen als ***das*** Modell des wettbewerbsfähigen Nationalstaats im Zeitalter der Globalisierung. Auf das ‚Modell Deutschland', auf den ‚Rheinischen Kapitalismus' schauten viele Länder noch in den achtziger Jahren mit Bewunderung und Interesse. Inzwischen erscheint die Bundesrepublik in der internationalen Diskussion als müder Held einer glücklicheren, vergangenen Ära, in der die Nationalstaaten noch nicht dem Diktat des Weltmarktes unterworfen waren, und gilt als unfähig, sich flexibel neuen Anforderungen anzupassen"[109]. Glaubten auch noch Anfang der neunziger Jahre namhafte Wissenschaftler an eine erfolgreiche Zukunft des deutschen "Modells", so

[108] Markovits, Andrei S: (1982): Introduction: Model Germany - A Cursory Overview of a Compley Construct; in: ders. (Hrsg.) (1982): The Political Economy of West Germany - Modell Deutschland, New York, S. 2, zitiert nach: Heise, Arne (1998): Institutioneller Wandel, Beschäftigung und Effizienz. A.a.O., S. 233.
[109] Scherrer, Peter / Simons, Rolf / Westermann, Klaus (Hrsg.) (1998): Von den Nachbarn lernen. A.a.O., S. 18.

hat sich diese Einschätzung innerhalb weniger Jahre nahezu grundlegend geändert. *Heise* zeigt auf, wie drastisch sich die Bewertung des "Rheinischen Modells" gewandelt hat: von der einstigen Lobpreisung als überlegenes institutionelles System und Vorzeigemodell bis hin zur heutigen Verhöhnung als "Auslaufmodell", das von der "Eurosklerose" befallen und damit einem sich abzeichnenden Siechtum preisgegeben sei.[110]

Der Meinungswandel dem Wirtschafts- und Gesellschaftsmodell deutschen Typus gegenüber wird noch deutlicher, wenn man bedenkt, dass noch vor wenigen Jahren auch in den Kreisen der meinungsbildenden Ökonomen die Überzeugung bestand, dass der auf langfristige Entwicklungen und Beziehungen aufbauende Konsenskapitalismus deutscher Prägung für den Wettbewerb mit dem kurzfristig orientierten "Casinokapitalismus" amerikanischer Art bestens gerüstet sei.[111] "Die Beteiligung der Beschäftigten an den Geschicken des Unternehmens, aber auch die Verbreiterung des Mittelstandes durch eine relativ egalitäre Lohnpolitik sowie ein gut ausgebautes System der sozialen Sicherung wurden nicht als Hindernis, sondern als Voraussetzung für die hohe Leistungsfähigkeit des 'Modells Deutschland' angesehen. Heute wird das Modell Deutschland von weiten Kreisen vor dem Hintergrund der zunehmenden Kapitalmobilität und anderer Seiten der Globalisierung als zu inflexibel, vor dem

---

[110] Vgl. Zilian, Hans Georg (1998): Einleitung: Flexibilisierung – eine Lösung, die zum Problem wird? In: Zilian, Hans Georg / Flecker, Jörg (Hrsg.) (1998): Flexibilisierung – Problem oder Lösung? Berlin, S. 13.
[111] Vgl. "Modell Deutschland – modernes Deutschland"? A.a.O., S. 225.

Hintergrund des strukturellen Wandels als zu industriezentriert und schließlich, als Konsequenz, für nicht ausreichend wettbewerbs- und zukunftsfähig angesehen"[112]. Vor dem Hintergrund dieser nahezu vernichtenden Bewertung der Zukunftsfähigkeit des deutschen "Modells" erscheint es heute fast unvorstellbar, dass noch 1992 von der "Cuomo Commission on Competitiveness" ein Studie veröffentlicht wurde, die den Versuch zum Inhalt hatte, das ökonomisch und sozial überlegene "Modell Deutschland" auf die USA zu übertragen.[113]

Die Kritik am "Modell Deutschland" konzentriert sich oftmals auf einen wichtigen Pfeiler dieses Modells, nämlich den der Arbeitsmarktinstitutionen und -regulierungen. Dieser Kritik zufolge wird die anhaltend hohe Arbeitslosigkeit in der Bundesrepublik Deutschland, wie allerdings auch in vielen anderen europäischen Industrienationen, auf die im Vergleich etwa zu den USA angeblich starreren und inflexibleren Arbeitsmärkte zurückgeführt. "Als Gründe für die ungünstigere Arbeitsmarktentwicklung in den meisten europäischen Ländern im Vergleich zu den USA werden neben einem schwächeren Wachstum mit geringerer 'Beschäftigungsintensität', einem stärkeren Lohnkostendruck, einer geringeren Lohndifferenzierung und einer niedrigeren Flexibilität der Arbeitskräfte auch eine deutlich höhere Regulierungsdichte der Arbeitsmärkte genannt. Die Urteile fallen aber oft zu pauschal aus, denn auch innerhalb Europas gibt

[112] ebd.
[113] Vgl. Heise, Arne (1998): Institutioneller Wandel, Beschäftigung und Effizienz. A.a.O., S. 233.

es beachtliche Differenzen in der Regulierungsdichte"[114]. Die Auffassung, dass in erster Linie "rigide" Institutionen des Arbeitsmarktes für die hohe Arbeitslosigkeit in Europa und speziell in Deutschland verantwortlich gemacht werden können, teilen neben der OECD und vielen europäischen Regierungen auch immer mehr Wirtschaftswissenschaftler, die daher in der Abkehr vom "Rheinischen Kapitalismus" hin zum "anglo-amerikanischen Modell" die Lösung der Arbeitsmarktprobleme in Deutschland und ganz allgemein auch in Europa sehen.[115] "Hier setzt die neoliberale Kritik am 'Modell Deutschland' an: Als Grundübel wird die Rigidität des Arbeitsmarktes ausgemacht, die zu hohe Arbeitskosten und zu geringe Lohnspreizung bewirke. Ursache sei die zu starke Regulierung der Arbeitsmärkte: rechtlich (Arbeitsrecht), institutionell (Tarifparteien und Flächentarifvertrag) und sozialstaatlich (Arbeitslosengeld und Sozialhilfe). Konsequent wird dann verlangt, die Lohnstrukturen nach unten zu öffnen (Niedriglöhne), überbetriebliche Kooperations- und Aushandlungsstrukturen ('Konsenssoße') zurückzudrängen, die Arbeitsmärkte rechtlich zu deregulieren (Kündigungsschutz u.ä.) und zur Kostensenkung und Steigerung der Arbeitsanreize sozialstaatliche Leistungen einzuschränken - Wege, auf denen die konservative-liberale Bundesregierung bereits etliche Schritte zurückgelegt hat"[116].

---

[114] Winkler-Büttner, Diana (1997): Unterschiedliche Arbeitsmarktregulierung in Europa, in: Wirtschaftsdienst, VI/1997, S. 354.
[115] Vgl. Schmitt, John / Mishel, Lawrence / Bernstein, Jared (1998): Unterschätzte soziale Kosten, überbewertete ökonomische Vorteile des "US-Modells", in: WSI Mitteilungen, 4/1998, S. 271.
[116] Scherrer, Peter / Simons, Rolf / Westermann, Klaus (Hrsg.) (1998): Von den Nachbarn lernen. A.a.O., S. 20.

Nach *Bosch* sind diese neoliberalen Thesen in Deutschland vor allem deswegen wieder politikfähig geworden, weil es über viele Jahre nicht gelungen ist, Antworten auf die hohe und andauernde Arbeitslosigkeit zu finden.[117] Auf die Kernaussage reduziert besagt der neoliberale Ansatz, dass die hohe Arbeitslosigkeit in vielen westeuropäischen Industrieländern vor allem Resultat nicht-marktkonformer Eingriffe in die Arbeitsmärkte ist. "Tarifverträge oder Gesetze mit Mindestlohnelementen oder ein ausgebauter Sozialstaat werden als 'Verschwörung gegen die Arbeitslosen' bezeichnet, die die Einstellung der weniger produktiven, ungelernten Beschäftigten verhinderten"[118]. Zur Untermauerung dieser Thesen werden von den Protagonisten des neoliberalen Ansatzes immer wieder die jüngsten Erfolgsbeispiele des "anglo-amerikanischen Modells" herangezogen. Vor allem der US-amerikanische Arbeitsmarkt, aber auch der Großbritanniens, besticht demnach durch seine Flexibilität - u.a. durch wenig regulierte Arbeitsmärkte - was zu einem hohen Beschäftigungswachstum und zurückgehender Arbeitslosigkeit geführt haben soll.[119] "Diese Diagnose legt ein einfaches Rezept nahe: Wenn Europa die Arbeitslosigkeit besiegen will, dann müssen seine Regierungen die Arbeitsmärkte nach dem Vorbild der Vereinigten Staaten umgestalten, d.h. flexibilisieren"[120].

---

[117] Vgl. auch zu den folgenden Ausführungen Bosch, Gerhard (1998): Brauchen wir mehr Ungleichheit auf dem Arbeitsmarkt? In: WSI Mitteilungen, 1/1998, S. 15.
[118] ebd.
[119] Vgl. Scherrer, Peter / Simons, Rolf / Westermann, Klaus (Hrsg.) (1998): Von den Nachbarn lernen. A.a.O., S. 20.
[120] Schmitt, John / Mishel, Lawrence / Bernstein, Jared (1998): Unterschätzte soziale Kosten, überbewertete ökonomische Vorteile des "US-Modells", in: WSI Mitteilungen, 4/1998, S. 271.

Dem neoliberalem Standpunkt zufolge braucht auch Deutschland daher die Suche nach einem Vorbild für seine angeschlagene Beschäftigungspolitik nicht weiter fortzusetzen, denn derzeit sind die USA, so zumindest die Ansicht der Verfechter eines wirtschaftsliberalen Kurses, unangefochten das beschäftigungspolitische Maß der Dinge.[121] "Gerade der Verweis auf die Erfolge der USA macht aber nachdenklich. Über viele Jahre lag die Arbeitslosenquote in Westdeutschland unter der amerikanischen, in den achtziger Jahren waren die Quoten (bis 1990) acht Jahre lang, über zwei Konjunkturzyklen hinweg, ähnlich hoch, und vor allem beide mit gleichlaufender, sinkender Entwicklung. Dieses Bild änderte sich schlagartig, als - nach dem Vereinigungsboom - im Herbst 1992 in Deutschland die Rezession einsetzte. Seitdem weisen die beiden Quoten eine gegenläufige Tendenz auf. Der amerikanische Arbeitsmarkt war aber - bei einigen Veränderungen in der Reagan-Ära - immer schon wenig reguliert, und der deutsche im Vergleich dazu traditionell stark reguliert. was hat also dann diese inzwischen fünf Jahre währende gegenläufige Entwicklung verursacht? Die oft überschätzte, eher stetige 'Globalisierung' der Wirtschaft kaum. Entscheidender sind ohne Zweifel als nationaler Sonderfaktor die häufig unterschätzten Auswirkungen der deutschen Vereinigung"[122]. Neben diesen grundsätzlichen Bedenken bezüglich der Vorbildeigenschaften des US-amerikanischen Beschäftigungserfolges

---

[121] Vgl. Klös, Hans-Peter (1998): Arbeitsmarktentwicklung im Spiegel international vergleichender Empirie - kann Deutschland vom Ausland lernen? In: iw-trends, 1/98, S. 32

[122] Scherrer, Peter / Simons, Rolf / Westermann, Klaus (Hrsg.) (1998): Von den Nachbarn lernen. A.a.O., S. 20f.

für die Bundesrepublik trüben noch weitere Zweifel die Aussichten, im "US-Flexi-Modell" die Lösung für die Verringerung der Arbeitslosigkeit auch in Deutschland gefunden zu haben. *Schmitt / Mishel / Bernstein* beispielsweise kommen in einer Studie über das US-Modell zu dem Ergebnis, dass in der europäischen und deutschen Rezeption der wirtschaftlichen Entwicklung in den USA die sozialen Kosten des US-Modells unter- und die ökonomischen Vorteile überbewertet werden.[123] "Die empirischen Daten zeigen vielmehr, daß die Vereinigten Staaten einen hohen wirtschaftlichen und sozialen Preis für die größere 'Flexibilität' ihres Arbeitsmarktes zahlen. (...) Abbau von sozialen Sicherungen, abnehmende Sicherheit der Arbeitsplätze, wachsende Armut und Ungleichheit der Einkommensverteilung, Verschlechterung der Arbeitsplatzqualität, 'Explosion' der Kriminalität. Gleichzeitig hat aber die in den letzten 20 Jahren verordnete Flexibilität erstaunlich wenig zu Wirtschaftwachstum, Steigerung der Produktivität oder Ausweitung der für die große Mehrheit der Arbeitnehmer infrage kommenden Beschäftigungsmöglichkeiten beigetragen"[124].

Angesichts dieser Ergebnisse und Aussagen stellt sich die Frage, ob das "anglo-amerikanische Modell", trotz der großen wirtschaftlichen Erfolge in der Vergangenheit, wirklich so überlegen ist wie es seine Anhänger oftmals darstellen, und ob es daher wirklich zur Nachahmung dienen sollte. Diese Frage stellt sich um so mehr, wenn man bedenkt, dass es in den vergangenen zwei Jahrzehnten auch einigen europäischen Ländern gelungen ist, bei Wachstumsraten des BIP

[123] Vgl. "Modell Deutschland – modernes Deutschland"? In: WSI Mitteilungen, 4/1998, S. 225.
[124] ebd.

und Anstieg der Arbeitsproduktivität die USA nicht nur einzuholen, sondern sie sogar zu überholen - und dieser Erfolg gelang diesen Ländern, **trotz** regulierter Arbeitsmärkte, ausgebauter sozialer Sicherung und starker Gewerkschaften.[125] "Zweifellos: Die Verfechter einer starken Rolle des Staates zur Sicherung der Sozialstaatlichkeit sind in die Defensive geraten - auch in Europa. Auch innerhalb der EU versuchen die Nationalstaaten, durch Steuersenkungen, Reduzierung der Arbeitskosten usw. die Attraktivität des eigenen Standortes zu erhöhen - allerdings ohne das Netz sozialer Sicherungen, die Verfaßtheit der Arbeitsmärkte oder die spezifischen Kooperationen nationaler Akteure grundlegend zu zerschlagen"[126].

Die wirtschaftlichen und beschäftigungspolitischen Erfolge einiger Länder in Europa - in der jüngsten Vergangenheit stehen insbesondere die Beschäftigungserfolge in den Niederlanden und in Dänemark im Mittelpunkt - machen deutlich, dass es auch andere Wege zu mehr Beschäftigung und Wachstum gibt, die nicht über die Umgestaltung des Systems der Arbeitsbeziehungen, Flexibilisierung und Deregulierung von Arbeitsmärkten sowie eine Verschärfung der Ungleichheit führen, wie dies etwa in den USA oder auch in Großbritannien der Fall ist.[127] Die Beschäftigungserfolge der Niederlande und Dänemark können somit als Beispiele dafür fungieren, dass soziale Sicherung und Umverteilung von Arbeit auch vor dem Hintergrund zunehmender internatio-

[125] vgl. ebd.
[126] Scherrer, Peter / Simons, Rolf / Westermann, Klaus (Hrsg.) (1998): Von den Nachbarn lernen. A.a.O., S. 19f.
[127] Vgl. "Modell Deutschland – modernes Deutschland"? A.a.O., S. 225.

naler Konkurrenz aufrecht erhalten werden kann.[128] Damit existiert ein - in der Praxis der genannten Länder erfolgreiches - Alternativkonzept zum neoliberalen "anglo-amerikanischen Modell". Und weil seine Grundlagen und Strategien in vielerlei Hinsicht der politischen Kultur und gesellschaftlichen Strukturen in Deutschland erheblich stärker entsprechen als die betont marktwirtschaftlichen Modelle, eignen sich die erfolgreichen Länder dieses "europäischen Konzepts" in den Augen vieler Experten auch eher zum Vorbild für deutsche Beschäftigungspolitik.[129]

Die aktuellen Beschäftigungserfolge beider sich gegenüberstehenden und konkurrierenden Konzeptionen - auf der einen Seite die ausgeprägt marktwirtschaftliche Orientierung des "anglo-amerikanischen Modells" (USA, Großbritannien) und auf der anderen Seite das eher auf Konsens ausgerichtete "Sozialmodell Europa" (Niederlande, Dänemark) - zeigen, dass Strategien und Maßnahmen zum Abbau von Arbeitslosigkeit unabhängig vom jeweils bevorzugten "Modell" der Länder erfolgreich sein können. Es existiert demzufolge eine gewisse Vielfalt der Wege zu mehr Beschäftigung.[130] Nach den bisher angestellten Vorüberlegungen dieser Untersuchung erscheint es jedoch sinnvoll, dass die Bundesrepublik Deutschland sich bei der Suche nach Auswegen aus der Beschäftigungsmisere nicht allzu sehr vom "anglo-amerikanischen Modell" leiten lässt. "In den USA

---

[128] Vgl. Scherrer, Peter / Simons, Rolf / Westermann, Klaus (Hrsg.) (1998): Von den Nachbarn lernen. A.a.O., S. 19.
[129] Vgl. ebd., S. 31.
[130] Vgl. Werner, Heinz (1998): Beschäftigungspolitisch erfolgreich Länder - Was steckt dahinter? In: Mitteilungen aus der Arbeitsmarkt- und Berufsforschung, 2/1998, S. 333.

bestand und besteht die Strategie darin, den Arbeitsmarkt so zu liberalisieren und zu flexibilisieren, daß er Angebot und Nachfrage 'ausregelt'. Dies entspricht dem neoklassischen Dogma, wonach es auf 'freien' Arbeitsmärkten immer ein Lohnniveau gibt, das 'Vollbeschäftigung' im Sinne einer Übereinstimmung von Arbeitsangebot und Arbeitsnachfrage ermöglicht. Der Nachteil dieser Strategie liegt allerdings darin, die Löhne im Niedriglohnbereich teilweise unter die Armutsgrenze zu drücken; die Einkommensverteilungsdiskrepanzen werden dadurch noch krasser. Dies mag in der eher hemdsärmeligen US-Gesellschaft angehen, in unserer, der sozialen Gerechtigkeit einen hohen Stellenwert einräumenden Gesellschaft ist diese Strategie nicht akzeptabel, also auch nicht übertragbar"[131].

Nach Meinung vieler Arbeitsmarktexperten scheint daher für Deutschland eine Orientierung (nicht jedoch eine Kopie) am holländischen oder auch am dänischen Beispiel dem spezifisch wohlfahrtsstaatlichen Entwicklungspfad eher zu entsprechen als eine Nachahmung des amerikanischen bzw. des englischen Beschäftigungsweges.[132] Die Niederlande und Dänemark gelten als gelungene Beispiele dafür, wie der Arbeitsmarkt flexibilisiert und darüber hinaus ein traditionelles Sozialsystem an die veränderten wirtschaftlichen Erfordernisse angepasst werden kann.[133] "Für die Bundesrepublik, die viele institutionelle und politische Ähnlichkeiten mit

[131] Willke, Gerhard (1998): Standortkonkurrenz und Beschäftigung - Ein internationaler Vergleich - , a.a.O., S. 14.
[132] Vgl. "Dienstleistungen als Chance: Entwicklungspfade für die Beschäftigung". A.a.O., S. 21.
[133] Vgl. Glott, Rüdiger / Wilkens, Ingrid / Tasch, Andreas (1998): Bedingungen der Beschäftigungsentwicklungen. A.a.O.,

Dänemark und den Niederlanden aufweist, kann eine Konsequenz bereits an dieser Stelle gezogen werden: Eine grundlegende Umsteuerung nach neoliberalem Credo birgt nicht nur unkalkulierbare ökonomische, politische und soziale Gefahren, sie ist vor allem auch nicht notwendig. Bei intelligenter Modifizierung und Anpassung können bewährte institutionelle und regulative Grundstrukturen fit gemacht werden für gestiegene Anforderungen und internationalen Wettbewerb. Dies bedeutet: Für die Deutschen lohnt sich eher der Blick nach Holland und Dänemark als über den Kanal oder über den Großen Teich"[134].

Dieser Einschätzung folgend stehen die niederländischen und dänischen "Erfolgsrezepte" zur Reduzierung der Arbeitslosigkeit und deren Übertragungsmöglichkeiten auf die deutsche Situation im Mittelpunkt der folgenden Länderanalysen. Auf die Beschäftigungsentwicklung der ausgesprochen marktwirtschaftlich orientierten Länder USA und Großbritannien, die erheblich schwerer als "Kopiervorlagen" für die Bundesrepublik Deutschland dienen dürften und damit unter politisch-praktischen Gesichtspunkten weniger interessant sind, wird zum Ende dieser Untersuchung noch einmal Bezug genommen.[135]

[134] Scherrer, Peter / Simons, Rolf / Westermann, Klaus (Hrsg.) (1998): Von den Nachbarn lernen. A.a.O., S. 30f.
[135] Vgl. Heinze, Rolf G. / Schmid, Josef / Strünck, Christoph (1999): Vom Wohlfahrtsstaat zum Wettbewerbsstaat. A.a.O., S. 104.

4 LÄNDERVERGLEICH NIEDERLANDE

4.1 VORBEMERKUNG

Die niederländische Wirtschafts-, Sozial- und Arbeitsmarktpolitik steht seit Anfang der 90er Jahre bei der Frage, wie die Massenarbeitslosigkeit in Europa effektiv bekämpft werden kann, als erfolgreiches Beispiel eines Landes mit einer positiven Beschäftigungsentwicklung immer mehr im Mittelpunkt des Interesses. Zahlreiche in- und ausländische Politiker sowie vor allem die internationale Wirtschaftspresse sprechen seit dieser Zeit immer öfter vom "holländischen Wunder", das sich demnach durch niedrige Lohnkosten, eine Verstärkung der Wettbewerbsfähigkeit und eine enorme Zunahme der Beschäftigungsmöglichkeiten auszeichnet. "Die Wirtschaftsredakteure fast aller renommierten internationalen Zeitungen und Fernsehsender reisten in die Niederlande, um den Mix von Holzschuhen, Tulpen und maßvollen Lohnforderungen persönlich in Augenschein zu nehmen"[136]. Auslöser dieser schon nahezu als inflationär zu bezeichnenden Anzahl von Artikeln, Zeitschriftenaufsätze, Buchpublikationen sowie auch Vortragsveranstaltungen und Fachtagungen sind in erster Linie die wirtschaftlichen Erfolge und Leistungen, die die Niederlande seit der konjunkturellen Belebung der Weltwirtschaft, die 1994 einsetzte, zu verzeichnen haben[137].

[136] Van Empel, Frank (1997): Modell Holland. Die Stärke von Verhandlungen in den Niederlanden. Broschüre anläßlich der Verleihung des Carl Bertelsmann-Preises 1997, S. 3.
[137] Im folgenden Kapitel wird die niederländische Wirtschafts- und Beschäftigungsentwicklung näher thematisiert.

Als vorläufiger Höhepunkt dieser allgemeinen "Lobeshymnen" kann die Verleihung des Carl-Bertelsmann-Preises 1997 an die "Stiftung der Arbeit" angesehen werden. In der Stiftung der Arbeit, einem Organ der niederländischen Arbeitgeber- und Arbeitnehmerdachverbände, werden in regelmäßigen Treffen zwischen Arbeitgebervertretern und Gewerkschaften die mittel- und langfristigen Ziele der Arbeitsbeziehungen und Tarifpolitik der Niederlande in "korporatistischer Orientierung am Gemeinwohl" zu vereinbaren versucht.[138] Gerade dieses, die Arbeitsbeziehungen prägende System des Korporatismus[139], lässt das niederländische "Poldermodell"[140] für Deutschland vor dem Hintergrund der aktuell stattfindenden Gespräche im Rahmen des Bündnisses für Arbeit zusätzlich interessant erscheinen. Die in diesem Zusammenhang häufig anzutreffende Fragestellung lautet daher: "Läßt sich nicht aus den niederländischen Erfahrungen auch ein Weg für Deutschland ableiten, wie ein Bündnis für Arbeit aussehen sollte?"[141]. Für die neue Bun-

---

[138] Vgl. Becker, Uwe (1998): Beschäftigungswunderland Niederlande? In: Aus Politik und Zeitgeschichte, B 11/98, S. 12.

[139] Peter Auer beschreibt "Korporatismus" wie folgt: „...ein auf der Grundlage von Verhandlungen zwischen den Interessenvertretungen der Arbeitnehmer und Arbeitgeber beruhendes System politischer Steuerung, bei dem auch der Staat aktiv mitwirkt...". Auer, Peter (1999): Kleine Länder - ganz groß, in: Bundesarbeitsblatt, 7-8/1999, S. 10.

[140] In den Niederlanden hat sich der Begriff "Poldermodell" durchgesetzt, vgl. Kleinfeld, Ralf (1998): Was können die Deutschen vom niederländischen Poldermodell lernen? In: Scherrer, Peter / Simons, Rolf / Westermann, Klaus (Hrsg.) (1998) Von den Nachbarn lernen: Wirtschafts- und Beschäftigungspolitik in Europa. Marburg, S. 121.

[141] Heister, Michael (1999): Ein holländisches Wunder? In: Arbeit und Sozialpolitik, 5-6/99, S. 57.

desregierung und mit ihr Gerhard Schröder scheint diese Frage bereits beantwortet zu sein. Gerhard Schröder selbst spricht im Zusammenhang mit dem Bündnis für Arbeit von "einer neuen Art nationaler Gemeinsamkeit nach dem Vorbild der Niederlande"[142]. Die Einschätzung, dass die positiven Erfahrungen der Niederlande bei der Bekämpfung der Arbeitslosigkeit auch in Deutschland hilfreich sein könnten, teilt der Bundeskanzler mit seinem Amtsvorgänger Helmut Kohl. "Was der macht, mache ich morgen auch, wenn ich die Mehrheit habe" kündigte Helmut Kohl noch vor der Bundestagswahl 1998 an und meinte damit in erster Linie die Wirtschafts- und Beschäftigungspolitik des niederländischen Ministerpräsidenten Wim Kok.[143]

Das sogenannte "Niederländische Modell", das u.a. eine Deregulierung des Sozialstaats und eine Flexibilisierung des Arbeitsmarktes beinhaltet, ist in den 90er Jahren also "zum scheinbar perfekten Modell geworden, wie ein europäischer Wohlfahrtsstaat modernisiert und den aktuellen Anforderungen angepaßt werden kann"[144]. Dies erscheint vor allem vor dem Hintergrund erstaunlich, dass noch vor 15 Jahren international von "the Dutch disease" gesprochen wurde. Grund war die zu jener Zeit sehr hohe Arbeitslosenquote in den Niederlanden, die eine der höchsten in der Europäischen Gemeinschaft war. Im Gegensatz dazu hatte Deutschland damals eine der niedrigsten. Die heutige Ent-

---

[142] Wernicke, Christian (1998): Modell Holland, in: Die Zeit, Nr. 41 vom 01.10.1998; http:// www.Zeit.de/archiv/1998/41/ 199841.holland_.html.
[143] Vgl. ebd.
[144] Heister, Michael (1999): Ein holländisches Wunder? A.a.O., S. 57.

wicklung steht demzufolge in einem diametralen Gegensatz zu den noch in den 80er Jahren vorzufindenden Arbeitsmarktsituationen beider Länder. Wenn man diese Entwicklung nicht ausschließlich mit einer Redewendung des niederländischen Dichters Gerbrand Adriaensz. Bredero (1585 - 1618) damit erklären möchte, ' dass sich das Rad des Glückes schnell dreht ', stellt sich die Frage nach den Gründen des niederländischen "Beschäftigungswunders". Auffällig erscheint in diesem Zusammenhang jedoch sofort, dass nahezu bei allen Publikationen, die sich mit der Thematik Job-Wunder Niederlande befassen, die einleitende Überschrift mit einem Fragezeichen versehen ist: "Ein holländisches Wunder?"[145], "Das niederländische Beschäftigungswunder?"[146] oder "Beschäftigungswunderland Niederlande?"[147]. Es erscheint hieraus folgernd also zunächst sinnvoll, zu klären, inwieweit ein niederländisches "Beschäftigungswunder" überhaupt existiert, und wenn ja, welche vermeintlichen oder realen Erfolgsfaktoren als ursächlich hierfür bestimmt werden können. Hierzu wird im folgenden zunächst die Performanz des niederländischen Arbeitsmarktes vorgestellt. Im Anschluss an die Darstellung relevanter Arbeitsmarktindikatoren und die Beurteilung der makroökonomischen Leistungen werden die institutionellen Rahmenbedingungen des niederländischen Konsensmodells vorgestellt und die auf dieser Grundlage erfolgten strukturellen Reformschritte beschrieben. Abschließend wird der

[145] ebd.

[146] Schmid, Günther (1997): Das niederländische Beschäftigungswunder?
http: // www.ias.berlin.de/ersep/59_d/01400002.htm

[147] Becker, Uwe (1998): Beschäftigungswunderland Niederlande? A.a.O.

Versuch unternommen, Lehren und Übertragungsmöglichkeiten aus dem "Modell Holland" für die bundesdeutsche Wirtschafts-, Sozial- und Arbeitsmarktpolitik abzuleiten.

4.2 ARBEITSMARKTINDIKATOREN DER NIEDERLANDE. ENTWICKLUNG VON ARBEITSLOSIGKEIT UND BESCHÄFTIGUNG

Die Niederlande gehören derzeit zu den Ländern, die eine vergleichsweise kleine und darüber hinaus noch sinkende offizielle **Arbeitslosenquote** vorzuweisen haben. Neben Dänemark (4,7%) und Österreich (4,5%) gehörten die Niederlande mit einer Arbeitslosenquote von 3,4% im März 1999 zu den EU-Mitgliedsländern, die die niedrigsten Arbeitslosenzahlen erreichten. Inzwischen ist die saisonbereinigte Quote sogar auf 3,2% gefallen, das entspricht 224 000 gemeldeten Arbeitslosen.[148] Diese niedrige Arbeitslosenquote ist umso bemerkenswerter, wenn man berücksichtigt, dass noch bis Mitte der 80er Jahre die Niederlande im Vergleich zu Deutschland eine eindeutig schlechtere Arbeitsmarktbilanz aufzuweisen hatten. Einen negativen Höhepunkt erreichte die Arbeitslosenrate in den Niederlanden 1982 mit zwölf Prozent registrierten Arbeitslosen. Seit dieser Zeit verringerte sich die Arbeitslosenquote jedoch bis auf einen leichten Anstieg 1993/94 kontinuierlich (vgl. hierzu auch Abbildung 6 und Tabelle 7). Dieser Zeitraum des niederländischen Beschäftigungserfolges von 1982 bis zur

[148] Neue Züricher Zeitung, 24.08.1999

jüngsten Vergangenheit soll daher im folgenden als Ausgangspunkt einer weiteren Betrachtung und Analyse der jüngeren niederländischen Beschäftigungsentwicklung dienen.

Abbildung 6[149] Arbeitslosenquoten in den Niederlanden und in Deutschland

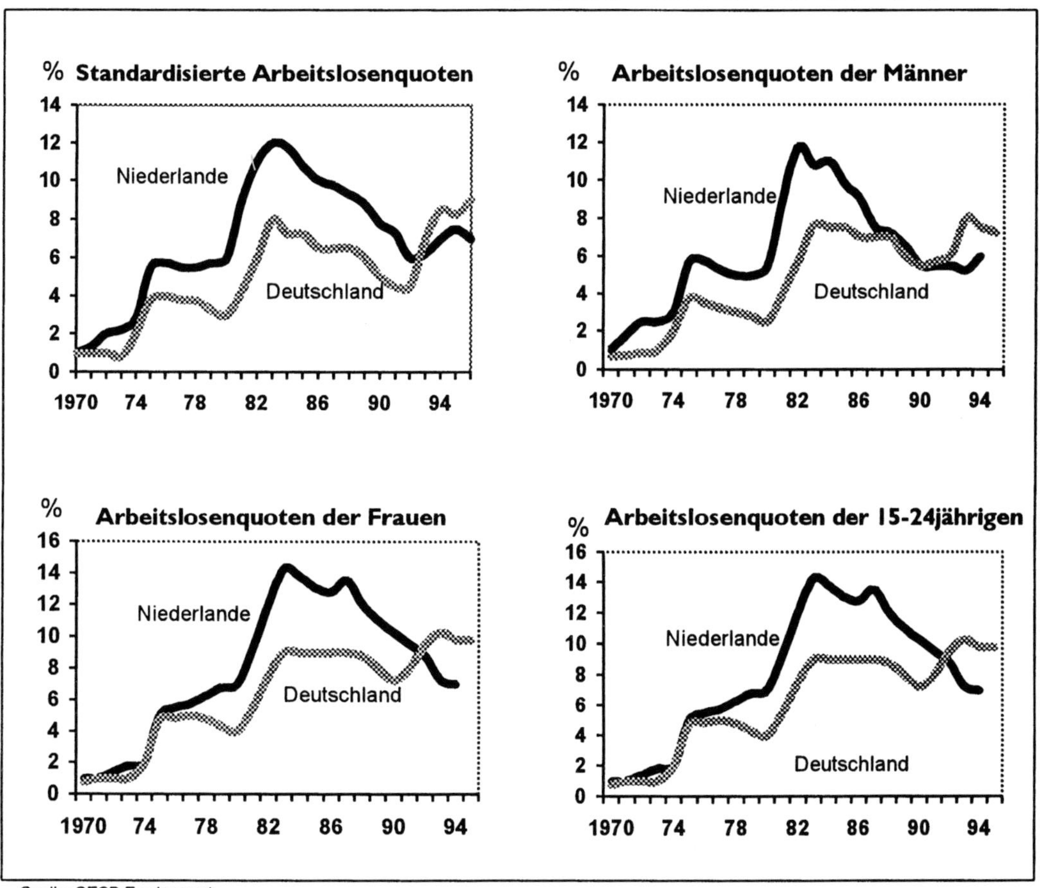

Quelle: OECD Employment Outlook, July 1996

[149] Abbildung entnommen aus: Schmid, Günther (1996): Beschäftigungswunder Niederlande? Ein Vergleich der Beschäftigungssysteme in den Niederlanden und in Deutschland. Discussion Paper

Tabelle 7
Arbeitslosenrate der Niederlande 1979-1996 im Vergleich zu Deutschland (in Prozenten)[150]

	1979	1983	1990	1993	1994	1996
Niederlande	5,4	11,9	7,7	6,3	7,2	6,4
Deutschland	3,2	7,9	6,2	7,9	8,4	9,0

Als Grund der schlechten Beschäftigungssituation der Niederlande Anfang der 80er Jahre wird u.a. die zweite Ölpreiskrise (1980/81) genannt, von der die Niederlande mehr noch als ihre europäischen Nachbarn betroffen gewesen sei. "Die zweite Erdölkrise hatte die Niederlande stärker getroffen als fast alle anderen OECD-Staaten, die Arbeitslosigkeit trieb neuen Rekordmarken entgegen, der industrielle Bereich unterlag starkem internationalen Anpassungsdruck, die Zukunftsperspektiven der als schwach und zerstritten eingeschätzten Regierungskoalition galten mehr als begrenzt, die wechselseitigen Verflechtungen zwischen Regie-

FS I 96-206, Wissenschaftszentrum Berlin für Sozialforschung 1996, S. 8.

[150] Zahlenquelle für die Tabelle: OECD, Employment Outlook 1996 und 1997, Paris 1996, 1997. Entnommen aus: Becker, Uwe (1998): Beschäftigungswunderland Niederlande? A.a.O., S. 13.

rung und Sozialpartnern erschienen wie ein bleierner Ring, der sich um die politisch verantwortlichen Entscheidungsgremien legte"[151]. Vor dem Hintergrund dieser schwierigen Situation setzte 1982/83 ein wirtschaftspolitischer Kurswechsel ein, dessen Grundlage im sog. **Wassenaarer Abkommen** (1982) zwischen Regierung und Sozialpartnern zu finden ist. In dem dort beschlossenen Beschäftigungspakt wurden von den Tarifparteien Arbeitszeitverkürzungen und eine moderate Lohnpolitik vereinbart, um die schlechte Beschäftigungslage zu verbessern. Flankiert wurden diese Vereinbarungen mit Zusagen zur Beschäftigungssicherung. Dieses Abkommen, das durch das korporatistisch organisierte Verhandlungssystem der Niederlande zustande kam, wird seither als Grundlage des gegenwärtigen niederländischen sozioökonomischen Modells betrachtet und stellt so einen "Startschuss" für das heutige "Poldermodell" dar.[152] "Die Regierung schlug in dieser Zeit einen neuen Kurs ein, der durch eine Abwendung von der keynesianischen hin zu einer angebotsorientierten, aber sozialpolitisch abgefederten Wirtschaftspolitik gekennzeichnet war und neben dem Abbau der damals hohen Arbeitslosigkeit (u.a. durch Senkung der Mindestlöhne) Ziele wie Geldwertstabilität und Konsolidierung des Haushalts durch Verringerung der öffentlichen Ausgaben sowie Kürzung der Sozialleistungen verfolgte"[153].

[151] Kleinfeld, Ralf (1998): Was können die Deutschen vom niederländischen Poldermodell lernen? A.a.O., S. 126

[152] Die Genese des niederländischen Poldermodells wird im folgenden Kapitel ausführlicher dargestellt.

[153] Glott, Rüdiger / Wilkens, Ingrid / Tasch, Andreas (1998): Bedingungen der Beschäftigungsentwicklung. Ein Vergleich zwischen den USA, den Niederlanden und Westdeutschland, in: SOFI-Mitteilungen, Nr. 26 und http://www.gwdg.de/sofi/projekte/dl200-PEMI.htm

Als Folge der Vereinbarungen verbesserte sich die Arbeitsmarktlage in den Niederlanden merklich. In der Literatur findet man daher die Einschätzung, dass der Vertrag von Wassenaar die wirtschaftliche Gesundung der Niederlande und die Trendwende am niederländischen Arbeitsmarkt eingeleitet hat.[154]

Die Verpflichtung der Gewerkschaften zu moderaten Lohnforderungen als Bestandteil des Vertrages von Wassenaar führte in der Folge zu sehr bescheidenen **Lohnabschlüssen**, die sich in der Regel an der Höhe der jährlichen Inflationsrate orientierten. So betrug der jährliche nominale Lohnzuwachs zwischen 1985 und 1995 nur 2,6 Prozent und überstieg damit nur unwesentlich die Infla-

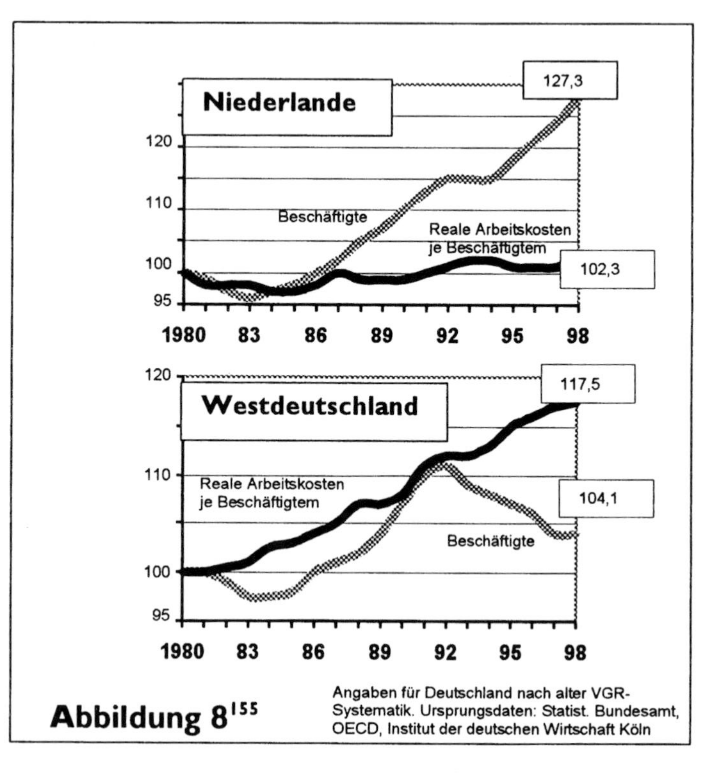

Abbildung 8[155]

USA, den Niederlanden und Westdeutschland, in: SOFI-Mitteilungen, Nr. 26 und http://www.gwdg.de/sofi/projekte/dl200-PEMI.htm

[154] Vgl. Stille, Frank (1998): Der niederländische Weg: Durch Konsens zum Erfolg, in: Mitteilungen aus der Arbeitsmarkt- und Berufswelt, 2/98, S. 295; Glott, Rüdiger / Wilkens, Ingrid / Tasch, Andreas (1998), a.a.O., S. 7; Wilke, Gerhard (1998): Standortkonkurrenz und Beschäftigung - Ein internationaler Vergleich - , Nürtingen , S. 10. http://www.lpb.bwue.de/publikat/global/wilke.htm

[155] Abb. entnommen aus: iwd, 29. Juli 1999, Ausgabe Nr. 30, Jg. 25

tion.[156] Auf diese moderaten Lohnabschlüsse ist es zurückzuführen, dass die heutigen **Reallöhne** in den Niederlanden unterhalb des Niveaus von 1990 liegen. "Diese Lohnentwicklung - auch darüber herrscht einhelliger Konsens - bildete dann die Grundlage für die Ausweitung der Beschäftigung bis heute um mehr als 20 Prozent"[157].

Aufgrund der niedrigen Lohnabschlüsse sowie der Senkung bzw. des Einfrierens der Beamtengehälter und Sozialleistungen nahmen seit Anfang der achtziger Jahre die **Lohnkosten** in den Niederlanden im Vergleich zum europäischen Ausland stetig ab. So ist es auch zu verstehen, dass die

[156] Vgl. Becker, Uwe (1998): Beschäftigungswunderland Niederlande? A.a.O., S. 12ff.
[157] ebd., S. 14. Der Zusammenhang zwischen Arbeitskosten und Beschäftigung ist bislang jedoch nicht klar nachgewiesen und wird daher in der Wirtschaftstheorie oftmals kontrovers diskutiert (Kaufkraft- bzw. Nachfragetheorie versus Angebotstheorie). "Viele empirische Studien zeigen einen signifikant negativen Zusammenhang zwischen dem Reallohn und der Beschäftigung. Der Reallohn entscheidet als Preis des Faktors Arbeit darüber, ob der Arbeitsmarkt 'geräumt' wird oder ob Arbeitslosigkeit besteht; über die Faktorpreisrelation (Reallohn im Vergleich zu den realen Kapitalkosten) hat er Auswirkungen auf die Substitution von Arbeit durch Kapital. Auch für die gesamtwirtschaftliche Entwicklung ist die Lohnentwicklung von erheblicher Bedeutung. Über die Gewinnerwartungen beeinflußt sie die Investitionsneigung der Unternehmen. Aber selbst wenn Einigkeit darüber besteht, daß - im Sinne der Angebotstheorie - ein zu hoher Lohn Arbeitsplätze gefährden oder vernichten kann, besteht Unklarheit darüber, an welchen Indikatoren sich der 'zu hohe' Lohn ablesen läßt. Die Aussagekraft makroökonomischer Durchschnittsgrößen ist hier eher begrenzt..."(Gemeinschaftsdiagnose (1997): Die Lage der Weltwirtschaft und der deutschen Wirtschaft im Herbst 1997, Berlin, Teil 3, S. 11; http://www.hwwa.uni-hamburg.de/publications/gemDiagnose/gd97herbst/Teil3_3.html).

Lohnstückkosten in den Niederlanden nach Rezessionen bedeutend stärker sanken und in Zeiten des Konjunkturaufschwungs weniger stark stiegen als in Deutschland[158] (vgl. hierzu Abbildung 9). In Zahlen ausgedrückt bedeutet dies, dass von 1979 bis 1996 in den Niederlanden insgesamt eine Steigerung der Lohnstückkosten um 27% zu verzeichnen war. Im Vergleich dazu betrug die Steigerung in Westdeutschland allerdings schon 48%.

Diese Entwicklung, herbeigeführt durch die moderate Lohnpolitik in den Niederlanden, führte im genannten Zeitraum zu einer deutlichen realen Abwertung des niederländischen Guldens gegenüber der Deutschen Mark. Diese stetige reale Abwertung des Gulden ist die Konsequenz des Entschlusses den Wechselkurs des Guldens an die Deutsche Mark zu binden. Finanzpolitisch beschreitet die niederländische Zentralbank diesen Kurs bereits seit 1983. Seit dieser Zeit ist der DM-Wechselkurs des Gulden nahezu gleich geblieben (1 Gulden = 0,89 DM).

Abbildung 9[159]

Lohnstückkosten Niederlande – Deutschland

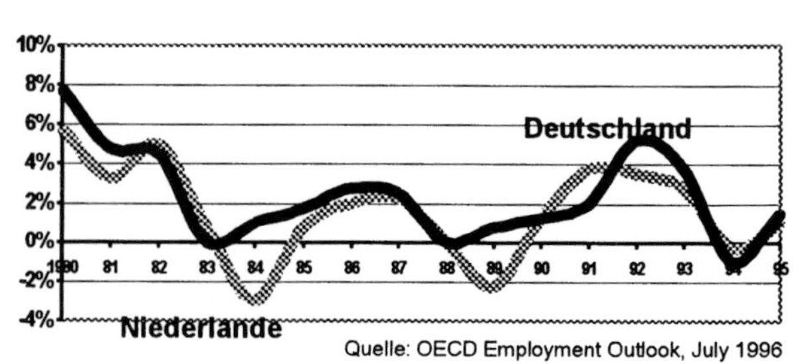

[158] Vgl. hierzu und zu den folgenden Zahlen Schmid, Günther (1997): Das niederländische Beschäftigungswunder? A.a.O., S. 2.
[159] Quelle der Abbildung: OECD 1996, entnommen aus: Schmid, Günther (1996): Beschäftigungswunder Niederlande? Ein Vergleich der Beschäftigungssysteme in den Niederlanden und in Deutschland. A.a.O., S. 9.

Da der Lohnkostenanstieg in den Niederlanden, wie bereits dargestellt, jedoch hinter dem der Bundesrepublik zurückblieb und durch diese Entwicklung auch die Inflationsrate der Niederlande insgesamt niedriger war als die der Bundesrepublik, ergab sich im betrachteten Zeitverlauf eine reale Abwertung des Guldens gegenüber der D-Mark um etwa ein Sechstel.[160] "Damit sind die niederländischen Güter in Deutschland vergleichsweise billiger geworden; die deutsche Nachfrage nach niederländischen Gütern ist gestiegen. Der niederländische *Export* in die Bundesrepublik hat erwartungsgemäß zugenommen. Schon dieser Effekt hat beachtliche Größenordnungen, machen doch die Exporte nach Deutschland fast ein Drittel aller niederländischen Exporte und etwa ein Viertel des BIP der Niederlande aus"[161] (siehe hierzu auch Abbildungen 10 und 11).

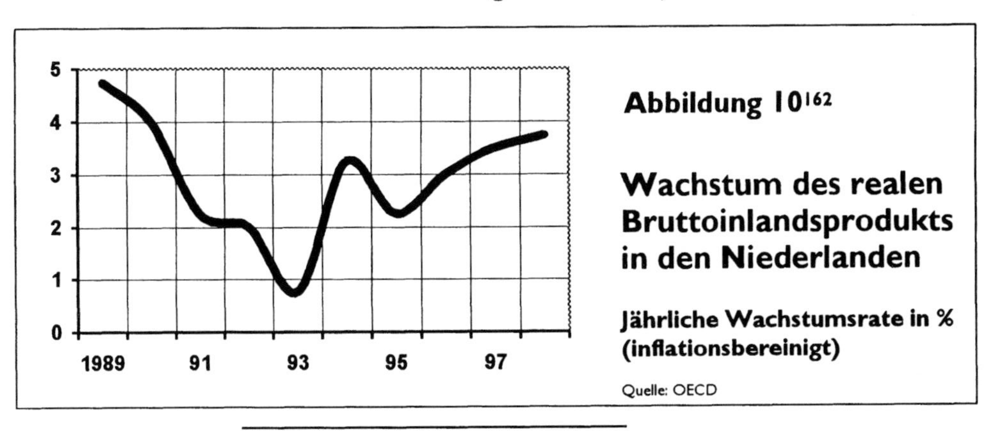

Abbildung 10[162]

Wachstum des realen Bruttoinlandsprodukts in den Niederlanden

Jährliche Wachstumsrate in % (inflationsbereinigt)

Quelle: OECD

---

[160] Vgl. Schmid, Günther (1997): Das niederländische Beschäftigungswunder? A.a.O., S. 2.
[161] Vgl. Stille, Frank (1998): Der niederländische Weg: Durch Konsens zum Erfolg, A.a.O., S. 308.
[162] Abbildung entnommen aus: Der Niederländische Außenhandelsdienst (EVD) (Hrsg.) (1998): Die Niederlande im Internationalen Vergleich 1999/2000, 12.Auflage; http://www hollandtrade.com/COMPARED/index_G.htm

Abbildung 11[163] Geographische Streuung des niederländischen Exports

(Volumen des niederländischen Exports 1998: Euro 178 Mrd.)

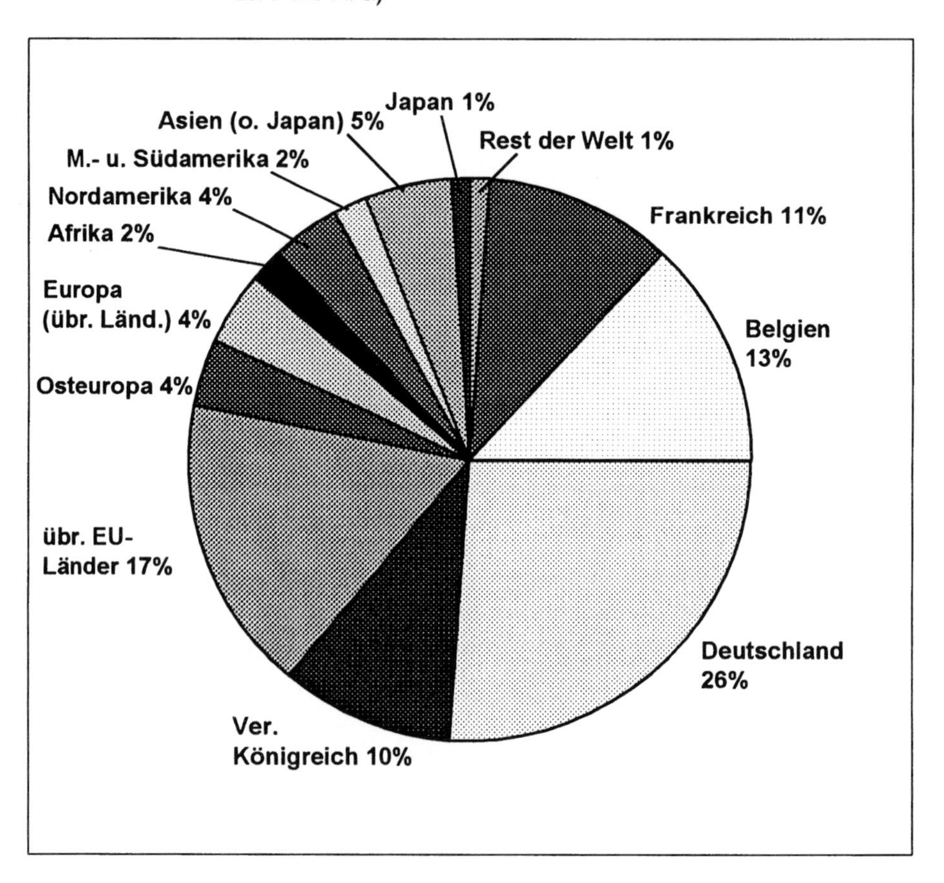

Die reale Abwertung des Gulden führte für die Niederlande auch gegenüber anderen Ländern zu weiteren steigenden Außenhandelsüberschüssen. Der durch die skizzierte Entwicklung forcierte Exportüberschuss der Niederlande kann

[163] ebd.

als wichtige Säule der lang anhaltenden Wachstumsphase der vergangenen Jahre angesehen werden. "Regierung und Tarifparteien entschieden sich indes Anfang der 80er Jahre in erster Linie für eine Strategie, die auf die Gewinnung von Marktanteilen durch reale Abwertung hinauslief: Die ungewöhnlich starke Aktivierung der holländischen Außenwirtschaftsbilanz basiert - mit Ausnahme der 90er Jahre - weitgehend darauf, daß die Wettbewerbsposition der Niederlande durch eine beträchtliche reale Abwertung des Guldens gestärkt wurde"[164].

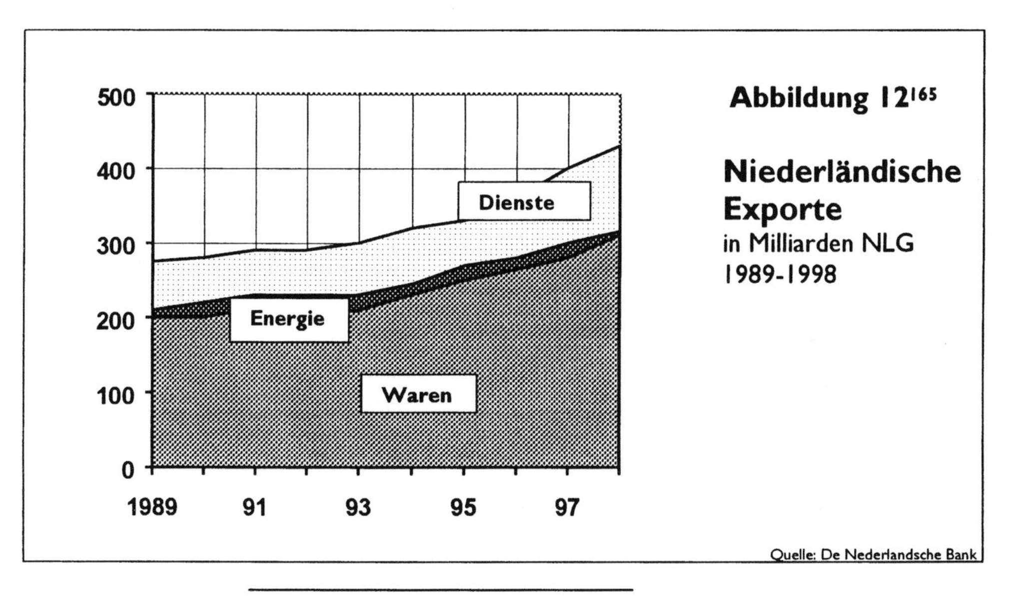

Abbildung 12[165]

Niederländische Exporte
in Milliarden NLG
1989-1998

Quelle: De Nederlandsche Bank

[164] Wagenmans, Willy (1998): Arbeitsverhältnisse als ein "Win-Win Game". Das Konsensmodell in den Niederlanden, in: : Scherrer, Peter / Simons, Rolf / Westermann, Klaus (Hrsg.) (1998) Von den Nachbarn lernen: Wirtschafts- und Beschäftigungspolitik in Europa. Marburg, S.116.
[165] Abbildung entnommen aus: Der Niederländische Außenhandelsdienst (EVD) (Hrsg.) (1998): Die Niederlande im Internationalen Vergleich 1999/2000, 12.Auflage; http://www hollandtrade.com/COMPARED/index_G.htm

Abbildung 13[166] Exporte im internationalen Vergleich

Die zehn größten Exportländer 1998

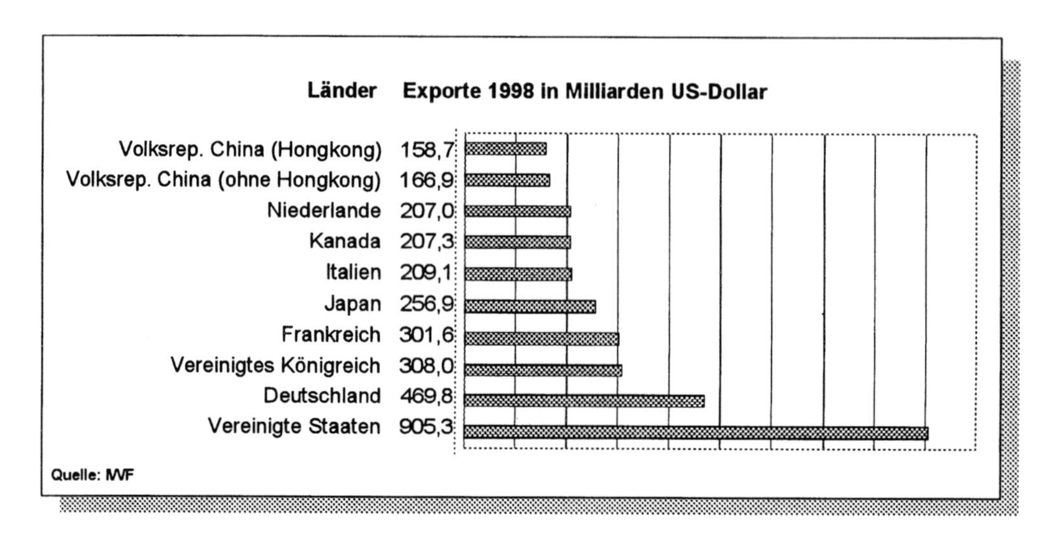

Durch die skizzierte Neuorientierung im Bereich der Wirtschafts- Finanz- und Tarifpolitik (Lohnzurückhaltung, Arbeitszeitverkürzung, Bindung des Wechselkurses des Gulden an die D-Mark etc.) gelang den Niederlanden eine wirtschaftliche Gesundung, die sich auch in der **Beschäftigung** niederschlug. Die Beschäftigtenzahl in den Niederlanden konnte zwischen 1971 und 1991 von 4,8 auf 6,5 Millionen erhöht werden.[167] Dies entspricht einer Zunahme von 36%.

---

[166] Abbildung entnommen aus: Der Niederländische Außenhandelsdienst (EVD) (Hrsg.) (1998): Die Niederlande im Internationalen Vergleich 1999/2000, 12.Auflage; http://www hollandtrade.com/COMPARED/index_G.htm

[167] Vgl. zu den folgenden Ausführungen Schmid, Günther (1997): Das niederländische Beschäftigungswunder? A.a.O., S. 2.

den Niederlanden um 20%. Lediglich die USA, die ebenfalls als beschäftigungspolitisch erfolgreich gelten, konnten im selben Zeitraum eine stärkere Ausweitung der Beschäftigtenzahlen erreichen. Zum Vergleich: in Westdeutschland stieg der Beschäftigungsstand zwischen 1971 und 1991 lediglich um 8%.

In den Niederlanden geht die Zunahme der Beschäftigung jedoch nicht mit einem entsprechenden Zuwachs des **Arbeitsvolumens**[168] einher. "Gemessen am Arbeitsvolumen war der Beschäftigungserfolg in den Niederlanden relativ bescheiden; die Steigerung der Beschäftigung und der Abbau der Arbeitslosigkeit sind vorwiegend Folge einer deutlichen Ausweitung des Angebots an Teilzeitarbeitsplätzen. Im Vergleich zu Ländern mit höherer Arbeitslosigkeit stellt die nur geringe Zunahme des Arbeitsvolumens in den letzten anderthalb Jahrzehnten in den Niederlanden freilich immer noch eine günstige Entwicklung dar"[169]. Diese Einschätzung der niederländischen Beschäftigungsentwicklung im Herbstgutachten der Wirtschaftsinstitute 1997 macht deutlich, dass der Schlüssel des niederländischen Beschäftigungserfolges nicht allein in der Lohnpolitik, d.h. in den moderaten Lohnsteigerungen, zu finden ist, sondern insbesondere in der massiven Ausweitung der **Teilzeitarbeit**. Dagegen sieht *Stille* durch die Erhöhung des niederländischen Arbeitsvolumens seit 1980 trotz eines vergleichsweise deutli-

[168] Arbeitsvolumen = Zahl der geleisteten Arbeitsstunden (Herbstgutachten 1997) oder Beschäftigung gemessen in Vollzeitstellen (Uwe Becker). Indikator für den gesamten Arbeitseinsatz einer Volkswirtschaft (Frank Stille)
[169] Gemeinschaftsdiagnose (1997): Die Lage der Weltwirtschaft und der deutschen Wirtschaft im Herbst 1997, a.a.O., S. 7.

cheren Rückgangs der durchschnittlich von den Erwerbstätigen pro Jahr geleisteten Arbeitsstunden einen substantiellen Beschäftigungserfolg, der nicht auf reine Arbeitsumverteilung zurückzuführen ist.[170]

Nach *Van Empel* entstand durch die skizzierte Zurückhaltung bei den Lohnforderungen überhaupt erst eine Chance für die **Umverteilung von Arbeit**, die bei den Verhandlungen der Tarifparteien über die zukünftigen Arbeitsbedingungen vor allem durch die Schaffung von Teilzeitarbeitsplätzen dann auch genutzt wurde.[171] In den Tarifvereinbarungen wurden zunächst die Ausweitung der Teilzeitarbeit, Job-sharing und eine verstärkte Beschäftigung jugendlicher Arbeitsloser beschlossen. "Wichtiger noch, seit 1983 hatten die meisten neu verhandelten Tarifverträge eine Klausel, die als Kompensation für den Verzicht auf Lohnsteigerungen Verkürzungen der allgemeinen Arbeitszeit, beginnend mit 5 vH im Jahr 1983, vorsah. Außerdem wurden neu zu besetzende Stellen vielfach von vornherein als Teilzeitstellen ausgestaltet"[172](siehe hierzu auch Abbildung 14).

[170] Demnach hatte das Arbeitsvolumen der Niederlande bereits 1991 wieder das Niveau von 1980 erreicht. Vgl. Stille, Frank (1998): Der niederländische Weg: Durch Konsens zum Erfolg, a.a.O., S. 298.
[171] Vgl. Van Empel, Frank (1997): Modell Holland, a.a.O., S. 16.
[172] Gemeinschaftsdiagnose (1997): Die Lage der Weltwirtschaft und der deutschen Wirtschaft im Herbst 1997, a.a.O., S. 21.

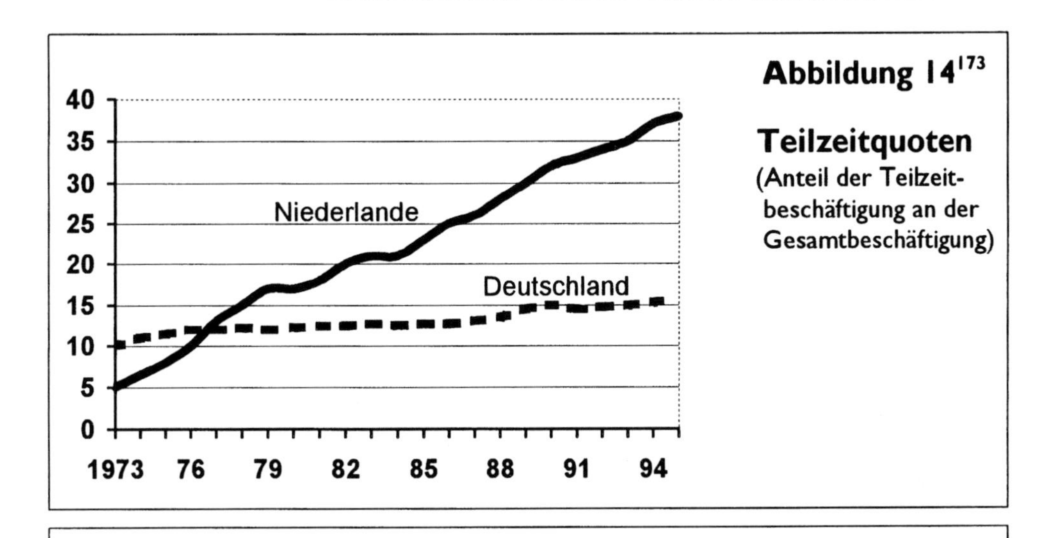

Abbildung 14[173]

Teilzeitquoten
(Anteil der Teilzeitbeschäftigung an der Gesamtbeschäftigung)

Tabelle 15: Teilzeitbeschäftigung niederländischer Frauen und Männer 1973 - 1996 im Vergleich (in Prozenten)[174]

	1973	*1979*	*1983*	*1990*	*1993*	*1996*
Niederlande						
Frauen		44,0	49,7	59,3	66,0	66,1
Männer		5,5	6,8	14,1	16,1	16,1
Deutschland						
Frauen	24,4	27,6	30,0	33,8	33,1	33,8*
Männer	1,8	1,5	1,7	2,6	3,2	3,6*

* = 1995

[173] Abbildung entnommen aus: Schmid, Günther (1996): Beschäftigungswunder Niederlande? Ein Vergleich der Beschäftigungssysteme in den Niederlanden und in Deutschland. A.a.O., S. 11.
[174] Zahlenquelle: OECD, Employment Outlook 1996 und 1997, Paris 1996, 1997, entnommen aus: Becker, Uwe (1998): Beschäftigungswunderland Niederlande, a.a.O., S. 13.

So ist es vielleicht zu erklären, dass die Niederlande heute die höchste **Teilzeitquote** in der gesamten OECD zu verzeichnen haben. In einem Zeitraum von 25 Jahren, mit Schwerpunkt in den achtziger Jahren, erhöhte sich die Gesamtteilzeitquote (d.h. beide Geschlechter) in den Niederlanden von 5 auf ca. 35 %. Bei den Frauen erhöhte sich die Teilzeitquote innerhalb des betrachteten Zeitraumes sogar von 15 auf 65% (siehe hierzu auch Tabelle 15).[175] Im Vergleich dazu stieg die Gesamtteilzeitquote in Deutschland 1998 auf ein "Rekordniveau" von 19% (West 21%, Ost 14%).[176]

Das bisher Dargestellte macht deutlich, dass bei einer Analyse und Bewertung der Zunahme der Beschäftigungsmöglichkeiten in den Niederlanden nicht übersehen werden darf, dass der überwiegende Teil des niederländischen "Jobwunders" durch die Schaffung von Teilzeitarbeitsplätzen zustande gekommen ist. Das bedeutet derzeit für die Niederlande, dass, würde man die Zahl aller Teilzeitbeschäftigten auf Vollzeitbeschäftigte umrechnen, die Beschäftigung seit 1990 nahezu gleich geblieben ist. Bei *Van Empel* findet sich darüber hinaus die Einschätzung, dass das gesamte derzeitige Arbeitsvolumen in gearbeiteten Stunden in etwa auf demselben Niveau wie 1970 liegt.[177] In den Niederlanden wurde der Beschäftigungserfolg also in erster Linie dadurch erzielt, dass in den letzten Jahrzehnten ein nahezu stagnie-

[175] Vgl. Wilke, Gerhard (1998): Standortkonkurrenz und Beschäftigung, a.a.O., S. 12.
[176] Die Welt online v. 24.08.1999, Gespräch mit IAB-Experte Eugen Spitznagel.
http://welt.de/daten/1999/08/24/0824wi126542.htx
[177] Vgl. Van Empel, Frank (1997): Modell Holland. A.a.O.,, S. 20.

rendes Arbeitsvolumen durch Teilzeitarbeit auf mehr **Erwerbspersonen**[178] umverteilt wurde.

Besonders bemerkenswert an der niederländischen "Erfolgsstory" ist jedoch gerade der Umstand, dass es den Niederlanden gelang, einen Rückgang der Arbeitslosigkeit bei einem gleichzeitig kräftig **steigenden Arbeitskräfteangebot** zu erreichen. Bis in die neunziger Jahre hinein nahm die Zahl der Erwerbspersonen vor allem infolge einer steigenden Erwerbsbeteiligung der Frauen kräftig zu. Diese Beschäftigungsexpansion der Frauen war politisch erwünscht, allerdings nicht etwa aus Gründen der Gleichstellung von Mann und Frau, sondern eher aus wirtschafts- und finanzpolitischem Kalkül. "Gleichzeitig wurde die Erhöhung der Frauenerwerbsarbeit angestrebt, was nicht nur die ökonomische Selbständigkeit der Frauen fördern sollte, sondern - in Verbindung mit der Individualisierung der Einkommensbesteuerung und der Arbeitslosenversicherung - nach Abzug der zusätzlichen Kosten für Qualifizierungsmaßnahmen, Kinderbetreuung usw. gewaltige Steuermehreinnahmen in Höhe von 800 Mio. Gulden verschaffen sollte"[179].

Der Anstieg des Arbeitskräfteangebots, vor allem der Anstieg der Frauenerwerbsarbeit, muss jedoch auch vor dem dargestellten Hintergrund zumindest teilweise als ***Folge*** und nicht als Auslöser der Ausweitung der Teilzeitarbeit gese-

---

[178] Erwerbspersonen = Erwerbstätige ***und*** Arbeitslose

[179] Glott, Rüdiger / Wilkens, Ingrid / Tasch, Andreas (1998): Bedingungen der Beschäftigungsentwicklung. Ein Vergleich zwischen den USA, den Niederlanden und Westdeutschland, a.a.O., S. 7.

hen werden.[180] Seit 1979 stieg die **Erwerbsquote**[181] der niederländischen Frauen, die traditionell gering und im Vergleich zur westdeutschen Frauen-Erwerbsquote immer deutlich niedriger gewesen war, um ca. 70% an. Damit bewegt sie sich heute auf dem gleichen Niveau wie die der westdeutschen Frauen, hat diese seit 1996 sogar überholt. Ähnliches gilt - wenngleich weniger dramatisch - für die Erwerbsquote der Männer. Auch diese hat sich im Zeitverlauf, bei einem zunächst etwas niedrigeren Niveau der niederländischen Quote, vor allem durch eine Umkehrung des niederländischen Abwärtstrends, zunächst angeglichen. Inzwischen befindet sich die niederländische Erwerbsquote der Männer bereits auf einem höheren Niveau als die deutsche (siehe hierzu auch Tabelle 16).

Trotz dieser positiven Entwicklung darf allerdings nicht unberücksichtigt bleiben, dass die Erwerbsquote in den Niederlanden nach wie vor unter dem europäischen Durchschnitt liegt. "Vor allem das Ausscheiden älterer Arbeitnehmer durch Erwerbsunfähigkeit und die hohe Anzahl von Personen in staatlichen Arbeitsbeschaffungsmaßnahmen lassen die Lage positiver erscheinen als sie ist"[182].

---

[180] Vgl. Gemeinschaftsdiagnose (1997): Die Lage der Weltwirtschaft und der deutschen Wirtschaft im Herbst 1997, a.a.O., S.7.
[181] Erwerbsquote = Erwerbspersonen in vH der Bevölkerung im erwerbsfähigen Alter.
[182] Trends Spezial (1999): Vollbeschäftigung in Deutschland - ein Wunschtraum? Juni 1999, S. 34.

Tabelle 16: Erwerbsquote der niederländischen Frauen und Männer 1973 - 1996 im Vergleich (in Prozenten)[183]

		1973	*1979*	*1983*	*1990*	*1993*	*1996*
Niederlande	F	28,6	31,2	34,7	47,0	51,9	55,0
	M	83,5	75,2	69,1	76,2	76,0	76,6
Deutschland	F	49,7	49,9	47,8	52,8	55,6	54,3
	M	88,8	82,8	76,6	76,4	75,7	73,4

Um den Einfluss unterschiedlicher Rahmenbedingungen des Arbeitsmarktes auf die Beschäftigungsentwicklung (beispielsweise die Struktur der Arbeitskosten und der Arbeitszeit, der Prozess der Lohnfindung, die soziale Absicherung bei Arbeitslosigkeit, der Kündigungsschutz etc.) statistisch ausdrücken zu können, ist für eine abschließende Analyse und Beurteilung der Beschäftigungsentwicklung der Niederlande im Rahmen dieses Kapitels die **Beschäftigungsintensität des Wachstums** ebenfalls interessant. In diese statistische Größe fließen die unterschiedlichen Rahmenbedingungen des Arbeitsmarktes besonders gut ein.[184] Ist die

[183] Quelle für die Zahlen: OECD, Employment Outlook 1996 und 1997, Paris 1996, 1997, entnommen aus: Becker, Uwe (1998): Beschäftigungswunderland Niederlande, a.a.O., S. 13.
[184] Vgl. hierzu und zu den folgenden Ausführungen: Gemeinschaftsdiagnose (1997): Die Lage der Weltwirtschaft und der deutschen Wirtschaft im Herbst 1997, a.a.O., S. 12.

Beschäftigungsintensität des Wachstums eines Landes hoch, so ist die Beschäftigungsschwelle dementsprechend niedrig, d.h. die Beschäftigung steigt auch bei einem relativ geringen Wachstum des realen Bruttoinlandsprodukts. Eine hohe Beschäftigungsintensität des Wachstums geht allerdings - im gesamtwirtschaftlichen Durchschnitt betrachtet - mit einer relativ schwachen Produktivitätsentwicklung einher. In den Niederlanden ist die Beschäftigungsintensität des Wachstums scheinbar höher als im EU-Durchschnitt. "Auch gibt es hier eine deutliche Spreizung zwischen der Entwicklung pro Erwerbstätigen bzw. pro Arbeitsstunde. So ist die Beschäftigungsintensität pro Kopf deutlich höher - und damit der Produktivitätsanstieg deutlich geringer - als je Arbeitsstunde. Darin kommt zum Ausdruck, daß die relativ günstige Arbeitsmarktentwicklung und der Rückgang der Arbeitslosigkeit in den Niederlanden im wesentlichen durch Ausweitung der Teilzeit erreicht wurde. Offenbar hat sich überdies in den Niederlanden in den neunziger Jahren die Beschäftigungsintensität sowohl auf Stundenbasis wie auch pro Kopf eher noch etwas erhöht"[185]. Es ist den Niederlanden demnach in den letzten Jahren gelungen, durch staatliche Maßnahmen eine Verbesserung der Arbeitsmarktbedingungen zu schaffen, die im Ergebnis zu einer niedrigen Beschäftigungsschwelle und damit zur positiven Beschäftigungsentwicklung beigetragen haben.

Neben diesen bislang fast ausnahmslos als positiv zu bewertenden Aspekten der niederländischen Beschäftigungsentwicklung gibt es jedoch auch im niederländischen "Poldermodell" Fehlentwicklungen, die die Bewunderung über das

[185] ebd., S. 14.

niederländische "Jobwunder" überschatten. So ging der Beschäftigungserfolg der letzten 15 Jahre an den **Problemgruppen des Arbeitsmarkts** weitgehend vorbei. Zu nennen sind hier in erster Linie Langzeitarbeitslose, ausländische Arbeitnehmer sowie Arbeitnehmer ohne Bildungsabschluss oder mit nur geringem Ausbildungsstand, die trotz Beschäftigungsanstieg auf dem regulären Arbeitsmarkt keine Chance erhielten. Ebenfalls ist die Erwerbsbeteiligung älterer Menschen am Arbeitsprozess in den Niederlanden auffallend niedrig. Ältere Arbeitnehmer wurden in den Niederlanden über viele Jahre durch attraktive Vorruhestandsregelungen quasi in die Frühverrentung getrieben. "Das niederländische Phänomen ist das sehr hohe Maß der Umverteilung der Beschäftigung zugunsten jüngerer und damit meist auch billigerer und produktiverer Arbeitskräfte. Invaliden- und Frühverrentung sind hier die Stichworte"[186]. Neben der Ausweitung der Teilzeitarbeit als Modell der Arbeitsumverteilung wurden in den Niederlanden zur Verringerung des Arbeitskräfteangebots in erster Linie die Regelungen im Bereich der **Erwerbsunfähigkeit** sowie zum **Vorruhestand** als Maßnahmen zur "Aussteuerung von Erwerbstätigen" genutzt. Diesen Maßnahmen ist es zuzurechnen, dass in den Niederlanden die Erwerbsquote älterer Menschen die niedrigste der Welt ist.[187] Vor allem die im großen Umfang erfolgten Entlassungen von älteren und geringqualifizierten Arbeitskräften in den siebziger Jahren und Anfang der achtziger Jahre wurden zum großen Teil indirekt über Arbeitsunfähigkeitsregelungen durchgeführt.

[186] Becker, Uwe (1998): Beschäftigungswunderland Niederlande, a.a.O., S. 15.
[187] Vgl. Schmid, Günther (1997): Das niederländische Beschäftigungswunder? A.a.O., S. 3.

Durch diese Form der Ausgliederung sollte möglichst vielen betroffenen Arbeitnehmern eine Sozialleistung zukommen, um deren ökonomische Lage zu verbessern. *Heister* sieht in dieser Praktik jedoch eine Mentalität der vollständigen Ausbeutung des Sozialstaats. "An dieser Ausbeutung waren in erheblichem Maße auch Gewerkschaften und Arbeitgeberverbände beteiligt, denn der Abgang in die Erwerbsunfähigkeit bedeutete für Arbeitgeber eine billige Entlassungsmöglichkeit für relativ gutverdienende ältere Arbeitnehmer und auch für Gewerkschaftsmitglieder die Möglichkeit, zu guten Konditionen frühzeitig aus dem Arbeitsmarkt auszusteigen"[188].

Bis 1990 erreichte die Anzahl der als arbeitsunfähig geltenden Personen, die eine Erwerbsunfähigkeitsrente erhielten, nahezu eine Million. Die Niederlande hatten zu jener Zeit, und haben noch immer, den weltweit größten Anteil an Erwerbsunfähigen.[189] Die Zahl von einer Million Erwerbsunfähiger wird um so bedeutender, wenn man bedenkt, dass die Niederlande zu jener Zeit eine Gesamterwerbsbevölkerung von ca. 6 Millionen Personen aufwies. Aufgrund dieser besorgniserregenden Zahlen und vor dem Hintergrund der außer Kontrolle geratenen Kosten prägte der damalige Ministerpräsident *Lubbers* bei einer 1990 gehaltenen Rede den seitdem vielfach zitierten Satz: "Die Niederlande sind krank". Nach *Becker*[190] erreicht der Anteil der Invalidenrentenempfänger 1998 nach einer erfolgten Verschärfung der

---

[188] Heister, Michael (1999): Ein holländisches Wunder? A.a.O., S. 59.
[189] Vgl. Van Empel, Frank (1997): Modell Holland. A.a.O., S. 17.
[190] Vgl. hierzu und zu den folgenden Ausführungen Becker, Uwe (1998): Beschäftigungswunderland Niederlande, a.a.O., S. 15.

Zugangsvoraussetzungen für den Bezug einer Erwerbsunfähigkeitsrente etwa 15 Prozent der erwerbstätigen Bevölkerung. Im Vergleich dazu liegen die Quoten in Belgien, Deutschland, Dänemark und Schweden bei ca. 8 Prozent, in Großbritannien bei 6 Prozent. Vor dem Hintergrund, dass es für einen im internationalen Vergleich schlechteren Gesundheitszustand der Niederländer keinen Hinweis gibt, schlussfolgert *Becker* daher, dass zumindest die Hälfte der Frühinvaliden in den Niederlanden versteckte Arbeitslose sind.[191] Entsprechendes gilt demnach bei der niederländischen Frühverrentungspraktik. "Frühverrentung kann ein freiwilliger Akt sein, aber oftmals werden ältere Arbeitnehmer einfach abgeschoben. Daß die Frührentner zusammen mit den Frühinvaliden und den Arbeitslosen die am wenigsten zufriedene Gruppe der Bevölkerung sind, scheint u.a. mit diesem letzteren Sachverhalt zusammenzuhängen"[192].

Bei der beschriebenen Form der "Inaktivierung" bestimmter Gruppen von Erwerbstätigen lässt sich in den Niederlanden erst in der jüngsten Vergangenheit ein Abwärtstrend erkennen. *Stille* gibt jedoch zu bedenken, dass auch in der Bundesrepublik die Verringerung der Zahl der Erwerbstätigen durch Frühverrentung eine Strategie darstellte, um die Arbeitslosigkeit zu verringern.[193] Seiner Meinung nach dürften

[191] Die Schätzungen über die unter den Beziehern von Invaliditätsleistungen potentiell enthaltene verdeckte Arbeitslosigkeit sind uneinheitlich und reichen von 20 bis zu 50 Prozent, vgl. Stille, Frank (1998): Der niederländische Weg: Durch Konsens zum Erfolg, a.a.O., S. 299.
[192] Becker, Uwe (1998): Beschäftigungswunderland Niederlande, a.a.O., S. 15.
[193] Vgl. Stille, Frank (1998): Der niederländische Weg: Durch Konsens zum Erfolg, a.a.O., S. 299

sich daher die Anteile der Frühverrenteten bei den 60- bis 65-jährigen in den Niederlanden und in der Bundesrepublik nicht wesentlich unterscheiden.

Die skizzierten Zusammenhänge zwischen Invaliden- bzw. Frühverrentung als Formen der Inaktivierung einerseits und verdeckter Arbeitslosigkeit andererseits machen gerade für die Niederlande deutlich, wie Beschäftigungsbilanzen u.U. "geschönt" werden können. Aus diesem Grund hat die OECD in ihren Länderberichten über die Niederlande das Konzept der **"erweiterten" Arbeitslosigkeit** eingeführt. Diese sogenannte "breite Definition der Arbeitslosigkeit" oder kurz "breite Arbeitslosigkeit" berücksichtigt alle Formen der Unterbeschäftigung, d.h. auch Sozialhilfeempfänger und Empfänger staatlicher Renten im erwerbsfähigen Alter werden zusammengerechnet. Diese Größe umfasst so auch alle Arbeitsunfähigen, Frührentner, nicht registrierte Arbeitslose, Teilnehmer an Beschäftigungsprogrammen und an subventionierten Beschäftigungsformen.

Abbildung 17[194] Breite Arbeitslosenquote in Deutschland und den Niederlanden

(Seite 29)

[194] Abbildung entnommen: Schmid, Günther (1997): Das niederländische Beschäftigungswunder? A.a.O.

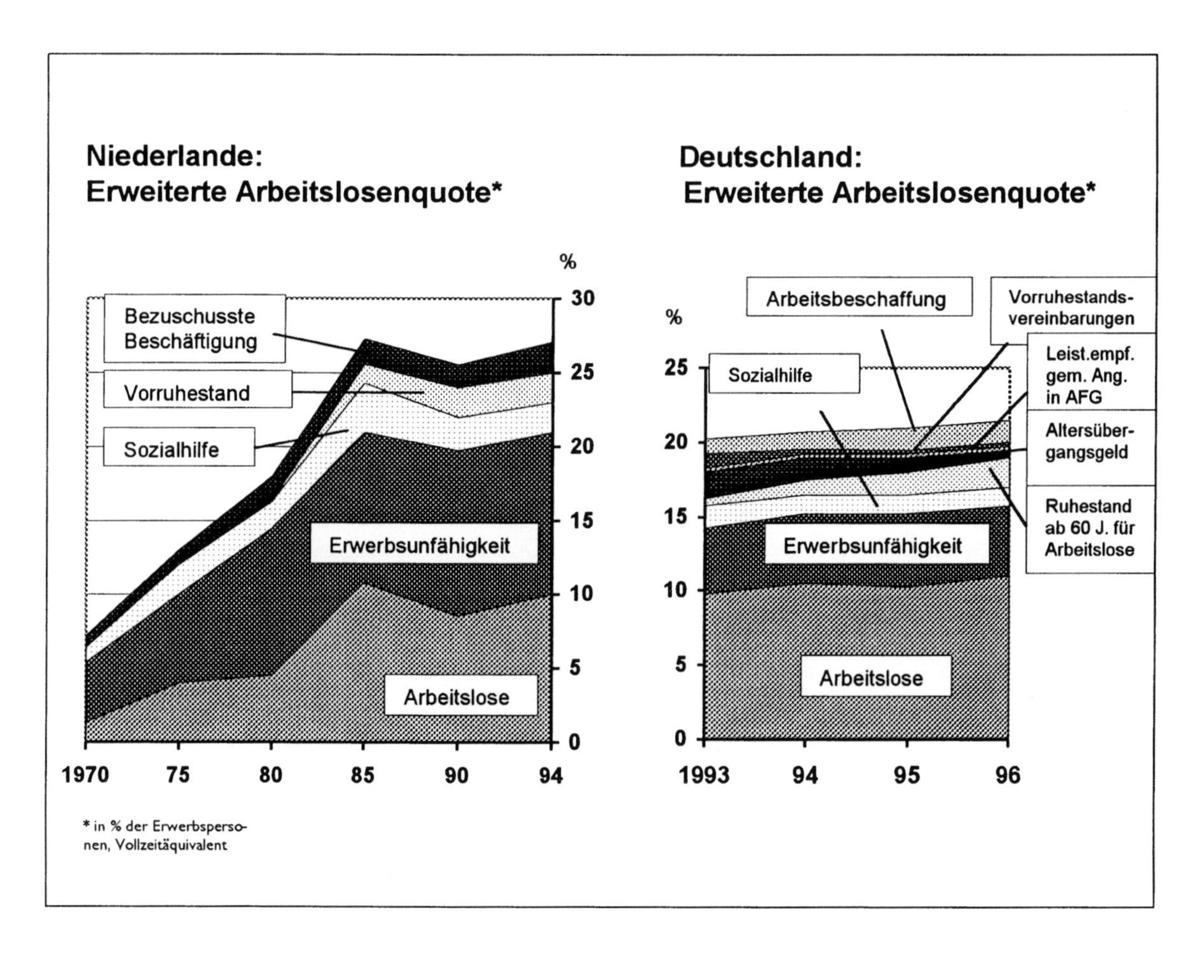

Die breite Arbeitslosigkeit zeigt, dass die tatsächliche Erwerbslosigkeit in den Niederlanden beträchtlich höher ist als die offiziell registrierte (vgl. hierzu Abbildung 17). Sie lag im Jahr 1994 bei ca. 27,1 Prozent der Erwerbstätigen.[195] In neueren Untersuchungen liegt sie immer noch bei 20 bis 23 Prozent.[196]

---

[195] Vgl. Van Empel, Frank (1997): Modell Holland. A.a.O., S. 4.
[196] ebd.

Damit ist die **breite Arbeitslosigkeit** in den Niederlanden immer noch etwas höher als in der Bundesrepublik (ca. 22%). Umgerechnet in Vollzeitarbeitsplätze besagt dieser Prozentsatz der breiten Arbeitslosigkeit für die Niederlande, dass sich momentan noch ca. 1,7 bis 1,8 Millionen arbeitsfähiger Niederländer trotz moderater Lohnpolitik, Umverteilung von Arbeit, Einsparungen im Bereich der Sozialen Sicherung und Wirtschaftswachstum nicht auf dem regulären Arbeitsmarkt bewegen. "Zu Recht wird das sowohl von den Sozialpartnern als auch von der Regierung als Makel auf dem Verhandlungsmodell betrachtet. Sie weisen jedoch darauf hin, daß all diese politischen Instrumente doch zu mehr Arbeitsplätzen geführt haben. In den vergangenen Jahren sind die Beschäftigungsmöglichkeiten jedes Jahr um mehr als 100.000 Arbeitsplätze (Vollzeitarbeitsplätze) gestiegen. Diese waren jedoch kaum einmal für Leistungsempfänger bestimmt"[197]. Zu einer vergleichbaren Einschätzung kommt *Becker*[198], der ebenfalls vor allem die Langzeitarbeitslosen als die eigentlichen Verlierer der niederländischen Beschäftigungsexpansion ansieht. Demnach hat sich der Anteil der Langzeitarbeitslosen an den Arbeitslosen insgesamt seit 1983/84 nicht wesentlich verändert, sondern lag in der Regel bei 50 Prozent. Zudem ist die Zahl der Empfänger von Arbeitslosengeld und Sozialhilfe seit dieser Zeit um ca. 10 Prozent gestiegen.

Van Empel sieht durch die zuletzt skizzierten Relativierungen des niederländischen "Beschäftigungswunders" einige Mythen, die seiner Meinung nach vor allem im Ausland über

[197] Van Empel, Frank (1997): Modell Holland. A.a.O., S. 18.
[198] Vgl. hierzu und zu den folgenden Ausführungen Becker, Uwe (1998): Beschäftigungswunderland Niederlande, a.a.O., S. 15.

die niederländische Beschäftigungsentwicklung bestanden, entkräftet. So stellt er die Bedeutung und Nachhaltigkeit der arbeitsmarktpolitischen Erfolge vor dem Hintergrund der dargestellten Versäumnisse, beispielsweise im Bereich der Bekämpfung der Langzeitarbeitslosigkeit, in Frage. "Wenn es in einer Zeit, in der das Wirtschaftswachstum in diesem Jahr 3,25% und im nächsten Jahr voraussichtlich 3,75% beträgt, nicht einmal gelingt, für nicht-erwerbstätige Leistungsempfänger Arbeitsplätze zu finden, gelingt es in einigen Jahren, wenn die Konjunktur nicht mehr so günstig ist und die schnelle Überalterung der Erwerbstätigen sich auch, und möglicherweise in größerem Maße, im Bestand der Arbeitssuchenden manifestiert, ganz sicher nicht mehr"[199].

Es wird also deutlich, dass das niederländische "Modell" nicht allein Vorteile aufzuweisen hat, sondern auch Nachteile. Ob man daher weiterhin von einem holländischen "Wunder" sprechen sollte, ist vor dem Hintergrund der skizzierten Versäumnisse und Fehlentwicklungen fraglich. Zumindest die hohe verdeckte Arbeitslosigkeit in den Niederlanden hat wenig von einem Wunder. Sie lässt die offizielle Arbeitsmarktbilanz und auch die Nachhaltigkeit des Beschäftigungserfolgs eher fragwürdig erscheinen.

Andererseits bleibt unbestritten, dass das niederländische "Beschäftigungswunder" insgesamt zu einer Schaffung von außerordentlich vielen neuen Arbeitsplätzen und damit zu einer überaus positiven Entwicklung auf dem Arbeitsmarkt beigetragen hat. Trotz aller kritischen Einschränkungen erscheint es angesichts dieses Erfolges lohnenswert einen

[199] Van Empel, Frank (1997): Modell Holland. A.a.O., S. 19.

detaillierteren Blick über die Grenze zu tun, um möglicherweise Anregungen für die Bewältigung der Arbeitsmarktprobleme in Deutschland zu erhalten. Um jedoch abschließend beurteilen zu können, inwieweit die hierbei identifizierten beschäftigungspolitisch erfolgreichen Maßnahmen und Vorgehensweisen der Niederlande evtl. auch für die deutsche Arbeitsmarktmisere Lösungsansätze bieten, muss der **gesamte** Weg der niederländischen Entwicklung in eine Analyse miteinbezogen werden. Denn "jedes Land hat seinen eigenen historisch-traditionellen Hintergrund und eine andere gesellschaftliche Werteskala, aus denen heraus Veränderungen entwickelt werden müssen"[200]. Eine isolierte Betrachtung einzelner Maßnahmen würde daher sämtliche länderspezifisch relevanten Wirkungszusammenhänge und Mechanismen vernachlässigen und somit eine potenzielle Übertragung des erfolgreichen niederländischen Wegs zu mehr Beschäftigung schon im Vorfeld scheitern lassen. Die Einbeziehung der sozio-ökonomischen Randbedingungen des niederländischen Beschäftigungserfolges nimmt daher in den folgenden Ausführungen einen besonderen Stellenwert ein.

Als außerordentlich effektiv bei der Bekämpfung der Arbeitslosigkeit in den Niederlanden erwies sich ein "Policy-Mix", d.h. eine Mischung verschiedener Einzelmaßnahmen bzw. Strategien aus unterschiedlichen Politikfeldern. Als besonders erfolgreich lässt sich hierbei aus makroökonomischer Perspektive die "ausgeprägte Nominallohnzurückhaltung nennen, die sich in einem relativ niedrigen realen

[200] Werner, Heinz (1998): Beschäftigungspolitisch erfolgreiche Länder - Was steckt dahinter? In: Mitteilungen aus der Arbeits- und Berufswelt, 2/98, S. 332.

Wechselkurs und letztlich auch in einem außergewöhnlich hohen Leistungsbilanzüberschuß niederschlug"[201]. Daneben war es vor allem die Umverteilung von Arbeit in Form der Teilzeitarbeit, die in den Niederlanden wesentlich zu den Beschäftigungserfolgen der vergangenen Jahre beitrug. Die institutionellen Rahmenbedingungen, die diese Entwicklungen in den Niederlanden begünstigten und vorantrieben, werden im folgenden Kapitel dargestellt.

4.3 Das niederländische Konsensmodell als Grundlage des Beschäftigungswachstums

Das allgemeine Interesse an der niederländischen Entwicklung im Bereich der Wirtschafts-, Sozial- und Arbeitsmarktpolitik wuchs zu Beginn der 90er Jahre sprunghaft. Zu dieser Zeit betitelte die Wochenzeitschrift "Wirtschaftswoche" das niederländische Konzept erstmals als "Modell Holland" und prägte damit einen Begriff für das niederländische Konzept, für das in den Niederlanden selbst der Ausdruck "Poldermodell" oder "het overlegmodel" (Verhandlungsmodell) verwendet wird. Vor allem durch die zu dieser Zeit durchgeführte Privatisierung der Krankengeldversicherung, die Einschnitte bei der Arbeitsunfähigkeitsversicherung sowie die geplanten Maßnahmen zur Lockerung des Arbeits-

[201] Gemeinschaftsdiagnose (1997): Die Lage der Weltwirtschaft und der deutschen Wirtschaft im Herbst 1997, a.a.O., S. 22.

rechts und des Ladenschlusses erlangten die Niederlande höchste Aufmerksamkeit.[202]

Durch diese Maßnahmen erreichten die Niederlande schnell Vorbildfunktion, vor allem bei den Befürwortern von Deregulierung und Flexibilisierung, denn "die Privatisierung der Lohnkostenfortzahlung im Krankenfall galt als Paradebeispiel für eine Deregulierung im Sozialstaat, die Zunahme von Flex- und Teilzeitarbeit als Paradebeispiel für die Flexibilisierung des Arbeitsmarktes"[203]. Als wirklich erstaunlich und als spezifisch niederländische Besonderheit wurde in der Folge der beschriebenen Maßnahmen jedoch die Tatsache angesehen, dass die Einschnitte im Bereich der Sozialen Sicherheit, die massive Ausweitung der Teilzeitarbeit sowie die auf Dauer praktizierte Lohnmäßigung mit Lohnabschlüssen oft unterhalb der Inflationsrate den sozialen Frieden in den Niederlanden nicht im geringsten tangierten. "Konsens der Sozialpartner und Konsens zwischen Sozialpartnern und Regierung wurde als der Kitt angesehen, der diese Politik zusammenfügte. Für genau diese niederländische Eigenart wurde nun der Begriff des Poldermodells geprägt"[204]. Da die skizzierte Konsensorientierung der Niederlande als ein zentrales Moment des niederländischen Beschäftigungserfolgs angesehen wird, soll im folgenden zunächst versucht werden, die Ursprünge dieses spezifisch niederländischen Systems der industriellen Beziehungen nachzuzeichnen. Dies

[202] Vgl. Kleinfeld, Ralf (1998): Was können die Deutschen vom niederländischen Poldermodell lernen? A.a.O., S. 122.
[203] ebd., S. 122. Auch die folgenden Ausführungen beruhen im wesentlichen auf Kleinfeld, Ralf (1998): Was können die Deutschen vom niederländischen Poldermodell lernen? A.a.O., S. 122ff.
[204] ebd., S. 123.

ist vor allem vor dem Hintergrund der derzeitigen bundesdeutschen Situation besonders interessant, da auch im Rahmen des Bündnisses für Arbeit der soziale Dialog die anvisierte schwierige und tiefgreifende Umstrukturierung des Wohlfahrtsstaates bewerkstelligen und mitgestalten soll.

4.3.1 Konsensorientierung als Kulturmerkmal

Die Ursprünge der holländischen Konsenskultur sind weit zurückliegend zu suchen. So haben die Jahrhunderte langen Kämpfe gegen das Meer dazu geführt, dass zur Vermeidung von Überschwemmungen bereits ab dem 12. Jahrhundert gemeinsame wasserbauliche Eingriffe und Maßnahmen systematisch durchgeführt wurden.[205] Diese Maßnahmen erforderten bereits früh erste **Formen einer auf Solidarität aufbauenden Verwaltung** (Wasser- und Deichschaften). Die Wichtigkeit dieser auf Solidarität beruhenden Zusammenschlüsse wird deutlich, wenn man bedenkt, dass über ein Viertel der Landfläche der Niederlande unter dem Meeresspiegel liegt und ca. 60% der Bevölkerung in Gebieten ansässig ist, die von Überschwemmungen bedroht sind. Darüber hinaus wurde fast ein Fünftel des heutigen Landgebietes der Niederlande erst durch Maßnahmen der Landtrockenlegung dem Meer "abgetrotzt".

[205] Vgl. hierzu und zu den folgenden Ausführungen Kleinfeld, Ralf (1998): Niederlande-Lexikon. Geschichte, Politik, Wirtschaft, Gesellschaft. In: Müller, Bernd (Hrsg.) (1998): Vorbild Niederlande? Tips und Informationen zu Alltagsleben, Politik und Wirtschaft, Münster, S. 119.

Eine weitere kulturelle Besonderheit in den Niederlanden stellt der niederländische **"Handelsgeist"** dar. Er begründet die ebenfalls schon jahrhundertealte Tradition von Verhandlungen in den Niederlanden. "Aufgrund dieses Handelsgeistes im Sinne von 'eine Hand wäscht die andere' neigen Niederländer von Natur aus dazu, eine bestimmte Einstellung eines Verhandlungspartners als Ausgangspunkt für Besprechungen und Verhandlungen zu betrachten und nicht als ein endgültiges Angebot, über das nicht mehr gesprochen werden kann"[206]. Diese ausgeprägte **Verhandlungskultur** korrespondiert damit, dass die Niederlande auch noch am Anfang dieses Jahrhunderts ein ausschließlicher Agrar- und Handelsstaat gewesen sind. Die Industrialisierung setzte vergleichsweise spät und wenig konstant erst um die Jahrhundertwende ein. Der Industriesektor nahm auch im Laufe der weiteren wirtschaftlichen Entwicklung in den Niederlanden nie einen vergleichbaren Stellenwert ein wie beispielsweise in der Bundesrepublik. "Der jeweilige Anteil der Industrie am Bruttosozialprodukt lag in den Niederlanden regelmäßig um 40% unter dem in Deutschland. Heute sind die Niederlande ein exportorientierter Industrie- und vor allem Dienstleistungsstaat"[207] (siehe auch Abbildung 18).

[206] Van Empel, Frank (1997): Modell Holland. A. a. O., S. 5.
[207] Kleinfeld, Ralf (1998): Niederlande-Lexikon. Geschichte, Politik, Wirtschaft, Gesellschaft. A.a.O., S. 184.

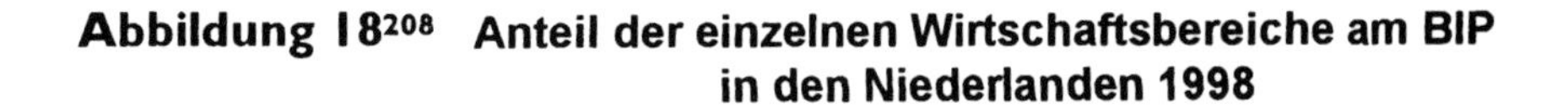

Abbildung 18[208] Anteil der einzelnen Wirtschaftsbereiche am BIP in den Niederlanden 1998

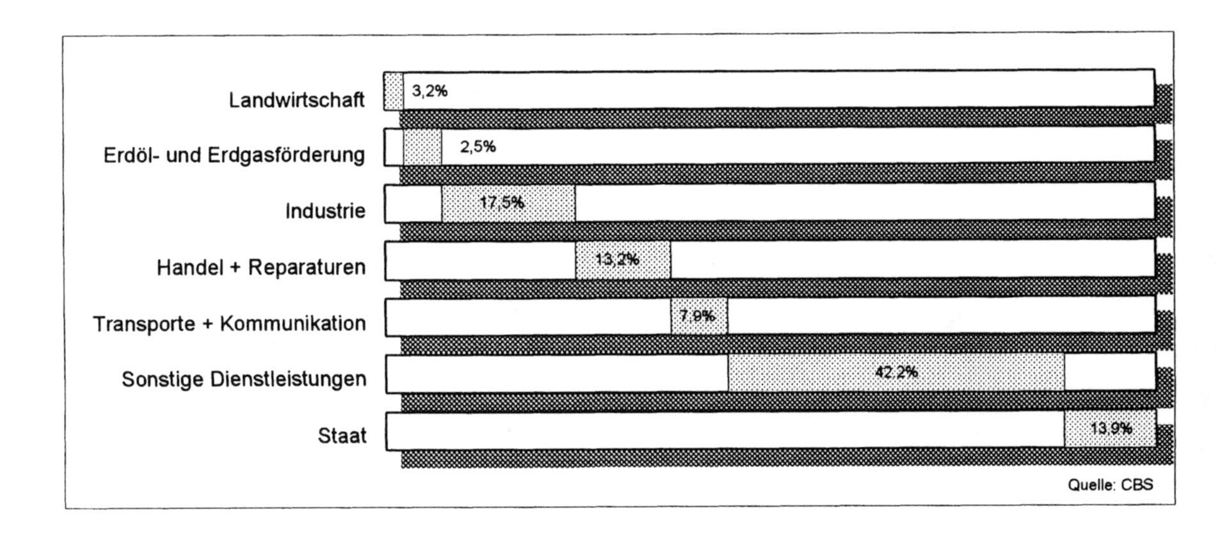

Nach *Wernicke*[209] sehen auch die Niederländer selbst, befragt nach den besonderen Fundamenten der niederländischen Entwicklung, in den beschriebenen Traditionen und Besonderheiten ihrer politischen Kultur den Schlüssel ihres derzeitigen wirtschaftlichen Erfolges. So antworten sie mit Hinweis auf die kulturellen Unterschiede auf die Frage, welche Faktoren zum Erreichen des Beschäftigungserfolges eine Rolle spielten: "...die Handelsnation, die schon immer pragmatisch agierte; die zähe Selbstbehauptung gegen das Meer im Westen und den mächtigen Nachbarn im Osten, was stets viel Gemeinsinn erfordert habe"[210].

[208] Abbildung entnommen aus: Der Niederländische Außenhandelsdienst (EVD) (Hrsg.) (1998): Vergleich 1999/2000, a.a.O.
[209] Wernicke, Christian (1998): Modell Holland, a.a.O.
[210] ebd., S. 3.

Eine weitere besondere Rolle für die gesamte niederländische Entwicklung spielen nach *Heinze/Schmid/Strünck*[211] die **Kirchen** und, damit eng verbunden, die **Religion**. Die niederländische Gesellschaft galt noch bis in die 60er Jahre als "versäult" ("verzuiling van de maatschappij"). "Das Phänomen der 'Versäulung', d.h., die Tendenz gegenseitiger Abkapselung von verschiedenen kulturellen, religiösen und politischen Gruppierungen, hat bis in die 60er Jahre das Leben bestimmt"[212]. Demnach gab es in den Niederlanden mindestens vier relevante **Säulen** oder Netzwerke, die die sozialen Beziehungen zwischen den verschiedenen Bevölkerungsgruppen in den Niederlanden maßgeblich bestimmten. Im einzelnen bestanden diese Säulen aus den Netzwerken der Katholiken, der orthodoxen Kalvinisten, der Sozialisten und des liberalen Bürgertums.[213] "Die Versäulung ist durch das Zusammenfallen von katholischen Emanzipationsbestrebungen und mittelständisch-protestantischem Widerstand gegen die beginnende Industrialisierung einerseits und einer generellen christlichen Protesthaltung gegenüber dem liberalen Geist der Revolutionen des 18. und 19. Jahrhunderts andererseits entstanden. Dies führte dazu, daß sich die Bevölkerung in sozialen und politischen Vereinen und Organisationen zusammenfand, die als protestantische oder katho-

---

[211] Vgl. Heinze, Rolf G. / Schmid, Josef / Strünck, Christoph (1999): Vom Wohlfahrtsstaat zum Wettbewerbsstaat: Arbeitsmarkt- und Sozialpolitik in den 90er Jahren, Opladen, S. 115.
[212] ebd., S. 115.
[213] Glott, Rüdiger / Wilkens, Ingrid / Tasch, Andreas (1998): Bedingungen der Beschäftigungsentwicklung. Ein Vergleich zwischen den USA, den Niederlanden und Westdeutschland. A.a.O., S. 7.

lische Institutionen deutlich voneinander getrennt waren"[214]. Nach *Kleinfeld*[215] kam es im Verhältnis dieser Säulen zueinander jedoch nie zu größeren Störungen. Andererseits führte dieses scheinbar friedliche Nebeneinander der verschiedenen Netzwerke aber auch zu keiner ausgeprägten Kommunikation oder zu sozialen Interaktionen zwischen den Mitgliedern der breiten Basis der verschiedenen Säulen. Trotzdem existierte eine intensive Zusammenarbeit zwischen den einzelnen Säulen, die ausschließlich durch die von den Organisationseliten gebildeten Dachverbände organisiert wurde. So ist es nach *Kleinfeld* zu erklären, dass die **Versäulung** nicht auch zum Separatismus führte, sondern im Gegenteil die verschiedenen Säulen bzw. ihre Dachverbände zusammen den gesamten niederländischen Staat trugen und lenkten. "Jeder Niederländer lebte im Umfeld seiner eigenen Säule: Ein Katholik ging in eine katholische Schule, wurde Mitglied einer katholischen Gewerkschaft, las eine katholische Zeitung, hörte den katholischen Rundfunk und schaltete einen katholischen Fernsehsender ein. Über diesen Säulen, in denen sich die Klassengegensätze zu einem Teil auflösten, bildeten die Eliten Dachverbände für Verhandlungen, so daß Minderheiten zu wirkungsvollen Mehrheiten zusammengeschmiedet werden konnten"[216].

Die skizzierte Entwicklung der Versäulung erklärt den hohen Grad an Organisiertheit innerhalb der niederländischen

---

[214] Heinze, Rolf G. / Schmid, Josef / Strünck, Christoph (1999): Vom Wohlfahrtsstaat zum Wettbewerbsstaat, a.a.O., S. 115.
[215] Vgl. auch zu den folgenden Ausführungen Kleinfeld, Ralf (1998): Niederlande-Lexikon. Geschichte, Politik, Wirtschaft, Gesellschaft. A.a.O., S. 169.
[216] Van Empel, Frank (1997): Modell Holland. A.a.O., S. 11.

Gesellschaft und stellt ein spezifisches Kulturmerkmal der Niederlande dar. Nach *Glott/Wilkens/Tasch* führte die Versäulung darüber hinaus früh "zur starken Dominanz der - auf Anhörung und Beratung basierenden - Verhandlung als politischem Koordinationsmechanismus, der auch nach der Erosion der Versäulung von großer Bedeutung blieb. Das niederländische System wird daher als 'Verhandlungsdemokratie' bezeichnet. Auf diesem System von Beratung und Verhandlung zwischen verschiedenen Institutionen hat sich gerade im Bereich der Wirtschafts- und Sozialpolitik eine spezifische 'Diskussionskultur' entwickelt"[217]. Ausgelöst durch die kulturellen Veränderungen der sechziger Jahre setzte auch in den Niederlanden ein Säkularisierungsschub ein, der eine schrittweise "Entsäulung" zum Ergebnis hatte. Heute sind die ehemals deutlich unterscheidbaren Säulenkonturen nicht mehr klar voneinander zu trennen.

Ein weiteres spezifisches Kulturmerkmal der Niederlande stellt die bis in die sechziger Jahre hinein kaum wirklich angefochtene **"Regentenherrschaft"** dar. "Obwohl die Niederlande die älteste bürgerliche Gesellschaft Europas sind und der Parlamentarismus bereits 1848 installiert wurde, war die Idee der Volkssouveränität lange Zeit unterentwickelt"[218]. Glaubt man *Wernicke*[219], so ist es gerade diese tradierte "Regentenkultur" in den Niederlanden, die "denen da oben" seit jeher mehr Entscheidungsspielraum für Kom-

---

[217] Glott, Rüdiger / Wilkens, Ingrid / Tasch, Andreas (1998): Bedingungen der Beschäftigungsentwicklung. Ein Vergleich zwischen den USA, den Niederlanden und Westdeutschland, a.a.O., S. 7.

[218] Becker, Uwe (1998): Beschäftigungswunderland Niederlande, a.a.O., S. 20.

[219] Wernicke, Christian (1998): Modell Holland, a.a.O.

promisse und Experimente eingeräumt habe. Verstärkt wurde diese Einstellung des "Gewähren Lassens" durch den starken christlichen Einfluss und damit eng verbunden der dauerhaften Dominanz der christlichen Parteien in den Niederlanden: "Die Regierung ist von Gott, dient dem Allgemeinwohl, und die Untertanen mit ihren partikularistischen Interessen haben sich dem anzupassen"[220].

Auch im heutigen niederländischen Wohlfahrtsstaat spielt die Religion und die christliche Lehre noch immer eine gewisse Rolle. Die christlichen Parteien, die seit Einführung des allgemeinen Wahlrechts von 1917/19 bis 1994 permanent an der Regierung beteiligt waren, haben den Ausbau des niederländischen Wohlfahrtsstaats maßgeblich vorangetrieben und sich hierbei immer von der christlichen Ideologie leiten lassen. Aus diesem Grund wird die Niederlande daher oftmals auch als "christlicher" Wohlfahrtsstaat bezeichnet.[221] Hierdurch soll die besondere Rolle der Kirchen und der Religion in der niederländischen Entwicklung hervorgehoben werden. "Der christdemokratischen Dominanz, vor allem deren katholischen Flügel, ist auch die herausragende Rolle des niederländischen Korporatismus zu verdanken. Das dazu gehörige Credo ist, daß die Gesellschaft eine natürliche hierarchische Ordnung darstellt, deren Teile in Harmonie miteinander zu leben haben. Besonders gilt dies für Arbeit und Kapital, die miteinander - nicht gegen-

[220] Becker, Uwe (1998): Beschäftigungswunderland Niederlande, a.a.O., S. 20.

[221] Vgl. Heinze, Rolf G. / Schmid, Josef / Strünck, Christoph (1999): Vom Wohlfahrtsstaat zum Wettbewerbsstaat, a.a.O., S. 116.

einander - an der wirtschaftlichen Zukunft des Landes zu arbeiten haben"[222].

Für die zentrale Fragestellung der vorliegenden Untersuchung von besonderer Bedeutung ist nun der Umstand, dass es den Niederländern gelungen ist, aus dem skizzierten spezifisch historisch-traditionellen Geist heraus korporatistische Institutionen und Strukturen aufzubauen, die zunächst vor allem die Probleme der Nachkriegswirtschaft und des Wiederaufbaus nach dem zweiten Weltkrieg zu bewältigen hatten. "In den Niederlanden ist nach dem Zweiten Weltkrieg auf nationaler Ebene ein System weitgehend institutionalisierter Konsultations-, Beratungs- und Verhandlungsstrukturen entstanden, das im internationalen Vergleich neben Österreich und Schweden als herausragendes Beispiel für eine (neo-) korporatistische Vermittlung und Konzertierung von Interessen galt"[223]. Die niederländische Konsenskultur wurde zu dieser Zeit also regelrecht in stabile Institutionen "gegossen", die bis heute die Geschicke des Landes vor allem im sozio-ökonomischen Bereich maßgeblich mitbestimmen. Diese so entstandenen korporatistischen Verhandlungsstrukturen haben somit auch die Weichen gestellt für den heutigen Beschäftigungserfolg der Niederlande. Im folgenden sollen daher diese auf Grundlage der spezifisch niederländischen Konsenskultur basierenden Institutionen näher vorgestellt und die durch die besonderen institutionellen Rahmenbedingungen ermöglichten strukturellen Reformschritte skizziert werden.

---

[222] Becker, Uwe (1998): Beschäftigungswunderland Niederlande, a.a.O., S. 20.

[223] Kleinfeld, Ralf (1998): Was können die Deutschen vom niederländischen Poldermodell lernen? A.a.O., S. 140.

4.3.2 Die institutionelle Untermauerung des niederländischen Konsensmodells

Bereits nach dem Ersten Weltkrieg stellte der "**Hohe Rat der Arbeit**" (Hoge Raad van Arbeid) einen ersten Ansatz einer korporatistischen Verhandlungsstruktur in den Niederlanden dar. Er fungierte als Beratungsorgan der Regierung und war Plattform für Verhandlungen auf dem Gebiet der Sozialgesetzgebung, des Arbeitsrechtes und der Tarifpolitik.[224] Mitglieder dieses Gremiums waren Vertreter der Arbeitgeber und Arbeitnehmer, Beamte und Wissenschaftler. Die Errichtung dieses Gremiums ist für die weitere niederländische Entwicklung im Bereich korporatistischer Verhandlungsstrukturen von großer Bedeutung, da die beteiligten Dachverbände erstmalig auf nationaler Ebene und auf paritätischer Basis die Gelegenheit erhielten, die Arbeits- und Sozialpolitik der Niederlande maßgeblich mitzugestalten. "Die Gründung des 'Hohen Rates' hatte staatsrechtliche Konsequenzen. Gemäß Artikel 87 der niederländischen Verfassung ist seither die Einrichtung ständiger Beratungsgremien der Regierung an ein förmliches Gesetz gebunden. Damit ist eine starke staatsrechtliche Stellung der Institutionen der niederländischen Verhandlungsdemokratie sichergestellt"[225].

Basierend auf den bereits skizzierten spezifisch historisch-traditionellen Hintergrund der Niederlande und aufbauend auf die mit dem Hohen Rat der Arbeit bereits erprobten

[224] Vgl. auch zu den folgenden Ausführungen Kleinfeld, Ralf (1998): Niederlande-Lexikon. Geschichte, Politik, Wirtschaft, Gesellschaft. A.a.O., S. 194.
[225] ebd., S. 194 f.

ersten Ansätze korporatistischer Verhandlungsgremien vor dem Zweiten Weltkrieg wurde am 17. Mai 1945 die **"Stiftung der Arbeit"** (Stichting van de Arbeid, SvdA) gegründet. Initiiert wurde die Gründung der Stiftung gemeinsam durch die Sozialpartner, deren Verhältnis zueinander, nicht zuletzt durch den gemeinsamen Widerstand gegen den Kriegsgegner Deutschland, bereits durch eine enge Zusammenarbeit gekennzeichnet war. "Initiatoren waren die dem Versäulungssystem der Vorkriegszeit zugehörigen nationalen Dachorganisationen der Arbeitnehmer, der industriellen Arbeitgeber, des Mittelstandes und der Landwirtschaft. An dieser Zusammenstellung hat sich mit Ausnahme der 1968 zugelassenen Angestelltengewerkschaft MHP und der Fusionsprozesse im Arbeitnehmer- und Unternehmerlager nichts verändert"[226]. Nach *van Empel* war (und ist) die Siftung der Arbeit eine Hochburg der Sozialpartner.[227] Sie besteht auch heute noch aus Vertretern aller wichtigen Arbeitgeber- und Arbeitnehmerorganisationen und beansprucht seit ihrer Gründung das Recht, im Namen der gesamten Privatwirtschaft an der Politikgestaltung mit wirken zu können. Erklärtes Ziel der Stiftung der Arbeit war es von Beginn an, eine dominierende Kraft in der Gesellschaft zu werden. Dieses Ziel wurde vor allem durch das Einsetzen von Ausschüssen in nahezu allen Bereichen der Arbeits- und Sozialpolitik schnell erreicht. "Die Regierung betrachtete die Arbeitsstiftung als ihr wichtigstes Beratungsgremium im Bereich der Sozial- und Wirtschaftspolitik. Im Bereich der Löhne, der Sozialversicherung, der Berufsbildung und des arbeitsrechtlichen Kündigungsschutzes zum Beispiel konn-

[226] ebd., S. 195.

[227] Vgl. auch zu den folgenden Ausführungen Van Empel, Frank (1997): Modell Holland. A.a.O., S. 9.

ten keine Maßnahmen getroffen werden, ohne dieses Gremium zu konsultieren"[228]. In den rund zwanzig Fachausschüssen und Arbeitsgruppen der Arbeitsstiftung mit ihren unterschiedlichen Zuständigkeitsbereichen herrscht ebenso wie innerhalb der Stiftung selbst eine satzungsgemäße Vereinbarung über eine weitgehende Parität zwischen Arbeitnehmern und Arbeitgebern.

Neben der Stiftung der Arbeit als höchstem Koordinationsgremium der niederländischen Arbeitgeber- und Arbeitnehmerverbände wurde 1950 durch die niederländische Regierung quasi zur gesetzlichen Manifestierung des Kooperationsgedankens der **Sozial-Ökonomische Rat** (Sociaal-Economische Raad, SER) gegründet. "In dieser gesetzlich geregelten Institution haben nicht nur die Vertreter der Arbeitgeber und Arbeitnehmer Sitz, sondern auch unabhängige, von der Regierung ernannte Mitglieder (die sogenannten 'Kroonleden'[229]). Zu dieser letztgenannten Kategorie gehören der Präsident von De Nederlandsche Bank und der Direktor des regierungsamtlichen zentralen Planbüros. Der SER wurde das offizielle Beratungsgremium der Regierung für die zu betreibende Sozial- und Wirtschaftspolitik. So entstand neben einer privatrechtlichen (Stiftung der Arbeit) eine öffentlich-rechtliche (SER) Verhandlungsbasis"[230]. Nach dem niederländischen Gesetz hat dieser tripartistisch zusammengesetzte Sozial-Ökonomische Rat neben der Funktion als oberstes Beratungsorgan der Regierung in Fragen der Wirtschafts- und Sozialpolitik auch die Aufgabe als Spit-

[228] Zilian, Hans Georg / Flecker, Jörg (Hrsg.) (1998): Flexibilisierung - Problem oder Lösung? Berlin, S. 123.
[229] Kroonleden = Kronmitglieder
[230] Van Empel, Frank (1997): Modell Holland. A.a.O., S. 9.

zenorgan der öffentlich-rechtlichen Wirtschaftsorganisation auszufüllen. Diese letztgenannte Funktion als Verwaltungsorgan spielte nach *Kleinfeld* in der Arbeit des SER in der Vergangenheit jedoch keine große Rolle.[231] "Die große Bedeutung des SER läßt sich daraus ersehen, daß die Regierung bis 1994 verpflichtet war, vor Durchführung wirtschafts- und sozialpolitischer Maßnahmen ein Gutachten des SER einzuholen, ohne allerdings dessen Empfehlungen berücksichtigen zu müssen. An diesen Gutachten wirken diverse Kommissionen mit, in denen Vertreter verschiedener Interessenorganisationen mitarbeiten"[232].

Um die enormen wirtschaftlichen Probleme nach dem Zweiten Weltkrieg zu bewältigen und den Wiederaufbau zu beschleunigen, betrieb die niederländische Regierung zunächst eine sehr zentralistische Wirtschaftspolitik. Mit der Bildung und Einbindung korporatistischer Verhandlungsinstitutionen (Stiftung der Arbeit, SER) wurden die Sozialpartner in diese Politik involviert. Nach *Becker* zeichneten sich diese Institutionen dann bis in die frühen sechziger Jahre in erster Linie durch ihre Politik der Lohnmäßigung im "Allgemeininteresse" aus.[233] Mit dem Ziel der Realisierung einer Vollbeschäftigung griff der Staat zu dieser Zeit in den Prozess der Lohnbildung ein, um lediglich moderate Lohnabschlüsse zuzulassen. Investitionen von Betrieben und von staatlichen

---

[231] Vgl. Kleinfeld, Ralf (1998): Niederlande-Lexikon. Geschichte, Politik, Wirtschaft, Gesellschaft. A.a.O., S. 197.

[232] Glott, Rüdiger / Wilkens, Ingrid / Tasch, Andreas (1998): Bedingungen der Beschäftigungsentwicklung. Ein Vergleich zwischen den USA, den Niederlanden und Westdeutschland, a.a.O., S. 7.

[233] Vgl. Becker, Uwe (1998): Beschäftigungswunderland Niederlande, a.a.O., S. 20.

Instanzen sollten durch diese Maßnahme angekurbelt und die Wettbewerbsfähigkeit der Niederlande so insgesamt verbessert werden. Eine staatlich gelenkte Lohnpolitik und die Einbindung korporatistischer Verhandlungsstrukturen in die Lohnbildung führten 1951 sogar dazu, dass sich die Sozialpartner und die Regierung darauf verständigten, die Löhne "im allgemeinen Interesse" um 5% zu kürzen. "Im Gegensatz zu Deutschland wurde hier (in den Niederlanden; Anm. d. V.) nach dem Zweiten Weltkrieg ein System der Festlegung von Arbeitsbedingungen verankert, das ein starkes staatliches Mitreden, gerade auch bezüglich der Höhe der Löhne, impliziert. An der jährlichen Festlegung von Richtlinien für Lohnerhöhungen waren die Spitzenorganisationen der Sozialpartner innerhalb der 'Stiftung der Arbeit (STAR)', das 'Kollegium der Vermittler für Lohn- und Arbeitsfragen (CvR)', das dem Ministerium für Arbeit und Soziales unterstand und der tripartistisch besetzte 'Rat für Sozial- und Wirtschaftspolitik (SER)' beteiligt. Letztendlich kam es bis Mitte der 60er Jahre in den Niederlanden zu einer weitgehenden Lohnzurückhaltung, die sich aufgrund geringerer Lohnkosten positiv auf die Arbeitsmarktsituation auswirkte"[234].

Das skizzierte korporatistisch organisierte Verhandlungsmodell der Niederlande war demzufolge zunächst bis in die Mitte der 60er Jahre ein sehr gut funktionierendes System, das im Bereich des Wirtschafts- und Sozialsystems der Niederlande sehr erfolgreiche Arbeit leistete. In der Literatur ist in diesem Zusammenhang sogar die Einschätzung zu fin-

[234] Heister, Michael (1999): Ein holländisches Wunder? A.a.O., S. 58.

den, dass das Verhandlungsmodell fast *zu* erfolgreich gewesen ist und darum fast am Erfolg zerbrochen wäre. "Keiner sah voraus, daß das Land als Ergebnis der zu lang andauernden und zu starken Lohnzurückhaltung am Rand einer sogenannten 'Lohnexplosion' stand. Ihr Erfolg wurde ihr Untergang.... In die zentralen Verhandlungen wurde ein Lohndrift eingebaut, und als Ergebnis 'explodierten' die Löhne 1963 um 13 Prozent, 1964 um 15 Prozent und 1965 um weitere 10 Prozent. Damit war das System ruiniert, und ein letzter Versuch der Regierung, dem CvR die Kontrolle wieder zu übertragen, mißlang. Die Gewerkschaften wollten nicht zum alten System zurückkehren, das in ihren Augen seinem Zweck, Vollbeschäftigung zu sichern, nicht mehr diente und welches sie in die unmögliche Lage versetzt hatte, die Mitglieder Lohnerhöhungen nicht akzeptieren zu lassen, die von den Arbeitgebern bereits zugestanden waren"[235].

In der Folge dieser Entwicklung radikalisierten sich seit Mitte der 60er Jahre die Gewerkschaften zunehmend, und Verhandlungen oder gar Abkommen zwischen den Sozialpartnern wurden immer schwieriger bzw. wurden oft sogar unmöglich.[236] Der niederländische Korporatismus war, ausgelöst durch die plötzliche Lohnexplosion, nicht mehr trag- und funktionsfähig. Die Phase dieser "Funktionsstörung" des niederländischen Konsensmodells erstreckte sich bis zu Beginn der 80er Jahre. "Das alte Modell genügte nicht mehr.

---

[235] Visser, Jelle / Hemerijck, Anton (1997): Ein holländisches Wunder? Reform des Sozialstaates und Beschäftigungswachstum in den Niederlanden, Frankfurt/Main, New York, S. 129; zitiert nach: ebd., S. 58.

[236] Vgl. Becker, Uwe (1998): Beschäftigungswunderland Niederlande, a.a.O., S. 20.

Übereinstimmungen auf ein neues Modell ließen auf sich warten. Diese Periode, die bis 1982 dauerte, war geprägt durch eine starke Polarisation zwischen Arbeitgebern und Arbeitnehmern und zwischen diesen beiden Gruppen und der Regierung. In dieser Periode kam fast kein zentrales Abkommen zustande. Es gelang der Gewerkschaft nicht, intern einen Konsens über Zurückhaltung bei den Lohnforderungen zu erreichen. ...Die Regierung griff darum ständig mit Lohnmaßnahmen ein"[237].

Eine Renaissance erlebte das niederländische Verhandlungsmodell erst 1982 mit dem an anderer Stelle bereits thematisierten **Abkommen von Wassenaar**[238], das vor dem Hintergrund der zweiten Ölpreiskrise und den damit einhergehenden wirtschaftlichen Schwierigkeiten der Niederlande zwischen den niederländischen Arbeitgeber- und Arbeitnehmerverbänden innerhalb der Stiftung der Arbeit vereinbart worden war. Dieses inzwischen als historisch eingestufte Abkommen wird als Ausgangspunkt eines wiedergewonnenen niederländischen Korporatismus angesehen und markiert basierend auf dieser "neuen" Konsensfähigkeit der Sozialpartner den Beginn des heutigen niederländischen Beschäftigungserfolges. "Unter dem Einfluß der Krise kehrte nach 1981 dann der 'Geist der fünfziger Jahre' wieder zurück. Die Phase der Radikalisierung näherte sich ihrem Ende, und die Gewerkschaften akzeptierten, daß Profitabilität eine Grundbedingung eines gesunden Arbeitsmarktes ist. Der pragmatische Realismus, der sich eng am Machbaren orientiert und Verhandlungen gegenüber Konflikten bevor-

[237] Van Empel, Frank (1997): Modell Holland. A.a.O., S.15.
[238] Siehe hierzu auch Kapitel 4.2 auf Seite 75.

zugt, gelangte zu neuer Blüte"[239]. Die von den Sozialpartnern im Abkommen von Wassenaar beschlossenen Maßnahmen, in erster Linie die Verbesserung der Ertragslage der Unternehmen durch eine zurückhaltende Lohnpolitik, eine gerechtere Verteilung der Arbeit durch Arbeitszeitverkürzungen sowie die Forderung der Zurückverlagerung der Tarifpolitik auf Gewerkschaften und Arbeitgeber (freie Tarifverhandlungen), haben gegriffen und in der Folge eine Trendwende auf dem niederländischen Arbeitsmarkt ermöglicht. Die vereinbarten Maßnahmen und Forderungen der "Zentralübereinkunft" von Wassenaar, zu deren Einhaltung im übrigen weder Arbeitgeber noch Gewerkschaften zu irgendeiner Zeit durch einen bindenden Vertrag verpflichtet waren, stellen auch heute noch neben institutionellen Reformen und Deregulierungen die Schwerpunkte der niederländischen Arbeits- und Sozialpolitik dar. Seit dem Abkommen von Wassenaar haben die Sozialpartner über achtzig neue Vereinbarungen und Erklärungen ausgehandelt. [240] Nach *Wernicke* wuchs dabei mit jeder Übereinkunft der Sozialpartner das "Klima des Vertrauens", wobei ein Kompromiss die Grundlage für den nächsten Kompromiss bildete.[241]

Von zentraler Bedeutung für die Bewertung des niederländischen "Job-Wunders" ist abschließend die Feststellung, dass der institutionelle Rahmen für die niederländische Politik der Lohnzurückhaltung, die, wie mehrfach dargestellt, als entscheidender Faktor des aktuellen Beschäftigungserfolges

[239] Becker, Uwe (1998): Beschäftigungswunderland Niederlande, a.a.O., S. 20.
[240] Vgl. Wernicke, Christian (1998): Modell Holland, a.a.O.
[241] Vgl. ebd.

der Niederlande angesehen wird, nicht erst neu erfunden werden musste. In dem Bereich der Arbeitsbeziehungen gab es in den Niederlanden lange Traditionen, auf die aufgebaut werden konnte. Bei der Analyse der Erfolgsfaktoren des niederländischen Beschäftigungssystems ist es daher unabdingbar, "das niederländische Modell von den Institutionen (Gewerkschaften, Arbeitgeberverbände und Regierung) her zu betrachten. Von der geschichtlich gewachsenen Bedeutung und der Veränderung der Rolle von Gewerkschaften, Arbeitgeberverbänden und Regierung in den letzten Jahrzehnten sowie dem Zusammenwirken in einer Reihe nationaler Gremien her, werden die unterschiedlichen Aspekte des holländischen Wunders deutlich"[242]. Hinzu kommt ein weiterer elementarer Einflussfaktor, auf den der Erfolg der niederländischen Wirtschaft zurückzuführen ist. Dieser steht in unmittelbarem Zusammenhang zu den korporatistischen Strukturen und Institutionen der Niederlande und muss bei der Beurteilung der Gründe der niederländischen Entwicklung daher ebenfalls einen entscheidenden Stellenwert einnehmen. Es handelt sich hierbei um die spezifische niederländische **Konsenskultur**. "Die Existenz derartiger Institutionen ist nicht der einzige erklärende Faktor für den Erfolg der niederländischen Wirtschaft. Fast noch wichtiger ist die niederländische Kultur; eine Kultur der Konsultation und der gemeinschaftlichen Verantwortlichkeit. Gewerkschaften und Arbeitgeberorganisationen fühlen sich für gesellschaftliche Fragen verantwortlich und versuchen (meist) eine langfristige Perspektive einzunehmen. Auch das ist ein

[242] Heister, Michael (1999): Ein holländisches Wunder? A.a.O., S. 57.

Teil des 'holländischen Modells'; ein Teil, der nicht leicht nachzuahmen ist"[243].

4.3.3 Die niederländische Politik der "sozialen Innovation"

Wie aus den bisherigen Ausführungen erkennbar wird, liegt ein zentraler Erfolgsfaktor der niederländischen Beschäftigungsentwicklung in der Bedeutung der kontinuierlichen Zusammenarbeit von Gewerkschaften und Arbeitgebern. "Im Gegensatz zu Deutschland erscheint die Rolle der großen Interessenverbände in einem viel günstigeren Licht, zumal Gewerkschaften und Arbeitgeberverbände nach Abschluß interner Modernisierungsprozesse (Entsäulung, Fusionierung) ihre pragmatische Handlungsfähigkeit zurückgewonnen haben. Und ein Funktionieren der niederländischen Verhandlungsökonomie ohne diese Verbände ist kaum vorstellbar. Eine wichtige Voraussetzung für ihr gemeinsames Handeln liegt darin begründet, daß beide Gruppen über Institutionen wie dem SER oder der Stiftung der Arbeit in einem permanenten, weitverzweigten Gesprächs-, Diskussions- und Arbeitszusammenhang stehen"[244]. Nach *Kleinfeld* ist gerade diese langjährige und enge Zusammenarbeit der Arbeitnehmer- und Arbeitgeberverbände ausschlaggebend dafür, dass seit Beginn der 90er Jahre die Be-

[243] Zilian, Hans Georg / Flecker, Jörg (Hrsg.) (1998): Flexibilisierung - Problem oder Lösung? a.a.O., S. 123f.
[244] Kleinfeld, Ralf (1998): Was können die Deutschen vom niederländischen Poldermodell lernen? A.a.O., S. 141f.

reitschaft der Sozialpartner gestiegen ist, sämtliche für den Umbau des Sozialstaats und die Flexibilisierung des Arbeitsmarktes relevanten Fragen für verhandelbar zu erklären und nach Möglichkeit im Rahmen dieses Vorgehens auch nach konfliktarmen, konsensorientierten Lösungsmöglichkeiten zu suchen.[245] Vor diesem Hintergrund sind beispielsweise auch die Kürzungen und Einsparungen im System der Sozialen Sicherung zu Beginn der 90er Jahre in den Niederlanden zu sehen. Diese wurden auf Grund eines steigenden finanziellen Problemdrucks auf die Sozialversicherungen, ausgelöst durch einen wachsenden Anteil der auf Transfereinkommen angewiesenen Bevölkerung (hohe Arbeitslosigkeit, demographischer Wandel, steigende Kosten im Gesundheitswesen etc.) als dringend notwendig erachtet. Die politische Durchsetzung dieser oftmals tiefgreifenden Einschnitte in den Sozialstaat wurde nicht zuletzt durch das korporatistisch organisierte Verhandlungssystem der Niederlande erst ermöglicht. "Ebenfalls im Rahmen dieses Verhandlungssystems einigten sich Ende der 80er Jahre Regierung, Opposition und verschiedene gesellschaftliche Gruppen auf eine Politik der 'sozialen Innovation', die ein Paket von sozialstaatlichen Reformen, die Veränderung der Sozial- und Arbeitslosenversicherungsgesetze, der Bildungsgesetze und des Arbeitsförderungsgesetzes beinhaltete. Die Grundlinien dieser Reformen waren die Forderungen nach 'weniger Staat, mehr Markt', womit auch eine gewisse Verlagerung staatlicher Verantwortlichkeit für die soziale Sicherheit in den privaten Bereich gemeint war, und 'Arbeit geht dem Einkommen vor', womit die grundsätzliche Priorität der Schaffung von Arbeitsplätzen und Instrumenten zur Rein-

---

[245] Vgl. ebd., S. 140.

tegration von Arbeitslosen und Erwerbsunfähigen in den Arbeitsmarkt betont wurde"[246].

Neben einer "konzertierten Aktion" auf dem Arbeitsmarkt ermöglichten Konsensorientierung und Korporatismus demzufolge auch im Bereich der Sozialen Sicherung eine gemeinsam getragene "Sanierungsstrategie", die den "überlasteten" Wohlfahrtsstaat tiefgreifend umstrukturieren und an die internationalen Konkurrenzverhältnisse anpassen sollte. "Sozialpartnerschaft und ein institutionell verankerter Korporatismus im Bereich der Arbeitsmarkt- und Einkommenspolitik waren die Rahmenbedingungen, die den Umbau des Sozialstaates erst möglich machten"[247]. *Visser / Hemerijck*[248] geben in diesem Zusammenhang jedoch zu bedenken, dass in erster Linie der wirtschaftliche Aufschwung und die Wiederentdeckung eines beschäftigungspolitischen Wachstumspfads als **Folge** des wiedergewonnenen Korporatismus der 80er Jahre die politischen Bedingungen für die Reform des Wohlfahrtsstaates geschaffen haben. "Einfach ausgedrückt: Ohne mehr Arbeitsplätze wäre die Reform des Sozialstaates viel schwerer 'zu verkaufen' gewesen"[249].

[246] Glott, Rüdiger / Wilkens, Ingrid / Tasch, Andreas (1998): Bedingungen der Beschäftigungsentwicklung. Ein Vergleich zwischen den USA, den Niederlanden und Westdeutschland, a.a.O., S. 7.
[247] Kleinfeld, Ralf (1998): Was können die Deutschen vom niederländischen Poldermodell lernen? A.a.O., S. 141.
[248] Vgl. Visser, Jelle / Hemerijk, Anton (1998): Lehren aus dem holländischen Beispiel, in: Die Mitbestimmung, 5/98, S. 15.
[249] ebd., S. 15.

Im Zuge der vereinbarten Reformen wurden viele Staatsbetriebe privatisiert.[250] Es wurde erreicht, dass die Staatsquote seit Beginn der 80er Jahre um fast 10% auf 50,9% reduziert werden konnte, womit sie sich in etwa dem deutschen Niveau angeglichen hat. Im Zeitraum von 1985 bis 1997 wurden die Sozialleistungen von 19,5 % auf 16,2% des BIP heruntergefahren (siehe zu einzelnen Maßnahmen auch Abbildung 19).

Abbildung 19[251]:

- *"Viele Leistungen, v.a. im Bereich der sozialen Dienste, werden privatisiert und kommunalisiert. Der Kontrolle der Leistungsempfänger wird erheblich mehr Aufmerksamkeit geschenkt, v.a. bei der Arbeitsunfähigkeit und bei Sozialhilfeempfängern, von denen inzwischen ein aktiveres Verhalten verlangt wird: 'Bei der Sozialhilfe ist mehr Nachdruck auf eine Rückkehr ins Arbeitsleben gelegt worden. Arbeitsamt und die kommunalen Sozialdienste arbeiten eng zusammen, um Sozialhilfeempfänger wieder in den Arbeitsmarkt einzugliedern. Die Einstellung der Gesellschaft hat sich geändert: Wo früher berufliche Inaktivität toleriert und die Zahlung von Unterstützung akzeptiert wurde, werden die Sozialhilfeempfänger jetzt angehalten, sich einen Arbeitsplatz zu suchen oder sich ggf. umschulen oder fortbilden zu lassen' (IABkurzbericht Nr. 12/1997:8...)*
- *Seit März 1996 ist die Lohnfortzahlung im Krankheitsfall privatisiert worden, sie obliegt nun den Unternehmen, die sich entsprechend privat versichern können. Die alte gesetzliche Regelung trifft nur noch in Ausnahmefällen zu, z.B. bei Arbeitslosen. Ähnliches wird für die Invalidenversicherung diskutiert.*
- *Gegenwärtig werden für den Zeitraum von 1995-98 Einsparungen in Höhe von 15 Mrd. DM (=2,75 Prozent des BIP) anvisiert. Weitere Maßnahmen sind neben den genannten die Kostenbeteiligung im Gesundheitswesen, die Entkoppelung der Sozialleistungen von der Lohnentwicklung, Leistungsreduzierungen beim Kindergeld und der Studienförderung"*

[250] Vgl. hierzu und zu den folgenden Ausführungen Glott, Rüdiger / Wilkens, Ingrid / Tasch, Andreas (1998): Bedingungen der Beschäftigungsentwicklung. Ein Vergleich zwischen den USA, den Niederlanden und Westdeutschland, a.a.O., S. 7.
[251] Text in Abbildung zitiert nach Heinze, Rolf G. / Schmid, Josef / Strünck, Christoph (1999): Vom Wohlfahrtsstaat zum Wettbewerbsstaat, a.a.O., S. 118.

Es erfolgte eine Kürzung des beitragsbezogenen Arbeitslosengeldes von 80% auf 70%, wobei die Voraussetzungen für den Bezug dieser Leistung zusätzlich verschärft und die Arbeitslosenhilfe in der bisher existierenden Form ganz abgeschafft wurde. "Tatsächlich gelang es auf Grundlage dieses gemeinsamen Vorgehens, die Arbeitslosigkeit zu bekämpfen und das Haushaltsdefizit zu verringern. ...Bei allen sozialpolitischen Einschränkungen der letzten Jahre liegt das Arbeitslosengeld heute aber immer noch über dem in Deutschland üblichen Niveau. Gleichzeitig wurde die Frühverrentung eingeschränkt und die Möglichkeiten der Erwerbsunfähigkeitserklärung begrenzt. ...Die genannten Ziele wurden von sozial- und vor allem beschäftigungspolitischen Maßnahmen flankiert, die zwar den Druck auf den einzelnen, eine Erwerbstätigkeit aufzunehmen, erhöhten, gleichzeitig aber die Beibehaltung eines relativ hohen Standards sozialer Sicherung garantieren sollen"[252].

Die Aufrechterhaltung eines vergleichsweise hohen Standards sozialer Sicherung in den Niederlanden trotz der z.T. durchgeführten radikalen Einschnitte in die sozialen Sicherungssysteme wird in der Literatur quasi als Kompensation für die praktizierte Lohnzurückhaltung gedeutet. *Heister* beschreibt diesen Zusammenhang als eine Art Tausch zwischen Politik und Gewerkschaften: "Lohnzurückhaltung gegen hohes soziales Sicherungsniveau"[253]. Das immer noch gut ausgestattete System sozialer Sicherung kann als Kernstück des niederländischen Wohlfahrtsstaates bewertet werden. Die wichtigsten Elemente machen hierbei die be-

[252] ebd., S. 7.
[253] Heister, Michael (1999): Ein holländisches Wunder? A.a.O., S. 59.

reits in den 50er Jahren für alle Bürger ab 65 Jahre eingeführte Grundrente und der seit 1967 existierende Mindestlohn aus.[254] Der **Mindestlohn** nimmt innerhalb des Systems einen besonderen Stellenwert ein, da sich sämtliche Leistungen der sozialen Sicherungssysteme in der Regel am gesetzlich garantierten Mindestlohn orientieren.[255] Dies trug in der Vergangenheit zwar dazu bei, dass Einkommensdifferenzen in den Niederlanden abgebaut werden konnten, führte jedoch auch dazu, dass die Sozialversicherungen nicht unbedeutend belastet wurden.[256] Aus diesem Grund wurden bereits zu Beginn der 80er Jahre Reformen auf den Weg gebracht, die in der Folge u.a. dazu führten, dass der reale Wert des Mindestlohnes innerhalb der letzten 15 Jahre um ca. 30 Prozent gefallen ist. "Der Mindestlohn wurde losgelöst von der durchschnittlichen Lohnentwicklung und fiel dadurch von ca. 80 Prozent des Durchschnittsloh-

[254] Vgl. Becker, Uwe (1998): Beschäftigungswunderland Niederlande, a.a.O., S. 16.

[255] "Die Grundrente, die Sozialhilfe sowie die Mindestsätze der Leistungen bei Krankheit, Arbeitslosigkeit und Invalidität sind allesamt orientiert am Mindestlohn. Dieser beträgt 1998 monatlich umgerechnet ca. DM 2.000,--, netto ca. DM 1.750,--. Der Höchstbetrag der Sozialhilfe (für Ehepaare oder Zusammenlebende) entspricht dem Netto-Mindestlohn, der Höchstbetrag der Grundrente entspricht in etwa dem Brutto-Mindestlohn. Bei anderen Haushaltszusammensetzungen gelten Sätze von 70 bzw. 50 Prozent mit einer maximalen Zuschlagmöglichkeit von 20 Prozent. Die Arbeitslosen- und Invalidenunterstützung beträgt 70 Prozent des zuletzt verdienten Bruttolohns, aber nicht weniger als der Mindestlohn, und das gesetzliche Krankengeld beträgt 80 Prozent dieses Lohns (tarifvertraglich können 100 Prozent vereinbart werden)", ebd., S. 16.

[256] Vgl. auch zu den folgenden Ausführungen Heinze, Rolf G. / Schmid, Josef / Strünck, Christoph (1999): Vom Wohlfahrtsstaat zum Wettbewerbsstaat, a.a.O., S. 116.

nes im Jahre 1983 auf derzeit unter 70 Prozent. Die Sozialhilfe sowie der absolute Mindestbetrag des Arbeitslosengeldes haben diese Entwicklung automatisch nachvollzogen. Unter anderem bedingt durch die Zusammenstellung der Haushalte (Zunahme der Haushalte mit zwei Einkommen) hat sich die im internationalen Vergleich niedrige Armut jedoch nur geringfügig erhöht"[257].

Die niederländische **Grundrente** stellt ebenfalls einen elementaren Bestandteil innerhalb des niederländischen Wohlfahrtsstaates dar.[258] Das niederländische Rentensystem, das als komplexer gilt als das deutsche, besitzt mit der Altersgrundrente ein Instrument, das den Erfordernissen einer immer stärker zunehmenden Flexibilisierung der Arbeit und der Beschäftigungsverhältnisse Rechnung trägt, indem es im Bereich der Altersversorgung sozialrechtliche

[257] Becker, Uwe (1998): Beschäftigungswunderland Niederlande, a.a.O., S. 16.

[258] "Schon jetzt bekommt jeder Niederländer vom Staat eine Basisrente, allerdings nur in Höhe von siebzig Prozent des Mindestlohnes. Durch tarifvertraglich vereinbarte Zahlungen in Pensionsfonds erhöht sich diese Summe für die meisten Bürger. Wer sich noch besser versorgen will, der muß eine private Zusatzversicherung abschließen - und die soll künftig steuerlich begünstigt werden. Cappuccino-Prinzip nennen die Niederländer das: Kaffee für alle, die Sahne leisten sich Arbeitgeber und Arbeitnehmer, das verzierende Kakaopulver muß jeder privat bezahlen. Auch anderswo setzt die Regierung auf eine Mischung aus staatlicher Grundversorgung, tarifvertraglich vereinbarten Zusatzleistungen und individuellen Versicherungen. Das Ziel: Sparen am Sozialbudget, ohne daß die wirklich Bedürftigen durch alle Maschen fallen", Pinzler, P. (1997): Genesung auf holländisch. In: Die Zeit, 3, S. 15-16; zitiert nach Heinze, Rolf G. / Schmid, Josef / Strünck, Christoph (1999): Vom Wohlfahrtsstaat zum Wettbewerbsstaat, a.a.O., S. 118f.

Benachteiligungen von z.B. Teilzeitbeschäftigten auszugleichen bzw. abzubauen vermocht hat.[259] "Tarifverträge sehen fast durchgängig die proportionale Bezahlung für Teilzeitarbeitnehmer vor. Bei der Lohnfortzahlung im Krankheitsfall gibt es keinen Unterschied mehr, ebensowenig wie beim gesetzlichen Mindestlohn, bei der Arbeitslosenversicherung sowie beim Kündigungs- und Mutterschaftsschutz. Das Krankenkassengesetz ist derzeit sogar eher vorteilhaft für Teilzeitarbeitnehmer. ...Das Problem der Altersversorgung ist für Teilzeitarbeiter nicht so gravierend wie in Deutschland, da es in den Niederlanden eine Grundrente gibt, die unabhängig von der Höhe geleisteter Beiträge gezahlt wird"[260]. Damit trägt die Grundrente wesentlich zur Akzeptanz von Teilzeit- und anderen flexiblen Beschäftigungsverhältnissen in den Niederlanden bei. *Kleinfeld* sieht insgesamt in dem schrittweisen Abbau der arbeits- und sozialrechtlichen Benachteiligungen von Teilzeitbeschäftigten in den Niederlanden eine wesentliche Voraussetzung für die Nachhaltigkeit des niederländischen Beschäftigungserfolges begründet.[261]

Abschließend bleibt festzustellen, dass es den Niederlanden offensichtlich gelungen ist, ihr traditionelles Sozialsystem durch eine Individualisierung an die veränderten wirtschaftlichen Rahmenbedingungen anzupassen.[262] Dabei wurden in

---

[259] Vgl. ebd., S. 121.

[260] Kleinfeld, Ralf (1998): Was können die Deutschen vom niederländischen Poldermodell lernen? A.a.O., S. 137.

[261] ebd., S. 137.

[262] Vgl. Glott, Rüdiger / Wilkens, Ingrid / Tasch, Andreas (1998): Bedingungen der Beschäftigungsentwicklung. Ein Vergleich zwischen den USA, den Niederlanden und Westdeutschland, a.a.O., S. 9.

erster Linie die Höhe der Leistungen, aber auch die Dauer sowie die Zugangsmöglichkeiten und Kriterien, die zur Leistungsberechtigung führen, gekürzt bzw. verschärft. Darüber hinaus wurde der Missbrauch von Sozialleistungen durch größere Kontroll- und Sanktionsmöglichkeiten eingeschränkt. Durch diese Maßnahmen erhöhte sich in den Niederlanden insgesamt der Druck zur Arbeitsaufnahme. Angestrebt wird so eine schnellere Integration von Leistungsbeziehern in das Beschäftigungssystem der Niederlande ohne jedoch das vergleichsweise hohe Niveau der sozialen Absicherung vollständig aufzugeben. "Aufgrund seiner flexibleren Anpassung an individuelle Notlagen und seinem Mix aus garantierter Existenzsicherung und gleichzeitig relativ hohem Druck zur Arbeitsaufnahme werden dem sozialen System der Niederlande weitaus mehr Arbeitsanreize zugeschrieben als denen anderer Länder"[263]. Besonders bemerkenswert erscheint der Umstand, dass es den Niederlanden in Bezug auf das System der Sozialen Sicherung gelungen ist, innerhalb eines bestehenden Grundsystems einen weitreichenden inhaltlichen und auch organisatorischen Wandel durchzuführen, der nicht mit einem radikalen Systemwechsel verbunden war.[264] "Entgegen weitverbreiteter Ansicht kann es also einer Volkswirtschaft gelingen, wettbewerbsstark zu sein, Beschäftigungserfolge zu erzielen, das System der sozialen Sicherung zu reformieren und gleichzeitig überzeugend am Prinzip einer solidarischen Grundabsicherung gegen die großen sozialen Risiken festzuhalten"[265]. Damit

[263] ebd., S. 8.
[264] Vgl. Kleinfeld, Ralf (1998): Niederlande-Lexikon. Geschichte, Politik, Wirtschaft, Gesellschaft. A.a.O., S. 219.
[265] Stille, Frank (1998): Der niederländische Weg: Durch Konsens zum Erfolg, a.a.O., S. 305.

haben die Niederlanden nach Meinung einiger Sozial- und Arbeitsmarktexperten demonstriert, wie ein kontinentaleuropäischer Wohlfahrtsstaat auch ohne 'big bang' reformiert und somit vielleicht noch einmal neu erfunden werden kann.[266]

4.4 Zusammenfassung, Übertragbarkeit auf Deutschland und Ausblick

Um die eingangs gestellte Frage nach den ursächlichen Erfolgsfaktoren des niederländischen "Beschäftigungswunders" hinreichend klären zu können, bedarf es, wie die bisher dargestellten Ausführungen verdeutlichen, einer vielschichtigen Betrachtungsweise aller ergriffenen Maßnahmen und Strategien, die zur Verringerung der Arbeitslosigkeit und zur positiven Entwicklung der Beschäftigung in den Niederlanden beigetragen haben, sowie darüber hinaus einer genauen Analyse der Entstehungs- und Wirkungszusammenhänge dieser Maßnahmen. Hierbei wird zuallererst deutlich, dass ein in sich geschlossenes "Modell Niederlande" nicht existiert. "Obwohl die holländischen Erfahrungen der vergangenen 15 Jahre die Möglichkeit einer 'Positivsummenlö-

[266] Vgl. Visser, Jelle / Hemerijk, Anton (1998): Lehren aus dem holländischen Beispiel, a.a.O, S. 12; Kleinfeld, Ralf (1998): Was können die Deutschen vom niederländischen Poldermodell lernen? In: Scherrer, Peter / Simons, Rolf / Westermann, Klaus (Hrsg.) (1998) Von den Nachbarn lernen: Wirtschafts- und Beschäftigungspolitik in Europa. Marburg, S. 143.

sung' für die Modernisierung des Wohlfahrtsstaates enthalten, addieren sie sich nicht zu einem Modell, das als Beispiel für andere dienen kann. Zu keinem Zeitpunkt hat es einen großen Entwurf, einen Gesamtplan oder einen entscheidenden politischen Handel gegeben"[267]. Der niederländische Beschäftigungserfolg beruht vielmehr auf einem "Policy-Mix", d.h. auf einer Mischung verschiedener Maßnahmen zur Bekämpfung der Arbeitslosigkeit. *Kleinfeld* spricht in diesem Zusammenhang daher nicht von einem niederländischen Modell, sondern von einem "patchwork-Muster" aus zahlreichen Einzelmaßnahmen in einer großen Zahl von Politikfeldern.[268] Einzelne Bestandteile dieses "patchwork-Musters" entwickelten sich nahezu selbstständig ohne jegliche staatliche Intervention in Form von Subventionen, Programmen o.ä.. Die Zunahme der Frauenerwerbstätigkeit beispielsweise, auf die u.a. die positive Beschäftigungsentwicklung der Niederlande zurückzuführen ist, beruht nahezu ausschließlich auf einem Wertewandel innerhalb der Gesellschaft, ausgelöst durch Feminismus und Frauenbewegung, und entspringt keinen staatlichen Förderprogrammen. Ein weiteres Beispiel stellt die enorme Ausweitung der Teilzeitarbeit dar. Dieses Instrument, das in der Vergangenheit maßgeblich zur Senkung der Arbeitslosigkeit in den Niederlanden beigetragen hat, entwickelte sich laut *Becker* "von unten", also in erster Linie zunächst durch die Bedürfnisse und Ansprüche der nach wirtschaftlicher Unabhängigkeit strebenden Frau-

---

[267] Visser, Jelle / Hemerijk, Anton (1998): Lehren aus dem holländischen Beispiel, a.a.O., S. 15.
[268] Vgl. Kleinfeld, Ralf (1998): Was können die Deutschen vom niederländischen Poldermodell lernen? A.a.O., S. 125.

en.[269] Das fast explosionsartige Anwachsen der Anzahl von Teilzeitbeschäftigten kam in den Niederlanden demzufolge ebenfalls ohne eine gezielte gesetzliche Förderung von Teilzeitarbeit und darüber hinaus auch ohne eine wesentliche Erhöhung der Zahl der in den Niederlanden ohnehin schon relativ wenigen Betreuungsplätze für Klein- und Schulkinder zustande (siehe auch Abbildung 20). "Niederländische Regierungen haben jedoch stets Teilzeitarbeit gefördert, da es sich im niederländischen Kontext als das bis heute effektivste Mittel zur Senkung hoher Arbeitslosigkeit erwiesen hat. Wesentlichen Anteil an dem Teilzeit-Boom trägt die Bereitschaft des übergroßen Teil der niederländischen Berufsbevölkerung, auch ohne vollen Lohnausgleich kürzer zu arbeiten und auf Überstunden zu verzichten. Zugleich wäre diese Entwicklung wohl unmöglich gewesen, hätten nicht die großen Gewerkschaftsbünde die Förderung von Teilzeitarbeit in ihrer Tarif- und Arbeitspolitik tatkräftig unterstützt"[270].

[269] Vgl. auch zu den folgenden Ausführungen Becker, Uwe (1998): Beschäftigungswunderland Niederlande, a.a.O., S. 19.
[270] Kleinfeld, Ralf (1998): Was können die Deutschen vom niederländischen Poldermodell lernen? A.a.O., S. 135.

Abbildung 20[271]:

Das 'Teilzeitwunder'	*Die Kehrseite des 'Wunders'*
• starke Ausweitung der Teilzeitarbeit; Einführung von Teilzeitarbeit auch auf qualifizierten Arbeitsplätzen; mehr Teilzeitarbeit entspricht den Präferenzen vieler Erwerbspersonen	• insgesamt stagnierendes Arbeitszeitvolumen, d.h. massive Umverteilung der Arbeit (und der Einkommen) auf eine größere Zahl von Erwerbspersonen
• relativ hoher Anteil (17 %) von teilzeitbeschäftigten Männern (EU-Durchschnitt: 5 %)	• massive Frühverrentung; Exklusion von 'schwer vermittelbaren' Erwerbspersonen aus dem Arbeitsmarkt
• gute soziale Absicherung der Teilzeitbeschäftigung (Regelungen, die es auch für Männer attraktiv machen, auf Teilzeitarbeit umzusteigen)	• hoher Anteil geringfügiger Teilzeitbeschäftigung (ca. 32 % < 10 Wochenstunden); • geringer arbeitsrechtlicher Schutz bei geringfügiger Beschäftigung
• 'produktive' Kombination von Teilzeitarbeit mit Aus- und Weiterbildung	• relativ hohe unfreiwillige Teilzeitquote von 5,6 %; (in Deutschland: 1,5 %)

[271] Tabelle entnommen aus Wilke, Gerhard (1998): Standortkonkurrenz und Beschäftigung, a.a.O., S. 14.

Am bisher Dargestellten wird deutlich, dass vieles innerhalb der vergangenen niederländischen Beschäftigungsentwicklung nicht einem "großen Plan" oder einer Vereinbarung entsprang, sondern eher ungeplant verlaufen ist.[272] "It just came our way", so lautet dann auch die Einschätzung eines niederländischen Beamten, befragt nach den Gründen des niederländischen Beschäftigungserfolges.[273] Diese z.T. also weitgehend ungeplanten Entwicklungen und Veränderungen innerhalb der niederländischen Beschäftigungsstruktur lassen sich nicht einfach exportieren oder kopieren, da solche spontan verlaufenden Prozesse in einem anderen Land mit hoher Wahrscheinlichkeit zu ganz anderen Ergebnissen führen würden.[274] "Wer beim Poldermodell nach einem Passepartout sucht, der die Lösung für alle in Deutschland derzeit von allen Seiten beschworenen tiefgreifenden Strukturreformen in sich birgt, wird vermutlich von den Details der niederländischen Wirtschafts- und Sozialpolitik enttäuscht sein. Das niederländische Modell ist kein "Masterplan", auch kein Regierungsprogramm oder Aktionsprogramm einer Gewerkschaft. Die Maßnahmen, die dem niederländischen Modell zugerechnet werden, sind als Ganzes niemals Gegenstand eines förmlichen Abkommens oder Konsenspakets innerhalb einer Koalition oder zwischen Regierung und Sozialpartner gewesen. Vielmehr sind die politischen Strategien, die unter dem Sammelbegriff 'Poldermodell' zusammengefasst werden, von unterschiedlichen Regierungen, die auf unterschiedlichen Koalitionen gründen,

[272] Vgl. Becker, Uwe (1998): Beschäftigungswunderland Niederlande, a.a.O., S. 19.
[273] Vgl. ebd., S. 19
[274] Vgl. Heister, Michael (1999): Ein holländisches Wunder? A.a.O., S. 61.

und in unterschiedlichen Politikfeldern von Allianzen sehr unterschiedlicher Interessengruppen getragen worden"[275].

Als spezifischer Vorteil der Niederlande bei der Bekämpfung der Arbeitslosigkeit hat sich deren geringe Größe herausgestellt. Dies hat nach *Auer* mehrere Gründe.[276] Demzufolge sind kleinere industrialisierte Länder offene Volkswirtschaften, die gut in die Weltwirtschaft integriert sind. Ein Grund hierfür liegt oftmals in der "Überschaubarkeit" des heimischen Marktes. "Man muß bei den Niederlanden im Auge behalten, daß es sich hier um ein kleines Land handelt, das mit einer Außenhandelsquote von über 50% doppelt so 'offen' ist wie Deutschland. Die Niederlande sind deswegen in viel höherem Maße gezwungen, sich den weltwirtschaftlichen Veränderungen zügig anzupassen. Offenbar fördert weltwirtschaftliche Offenheit auch die Einsicht in das Notwendige"[277]. Gerade kleinere Länder spüren demzufolge den Druck weitaus stärker, der u.a. auch durch eine fortschreitende Globalisierung der Wirtschaft und die sich daraus ergebenden Veränderungen auf ihnen lastet, als größere Länder, und müssen daher auch verstärkt darauf reagieren.[278] Durch eine wirtschaftliche Öffnung jedoch und die damit u.U. ermöglichte kürzere Reaktionszeit auf sich verändernde Rahmenbedingungen der Weltwirtschaft können sich gerade kleinere Länder mit flexibleren Apparaten

---

[275] Kleinfeld, Ralf (1998): Was können die Deutschen vom niederländischen Poldermodell lernen? A.a.O., S. 125.

[276] Vgl. auch zu den folgenden Ausführungen Auer, Peter (1999): Kleine Länder - ganz groß, in: Bundesarbeitsblatt, 7-8/1999, S. 12

[277] Vgl. Wilke, Gerhard (1998): Standortkonkurrenz und Beschäftigung, a.a.O., S. 13.

[278] Vgl. Heister, Michael (1999): Ein holländisches Wunder? A.a.O., S. 61.

Wettbewerbsvorteile gegenüber größeren Ländern verschaffen. Die Niederlande sind diesen Weg gegangen und haben in diesem Sinne die Globalisierung als Chance begriffen. Nicht umsonst haben die Niederlande heute trotz Beibehaltung aller Arbeitnehmerschutzrechte und gleichzeitiger Aufrechterhaltung eines vergleichsweise hohen Standards der sozialen Sicherungssysteme einen der vermutlich flexibelsten Arbeitsmärkte in Europa.[279]

Darüber hinaus sind in kleineren Ländern wie den Niederlanden eher informelle, engere und persönliche Kontakte zwischen den Hauptakteuren in Politik und Wirtschaft möglich, damit besitzen sie eine wichtige Voraussetzung für erfolgreiche Verhandlungen und Konsens.[280] Nicht selten findet man daher in der Literatur die Einschätzung, dass es gerade diese persönliche und intensive Kommunikation zwischen der Regierung und den Sozialpartnern ist, die eine der wichtigsten Erklärungen für den niederländischen Beschäftigungserfolg darstellt.[281] "Ein Staat von 15 Millionen Bürgern ist politisch leichter steuerbar als eine Bundesrepublik mit 16 Ländern und obendrein einem widerspenstigen Bundesrat. Holland ist politisch beweglicher für neue Wege; ökonomisch hingegen ... sei man 'kaum mehr als ein Bundesland von Deutschland'"[282]. Allein schon aufgrund der unterschiedlichen Größe der Länder ist eine unmittelbare

[279] Vgl. Kleinfeld, Ralf (1998): Was können die Deutschen vom niederländischen Poldermodell lernen? A.a.O., S. 135.
[280] Vgl. Auer, Peter (1999): Kleine Länder - ganz groß, a.a.O., S. 12
[281] Vgl. Schmid, Günther (1997): Das niederländische Beschäftigungswunder? A.a.O., S. 11.
[282] Wernicke, Christian (1998): Modell Holland, a.a.O.

Übertragung der genannten spezifischen Vorteile der Niederlande auf deutsche Verhältnisse nicht möglich.

Ebenfalls eng an die Größe eines Landes gekoppelt ist die Strategie einer realen Abwertung der Währung durch Lohnzurückhaltung. In den Niederlanden war die in der Vergangenheit praktizierte Lohnmäßigung im "Allgemeininteresse" sehr erfolgreich und führte zu einer günstigeren Position auf dem Exportsektor. Das daraus resultierende Wirtschaftwachstum führte durch die in den Niederlanden vorhandene hohe Beschäftigungselastizität des Wachstums schnell zu neuen Arbeitsplätzen. Allerdings ist auch diese Strategie für die Bundesrepublik Deutschland nicht (mehr) anwendbar. "Die Niederlande erzielten gegenüber Westdeutschland einen - wenn auch nur leichten - Vorsprung beim Wirtschaftswachstum. Dieser Vorsprung ist vor allem auf eine sehr zurückhaltende Lohnpolitik zurückzuführen, die auf eine reale Abwertung des Gulden gegenüber der D-Mark hinauslief - eine wirtschaftspolitische Strategie, die zwar einem kleinen Land zu einigem Erfolg verhilft, aber, wenn sie von großen Ländern wie Deutschland angewendet würde, lediglich den Anstoß zu einem realen Abwertungslauf gäbe"[283]. *Stille* gibt darüber hinaus zu bedenken, dass auch in Deutschland in der Vergangenheit bereits eine Politik der Lohnzurückhaltung praktiziert worden ist. "Eine Strategie der realen Abwertung durch Lohnzurückhaltung wäre für die Bundesrepublik nicht neu; sie ist bis Mitte der

[283] Volz, Joachim (1998): Können die Niederlande ein beschäftigungspolitisches Vorbild für Deutschland sein? sein? In: Scherrer, Peter / Simons, Rolf / Westermann, Klaus (Hrsg.) (1998): Von den Nachbarn lernen: Wirtschafts- und Beschäftigungspolitik in Europa. Marburg, S. 119f.

80er Jahre praktiziert worden. Auch die jüngsten Exporterfolge gehen nicht zuletzt auf die Abwertung der D-Mark gegenüber dem Dollar zurück. De facto findet Lohnzurückhaltung schon seit 1996 statt. Die Entwicklung der Lohnstückkosten ist 1997 und 1998 sogar negativ. Der Spielraum für eine reale Abwertung ist schon ausgeschöpft. Langfristig ist eine solche Strategie negativ zu beurteilen"[284]. Die Übertragungsmöglichkeit der für die Zunahme der Beschäftigungsmöglichkeiten in den Niederlanden maßgeblichen Abwertungsstrategie durch Lohnzurückhaltung ist für eine der "gewichtigsten" europäischen Volkswirtschaften, wie es die Bundesrepublik darstellt, also nur sehr eingeschränkt möglich, da eine solche Strategie an die Bedingung gebunden ist, dass nicht alle anderen Länder sie ebenfalls umsetzen.[285] Hätte jedoch die Bundesrepublik diese Strategie in der Vergangenheit ähnlich kontinuierlich und konsequent verfolgt wie die Niederlande, wäre die Wahrscheinlichkeit hoch gewesen, dass auch die anderen europäischen Länder ebenfalls real abwerten und der Konkurrenzvorteil damit schnell verfallen wäre. "Inwiefern diese Politik (der Nominallohnzurückhaltung, Anm. d. V.) auch in anderen Ländern angewendet werden kann, hängt von ihrer Größe und dem Grad der Offenheit ihrer Märkte ab; je größer ein Land ist, desto weniger dürfte eine Politik, die zu anhaltend hohen Leistungsbilanzüberschüssen führt, von den Handelspartnern über längere Zeiträume akzeptiert werden"[286] (siehe

[284] Stille, Frank (1998): Der niederländische Weg: Durch Konsens zum Erfolg, a.a.O., S. 310.
[285] Vgl. auch zu den folgenden Ausführungen Becker, Uwe (1998): Beschäftigungswunderland Niederlande, a.a.O., S. 20.
[286] Gemeinschaftsdiagnose (1997): Die Lage der Weltwirtschaft und der deutschen Wirtschaft im Herbst 1997, a.a.O., S. 22.

auch Abbildung 21). Demzufolge kann auch die von den Niederlanden durchgeführte wirtschaftpolitische Strategie einer realen Abwertung durch Lohnzurückhaltung kein Vorbild für Deutschland sein. "Daß die Medizin für ein kleines Land wie Holland die riesige deutsche Volkswirtschaft kurieren könnte, bestreiten Ökonomen, zumal jene mit Einfluß auf Rot-Grün, ohnehin. Die Niederlande, so schimpft etwa das Deutsche Institut für Wirtschaftsforschung (DIW), hätten kaum mehr gemacht als per Lohnsenkung ihren Gulden gegenüber der D-Mark real abzuwerten. Das sei 'Sozialdumping', ein Wort, das viele in Den Haag empört"[287].

Abbildung 21[288] Leistungsbilanz der Niederlande 1998 (In Milliarden Gulden)

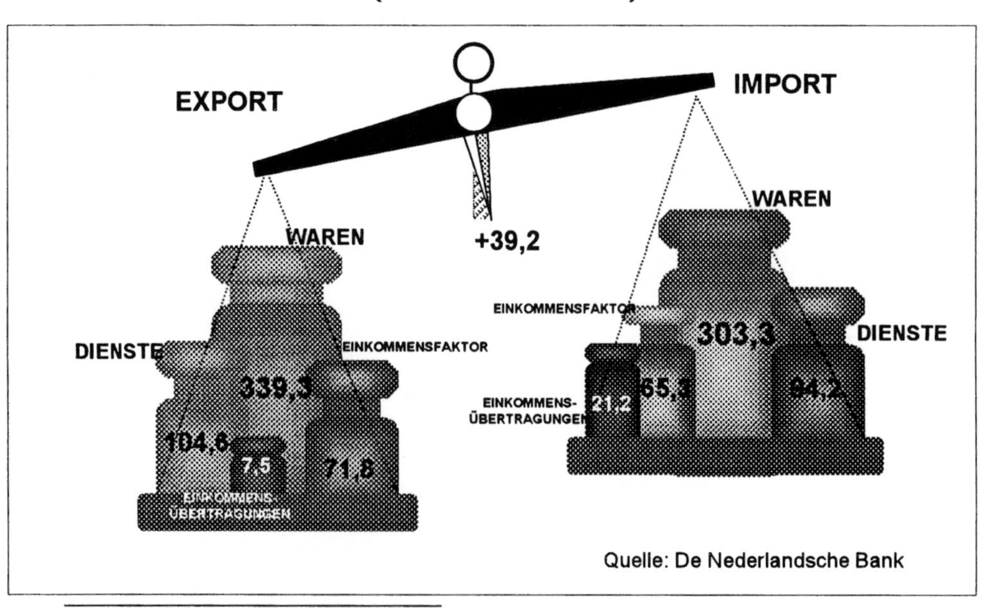

[287] Wernicke, Christian (1998): Modell Holland, a.a.O.

[288] Abbildung entnommen aus: Der Niederländische Außenhandelsdienst (EVD) (Hrsg.) (1998): Die Niederlande im Internationalen Vergleich 1999/2000, a.a.O.

Eine genaue Analyse der spezifisch niederländischen Erfolgsfaktoren (Erneuerung der korporatistischen Regierungsform, koordinierte Wirtschaftspolitik und fiskalpolitische Konsolidierung, Reform des Wohlfahrtsstaates, Steuerreformen, Arbeitszeit- und Arbeitsmarktreformen, Reduzierung des Arbeitskräfteangebots) macht deutlich, dass eine einfache Kopie oder eine Übertragung dieser "Erfolgskriterien" auf Deutschland ausscheidet.[289] Neben den bisher genannten Gründen ist ein Hauptgrund darin zu sehen, dass jedes Land seinen eigenen historisch-traditionellen Hintergrund hat und demzufolge auch eine andere gesellschaftliche Werteskala besitzt, auf der Veränderungen basieren müssen.[290] So ist vor allem die spezifisch niederländische Konsenskultur ebenso wenig kopier- oder übertragbar wie die aus ihr resultierenden korporatistischen Verhandlungsgremien und Institutionen, die wesentlichen Anteil am heutigen Beschäftigungserfolg der Niederlande haben. Kultur und korporatistische Traditionen lassen sich nicht einfach transplantieren und scheiden daher als Exportgut aus. "So einfach läßt sich eben kein Modell basteln. Deutschland fehlt das (kleine) Format, es mangelt an der Kultur des Kompromisses ebenso wie an geschmeidigen Institutionen, die solcherlei Konsens fördern"[291].

Der Blick auf die niederländische Erfolgsgeschichte zeigt, dass zwischen Deutschland und den Niederlanden u.a. im Bereich der Institutionen, der Traditionen und der Kultur

---

[289] Vgl. Auer, Peter (1999): Kleine Länder - ganz groß, a.a.O., S. 12

[290] Vgl. Werner, Heinz (1998): Beschäftigungspolitisch erfolgreiche Länder - Was steckt dahinter? A.a.O. S. 332.

[291] Wernicke, Christian (1998): Modell Holland, a.a.O.

wesentliche Unterschiede zu konstatieren sind, die es nahezu unmöglich machen, "politische Maßnahmen einfach von einem Land auf das andere zu übertragen"[292]. Doch auch wenn es keine direkten Übertragungsmöglichkeiten in Form eines kopierbaren Modells gibt, kann der Blick auf die niederländische Beschäftigungsentwicklung u.U. hilfreiche Lehren und wertvolle Denkanstöße für die aktuelle deutsche Situation liefern. "Grundsätzlich scheinen Frauen- und Teilzeiterwerbstätigkeit und damit die Umverteilung der Arbeit jedoch beschäftigungsträchtig zu sein. Die Gleichstellung der Beamten sowie der Abbau der Steuervergünstigungen für Familienernährer sind ebenfalls nachahmenswert. Schließlich: Die Niederlande demonstrieren, daß trotz verschärfter Konkurrenz innerhalb Europas und auf dem Weltmarkt ein relativ generöser Sozialstaat aufrechterhalten werden kann, von dem einige Aspekte, z.B. die Grundrente, auch für Deutschland erwägenswert sind"[293].

In den vorangegangenen Ausführungen wurden die Faktoren und Kriterien skizziert und analysiert, auf die der niederländische Beschäftigungserfolg der letzten Jahre zurückzuführen ist. **Aussagen zur Nachhaltigkeit** des niederländischen Beschäftigungserfolges und zur Zukunft des niederländischen "Poldermodells" insgesamt sind jedoch nicht in vergleichbarer Eindeutigkeit möglich. Die Redewendung "Prognosen sind schwierig, vor allem wenn sie die Zukunft betreffen" gilt in diesem Fall auch für die Vorausschätzung der zukünftigen Entwicklung der niederländischen Wirtschaft und damit eng verbunden auch für die zukünftige

---

[292] Auer, Peter (1999): Kleine Länder - ganz groß, a.a.O., S. 12.
[293] Becker, Uwe (1998): Beschäftigungswunderland Niederlande, a.a.O., S. 21.

Beschäftigungsentwicklung in den Niederlanden. Allerdings ist in der Literatur die Ansicht zu finden, dass "die niederländische Wirtschaft relativ gesundet in das 21.Jahrhundert gehen kann. Durch politischen Mut, auch zunächst unpopuläre Entscheidungen zu treffen, die Weitsicht der Tarifparteien und durch das daraus resultierende veränderte Denken innerhalb der niederländischen Gesellschaft ist es gelungen, das niederländische Wirtschafts- und Sozialsystem grundlegend zu verändern"[294]. Diese Veränderungen, die zu einem weitreichenden Umbau des niederländischen Sozialstaats führten, ermöglichten u.a. die Lösung der öffentlichen Verschuldungsprobleme sowie den Rückgang der Zahl der Bezieher von Sozialleistungen.[295] Hierdurch konnte der niederländische Staat seine Handlungsfähigkeit zurückgewinnen und sich auf weitere dringend notwendige strukturelle Reformschritte konzentrieren. Nicht zuletzt durch diese Entwicklung konnten in den Niederlanden Reformen und Gesetze auf den Weg gebracht werden, welche die Rechtslage von Teilzeitarbeit und anderen flexiblen Beschäftigungsverhältnissen verbessern. Insgesamt ist es den Niederlanden durch diesen Schritt gelungen, "dem Ideal eines Arbeitsmarktes näher zu kommen, der sowohl Flexibilität als auch Sicherheit optimiert"[296]. *Kleinfeld* sieht daher gerade

[294] Paridon, Kees van (1998): Erfahrungen und Lehren aus der niederländischen Wirtschafts- und Sozialpolitik. In: Müller, Bernd (Hrsg.) (1998): Vorbild Niederlande? Tips und Informationen zu Alltagsleben, Politik und Wirtschaft. Münster, S. 96.

[295] Den Niederlanden ist es 1999 erstmals seit 25 Jahren gelungen einen Haushaltsüberschuss zu erzielen, der 0,25 % des Bruttoinlandprodukts (BIP) betrug. Vgl. "Luxusprobleme" in den Niederlanden, in: Neue Züricher Zeitung, 13.01.2000, Nr. 10.

[296] Schmid, Günther (1997): Das niederländische Beschäftigungswunder? A.a.O., S. 11.

in dem schrittweisen Abbau der arbeits- und sozialrechtlichen Benachteiligungen von Teilzeitbeschäftigten in den Niederlanden eine wesentliche Voraussetzung für die Nachhaltigkeit des niederländischen Beschäftigungserfolges begründet.[297]

Allerdings werden bereits auch Stimmen laut, die vorhersagen, dass sich der ökonomische Himmel über dem Land der Tulpen und Deiche in näherer Zukunft spürbar verdunkeln wird.[298] "Alles deutet darauf hin, dass die Boom-Zeiten vorbei sind, in denen man durch Zuwachsraten beim Bruttoinlandsprodukt (BIP) von mehr als drei Prozent jährlich verwöhnt wurde. ...Begründet wird diese Entwicklung von den Wirtschafts-Weisen einerseits mit der allgemein beim Welthandel rückläufigen Tendenz, andererseits auch mit dem Ende der Lohnmäßigung bei den Tarifpartnern. So werden die jüngsten Abschlüsse, die den Arbeitnehmern Lohn- und Gehaltsverbesserungen zwischen drei und fünf Prozent bringen, von den PCB-Experten als 'viel zu hoch' eingeschätzt..."[299]. Begründet durch die derzeit "überhitzte" Konjunktur in den Niederlanden ist mit einer Fortsetzung der in der Vergangenheit erfolgreich praktizierten Lohnzurückhaltung der Gewerkschaften zumindest für die nähere Zukunft nicht mehr zu rechnen.[300] Die Gewerkschaften sind aufgrund des lang anhaltenden Konjunkturhochs in den Nie-

---

[297] Kleinfeld, Ralf (1998): Was können die Deutschen vom niederländischen Poldermodell lernen? A.a.O., S. 137.
[298] Vgl. Kuhn, Gisbert (1999): Der Glanz des Reformlandes wird matter, in: Augsburger Allgemeine, 12.10.1999.
[299] ebd.
[300] Vgl. Kleinfeld, Ralf (1998): Was können die Deutschen vom niederländischen Poldermodell lernen? A.a.O., S. 143f.

derlanden nahezu gezwungen, höhere Löhne zu fordern. "Das müssen sie tun, da ihre Mitglieder beobachten können, wie die Profite steigen, während die Löhne mit dem Wirtschaftswachstum nicht Schritt halten. Das könnte das Ende der zurückhaltenden Lohnpolitik bedeuten"[301]. Hinzu kommt, dass auch die niederländischen Arbeitgeber signalisieren, dass sie in der momentanen Situation Lohnerhöhungen vor weiteren Arbeitszeitverkürzungen präferieren. Vor dem Hintergrund jedoch, dass eine moderate Lohnpolitik in den Niederlanden bislang ein entscheidendes Moment des Beschäftigungserfolges gewesen ist, kann bei einer Umkehrung dieser Entwicklung nicht ausgeschlossen werden, dass es vielleicht bereits in der näheren Zukunft in den Niederlanden zu einem Wiederanstieg der Arbeitslosigkeit kommen wird. "Obwohl Institutionen und Kulturen im allgemeinen stabil sind, gibt es keine Garantie dafür, daß diese Erfolgsgeschichte fortgeschrieben werden kann. Wir haben am Ende der 60er und zu Beginn der 70er Jahre bereits einen Systemzusammenbruch erlebt. Daher ist es nicht undenkbar, daß die Entwicklung sich in der (näheren) Zukunft umkehren könnte. Ein negatives Szenario wäre es, wenn Knappheit auf dem Arbeitsmarkt zu höheren Arbeitskosten führt. Daraufhin würde sich die Wettbewerbsfähigkeit der holländischen Wirtschaft verringern, das Wirtschaftswachstum verlangsamen, und schließlich würde auch die Arbeitslosigkeit wieder zunehmen"[302]. Einige Punkte dieses Negativ- Szenarios scheinen bereits heute Realität in den Niederlanden geworden zu sein. So entspricht die Zahl der als arbeitslos registrierten Personen derzeit nahezu der Zahl

[301] Zilian, Hans Georg / Flecker, Jörg (Hrsg.) (1998): Flexibilisierung - Problem oder Lösung? a.a.O., S. 134.
[302] ebd., S. 133f.

der vorhandenen offenen Stellen (offizielle Arbeitslosenquote 3%).[303] Damit herrscht in vielen Branchen schon heute ein akuter Arbeitskräftemangel (z.B. in der Informationstechnologie oder in der Metallindustrie), der vor allem im Bereich der FacharbeiterInnen immer gravierender wird und daher bereits zu weiteren Lohnanstiegen geführt hat.[304] Um dem steigenden Mangel an qualifiziertem Personal zu begegnen, greifen die Niederlande inzwischen auch zu recht ungewöhnlichen Mitteln. Die Bandbreite der hierbei bereits durchgeführten oder erst angedachten Maßnahmen reicht von der Rekrutierung ausländischer ArbeitnehmerInnen über den Vorschlag, die allgemeine Pensionsgrenze für ArbeitnehmerInnen wieder zu erhöhen bis hin zu einem Gesetzentwurf, der die Arbeitspflicht für allein erziehende Mütter einführen will.[305] So werden in den Niederlanden mittlerweile immer mehr Gastarbeiter aus Deutschland, Belgien und Großbritannien rekrutiert, die den leergefegten niederländischen Arbeitsmarkt entlasten sollen. "Vor allem die Zahl der Deutschen, die in den Niederlanden Arbeit suchen und finden, hat in den letzten Wochen und Monaten spektakulär zugenommen. Das behauptet das Zeitarbeitsbüro Addeco. Rund zehn Prozent der 20 000 in diesem Unternehmen beschäftigten Menschen kommen aus Deutschland"[306]. Große Bauvorhaben können in den Niederlanden

---

[303] Vgl. "Luxusprobleme" in den Niederlanden, in: Neue Züricher Zeitung, 13.01.2000, Nr. 10.
[304] Vgl. Zilian, Hans Georg / Flecker, Jörg (Hrsg.), a.a.O., S. 134.
[305] Vgl. Hetzel, Helmut (2000): Komplettes deutsches Dorf geht zur Arbeit in die Niederlande, in: Aachener Zeitung, 18. Januar 2000; Vgl. auch: Arbeitspflicht für alleinerziehende Mütter? In: Frankfurter Rundschau, 8.10.1999.
[306] Hetzel, Helmut (2000): Komplettes deutsches Dorf geht zur Arbeit in die Niederlande, a.a.O.

z.T. ohne den Einsatz ausländischer Bauarbeiter nicht mehr realisiert werden. Die Arbeitslosigkeit unter Baufacharbeitern liegt nach Angaben der Bauarbeitergewerkschaft in manchen Provinzen der Niederlande derzeit bei Null.[307] Um ein Tunnelbauprojekt an der Westerscheldemündung in Zeeland fertig stellen zu können, mussten daher nach einer Meldung der niederländischen Tageszeitung "De Telegraaf" hundert Arbeitslose aus dem ostdeutschen Germendorf zusätzlich rekrutiert werden.

Im Vergleich zu der deutschen Beschäftigungssituation erscheinen die skizzierten niederländischen Engpässe auf dem Arbeitsmarkt derzeit wie "Luxusprobleme". Glaubt man jedoch *Stille*, dann leuchten gegenwärtig alle Indikatoren für die Niederlande aufgrund der Asynchronität im Konjunkturzyklus in zu rosigen Farben.[308] "Die Feuerprobe für den niederländischen Weg wird in der nächsten Rezession stattfinden. Hier wird sich vor allem auch die Nachhaltigkeit der flexiblen Beschäftigung und der Reformen im Sozialsystem erweisen"[309]. Bis zur nächsten Rezession jedoch, so die einhellige Meinung vieler Experten, dürfte sich nicht zuletzt auch aufgrund des in den Niederlanden anhaltenden Reformeifers die positive Bilanz in der Wirtschafts-, Arbeitsmarkt- und Sozialpolitik nicht grundlegend umkehren.[310]

---

[307] Vgl. auch zu den folgenden Ausführungen ebd.
[308] Vgl. Stille, Frank (1998): Der niederländische Weg: Durch Konsens zum Erfolg, a.a.O., S. 309.
[309] ebd., S. 309.
[310] Vgl. Kleinfeld, Ralf (1998): Was können die Deutschen vom niederländischen Poldermodell lernen? A.a.O., S. 143; Schmid, Günther (1997): Das niederländische Beschäftigungswunder? A.a.O., S. 11.

5 LÄNDERVERGLEICH DÄNEMARK

5.1 VORBEMERKUNG

Ähnlich wie in Deutschland oder in zahlreichen anderen westeuropäischen Industrieländern stieg die Arbeitslosigkeit auch in Dänemark seit Ende der achtziger Jahre kontinuierlich an und führte 1993 zu einer Rekordarbeitslosenquote von 12,4 Prozent.[311] Trotz vergleichbarer Problemlagen und ähnlicher monetärer Rahmenbedingungen (bedingt durch den europäischen Wechselkursmechanismus) wie in anderen kontinentaleuropäischen Ländern gelang es Dänemark im Gegensatz zu diesen, eine Trendwende einzuleiten und die Arbeitslosigkeit in den letzten Jahren drastisch zu reduzieren.[312] "Neben den Niederlanden ist Dänemark das einzige Land in der Europäischen Union, dem es gelang, die Arbeitslosigkeit seit 1994 - also innerhalb einer Regierungsperiode - zu halbieren. ... Bemerkenswert ist ferner, daß dieser Erfolg mit einer der höchsten Erwerbsbeteiligungsraten Europas verbunden ist und mit einer vergleichsweise fortgeschrittenen Gleichstellung der Frauen auf dem Arbeitsmarkt"[313]. So lag die Arbeitslosenquote in Dänemark Ende 1998 saisonbereinigt nur noch bei 6 Prozent, was eine Re-

[311] Vgl. Madsen, Per Kongshoy (1998): Das dänische "Beschäftigungswunder", in: Die Mitbestimmung, 5/98, S. 36. (Arbeitslosenzahl nach nationaler Definition).
[312] Vgl. Gemeinschaftsdiagnose (1997): Die Lage der Weltwirtschaft und der deutschen Wirtschaft im Herbst 1997, a.a.O., S. 23.
[313] Schmid, Günther / Schömann, Klaus (Hrsg.) (1999): Von Dänemark lernen. Learning from Denmark. Discussion Paper FS I 99 - 201, Wissenschaftszentrum Berlin für Sozialforschung, Zitat entnommen aus der einführenden Zusammenfassung.

duzierung der registrierten Arbeitslosen von 340.000 im Jahr 1993 auf nunmehr 160.000 bedeutete.[314]

Angesichts dieser überaus erfolgreichen Entwicklung gilt Dänemark derzeit neben z.B. den Niederlanden zu den eher kleineren der beschäftigungspolitisch erfolgreichen Länder, wobei Dänemark jedoch erst in jüngster Vergangenheit auf wachsendes Interesse in Deutschland stößt. Diese scheinbar "verspätete" Aufmerksamkeit liegt darin begründet, dass die Beschäftigungserfolge in Dänemark im Vergleich etwa zu den Niederlanden oder auch zu den Vereinigten Staaten und Großbritannien, die als große Volkswirtschaften bislang oftmals im Mittelpunkt des Interesses standen, als letzte einsetzten.[315] Als Gemeinsamkeit dieser Länder lässt sich ein erfolgreicher Kampf gegen die Arbeitslosigkeit konstatieren. Allerdings "die Wege der genannten Länder unterscheiden sich beträchtlich, sowohl hinsichtlich der Aufgabenteilung zwischen Makro- und Mikropolitik, als auch hinsichtlich der Beiträge kurzfristig wirksamer Interventionen bzw. langfristiger, struktureller Maßnahmen. Während z.B. in den Vereinigten Staaten Makrofaktoren dominierten, verdanken die Niederlande und Neuseeland ihre Erfolge eher der mikroökonomischen Politik. Dänemark verdient in diesem Zusammenhang deshalb besondere Beachtung, weil die bisher beachtlichen Erfolge durch eine Mischung aus Makro- und Mikropolitik, Interventionen und Strukturre-

---

[314] Vgl. Döhrn, Roland / Heilemann, Ullrich / Schäfer, Günter (1999): Dänemark - Ein "Beschäftigungswunder"? In: Wirtschaftswissenschaftliches Studium (WiST), 9/1999, S. 456.
[315] Vgl. Döhrn, Roland / Heilemann, Ullrich / Schäfer, Günter (1999): Ein dänisches "Beschäftigungswunder"? In: Mitteilungen aus der Arbeitsmarkt- und Berufsforschung, 2/1998, S. 313.

formen erzielt wurde, die sich von der anderer Länder deutlich abhebt"[316].

Vor dem Hintergrund der anhaltend schlechten Situation auf dem deutschen Arbeitsmarkt wurden die jüngsten dänischen Erfolge bei der Reduzierung der Arbeitslosigkeit, wie zuvor bereits die niederländischen Beschäftigungserfolge, in Deutschland umgehend als "Beschäftigungswunder" eingestuft. Wirtschaftspolitik und Wirtschaftsforschung in Deutschland versuchen seit einiger Zeit dieses "Wunder" zu entschlüsseln, in der Hoffnung, Lösungsansätze und Strategien für die Bewältigung der eigenen Arbeitsmarktmisere aus einem hierbei u.U. erkennbaren "dänischen Modell" zu gewinnen. "Vielerorts stößt die dänische Herangehensweise an das Beschäftigungsproblem auch deshalb auf Interesse, weil sie mit vergleichsweise starken staatlichen Interventionen in den Arbeitsmarkt verknüpft ist. Denn anders als in Ländern wie Neuseeland, die bei der Bekämpfung der Arbeitslosigkeit auf marktwirtschaftliche Rahmenbedingungen setzen, steht in Dänemark eine 'aktive Arbeitsmarktpolitik' des Staates mit teilweise neuen arbeitsmarktpolitischen Instrumenten im Vordergrund. Während die neuseeländischen Rezepte häufig als nicht übertragbar auf europäische Verhältnisse abgelehnt werden, erhält die dänische Arbeitsmarktpolitik eher einen Akzeptanzbonus"[317]. Nicht zuletzt also aufgrund der größeren Nähe Dänemarks - als ein "skandinavisches Modell" des Wohlfahrtsstaates - zum deutschen System, im Gegensatz etwa zu den ebenfalls be-

---

[316] Döhrn, Roland / Heilemann, Ullrich / Schäfer, Günter (1999): Dänemark - Ein "Beschäftigungswunder"? A.a.O., S. 456.
[317] Schrader, Klaus (1999): Dänemarks Weg aus der Arbeitslosigkeit: Vorbild für andere? In: Die Weltwirtschaft, 2/1999, S. 207.

schäftigungspolitisch erfolgreichen, aber rein marktwirtschaftlich orientierten Ländern wie den USA oder Großbritannien, sowie infolge der Tatsache, dass es Dänemark innerhalb kürzester Zeit gelungen ist, die Arbeitslosigkeit beträchtlich und umfassend zu verringern (ein überwiegender Teil der Gesamtwirkungen entwickelte sich bereits im ersten Jahr der eingeleiteten Maßnahmen und Reformen), überrascht es nicht, dass in der Bundesrepublik zunehmend die Frage aufgeworfen wird: Was können wir von Dänemark lernen?

Um diese Frage hinreichend beantworten zu können, bedarf es jedoch einer genauen Analyse und Bewertung der **gesamten** dänischen Beschäftigungsentwicklung. Nach *Döhrn / Heilemann / Schäfer* muss hierbei besonders berücksichtigt werden, dass der gegenwärtige Beschäftigungserfolg in Dänemark auf das Zusammenwirken der Aktivitäten aus mehreren Politikfeldern beruht, deren Wirkungen nahezu zeitgleich einsetzten und sich dadurch noch gegenseitig verstärkten.[318] Demzufolge basiert die dänische Erfolgsgeschichte auf "- in zeitlicher Reihenfolge: erstens, einer Stärkung des Wachstums, ausgelöst durch eine vorübergehend expansive Fiskalpolitik, die der Nachfrage sowohl via Steuersenkungen als auch diskretionäre Maßnahmen Impulse gab; zweitens, einer Reform und konsequenten Ausnutzung der arbeitsmarktpolitischen Möglichkeiten und drittens, einer trotz hoher gesamtwirtschaftlicher Expansion moderaten Lohnpolitik. Hinzu kommt der traditionell auf Kooperation und Konsens ausgelegte Politikstil des Landes"[319].

---

[318] Vgl. Döhrn, Roland / Heilemann, Ullrich / Schäfer, Günter (1999): Dänemark - Ein "Beschäftigungswunder"? A.a.O., S. 461.
[319] ebd., S. 456f.

Um letztendlich also beurteilen zu können, ob anhand des dänischen Weges aus der Arbeitslosigkeit u.U. auch für die derzeit schlechte bundesdeutsche Situation am Arbeitsmarkt Lösungsansätze oder Strategien zur Verringerung der Arbeitslosigkeit aaufgezeigt werden können, müssen alle am dänischen Beschäftigungserfolg beteiligten Einzelmaßnahmen aus den verschiedenen Politikfeldern analysiert werden. Dabei wird zu beurteilen sein, welchen Beitrag die hierbei als besonders relevant identifizierten einzelnen Elemente für den dänischen Beschäftigungserfolg leisten konnten. Im folgenden wird daher zunächst die dänische Arbeitsmarktentwicklung im Verlauf der neunziger Jahre skizziert. Im Anschluss an die Darstellung der Entwicklung von Arbeitslosigkeit und Beschäftigung soll die Rolle der Arbeitsmarktpolitik und der Einsatz arbeitsmarktpolitischer Instrumente bei der vergangenen und gegenwärtigen Beschäftigungsentwicklung in Dänemark nachgezeichnet werden. Bevor abschließend der Versuch unternommen wird, Lehren und Übertragungsmöglichkeiten aus dem "dänischen Modell" für die bundesdeutsche Wirtschafts-, Sozial- und Arbeitsmarktpolitik abzuleiten, wird zuvor noch die beschäftigungsorientierte Lohnpolitik und, damit untrennbar verbunden, die konsensorientierte Tarifpartnerschaft in Dänemark thematisiert.

5.2 Arbeitsmarktindikatoren Dänemarks. Entwicklung von Arbeitslosigkeit und Beschäftigung

Im März 1999 gehörte Dänemark mit einer **Arbeitslosenquote** von 4,7 Prozent zu den EU-Ländern mit den niedrigsten Arbeitslosenzahlen.[320] Damit ist es Dänemark gelungen, innerhalb weniger Jahre seine Arbeitslosenquote aus einem zweistelligen Bereich weit unter den EU-Durchschnitt von 9,6 Prozent (Stand 1998) zu verringern.

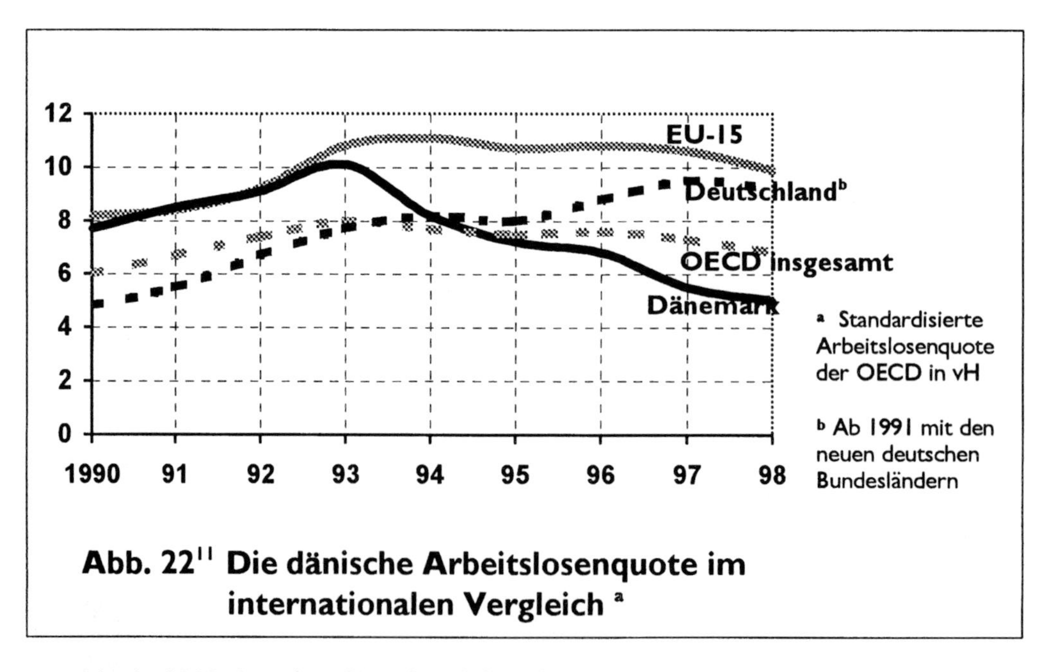

Abb. 22[321] Die dänische Arbeitslosenquote im internationalen Vergleich [a]

Noch 1993 lag die dänische Arbeitslosenquote mit 12,4 Prozent deutlich höher als die von Westdeutschland, die

---

[320] Vgl. Auer, Peter, Kleine Länder - ganz groß, a.a.O., S. 10.

[321] Abbildung entnommen aus: Schrader, Klaus (1999): Dänemarks Weg aus der Arbeitslosigkeit: Vorbild für andere? A.a.O., S. 208.

deutsche Quote konnte aber bereits 1998 mit großen Abstand unterschritten werden (siehe auch Abbildung 22).[322] Diese durchgreifende Trendwende am dänischen Arbeitsmarkt steht in einem deutlichen Gegensatz zum Entwicklungsverlauf der Arbeitslosigkeit in den meisten anderen europäischen Industrieländern. Die Abkoppelung von der Entwicklung der anderen EU-Länder, bei denen sich die Arbeitslosigkeit auf hohem Stand etablierte, gelang Dänemark jedoch erst in der jüngsten Vergangenheit. "Die Arbeitsmärkte in Dänemark und Deutschland waren in der Vergangenheit durch ähnliche Problemlagen gekennzeichnet. Ein starker Anstieg der Arbeitslosigkeit seit 1970, die sich in der Folgezeit als außerordentlich persistent erwiesen hat. Eine hohe Sockelarbeitslosigkeit. In keinem Konjunkturaufschwung wurde wieder die Arbeitslosenquote des vorausgegangenen Konjunkturaufschwunges erreicht, die Arbeitslosigkeit verfestigte sich auf immer höherem Niveau"[323]. Angesichts dieser sich stetig verschlechternden Situation auf dem Arbeitsmarkt nahm der Handlungsdruck auf Politik und Regierung in Dänemark zu. Nicht zuletzt dieser steigende Druck führte ab Mitte 1994 zu einem konzertierten Vorgehen gegen die wachsende Arbeitslosigkeit. Im Rahmen dieses Vorgehens, das sich verschiedener Elemente der Fiskal-, Lohn- und Arbeitsmarktpolitik bediente, betrieb die dänische Regierung in der Folge zunächst eine **antizyklische Politik**, die durch eine expansive Fiskalpolitik eingeleitet wurde und den Abbau der konjunkturellen Arbeitslosigkeit

[322] Vgl. Döhrn, Roland / Heilemann, Ullrich / Schäfer, Günter (1999): Dänemark - Ein "Beschäftigungswunder"? a.a.O., S. 456.
[323] Emmerich, Knut (1999): Der Preis für mehr Beschäftigung, in: Die Mitbestimmung, 11/1999, S. 33.

bewerkstelligen sollte.[324] "Als erstes ergriff man nachfrageorientierte Maßnahmen zur Stimulierung der Binnenkonjunktur. Da der Geldpolitik aufgrund der strikten Wechselkursorientierung die Hände gebunden waren, oblag der Fiskalpolitik hier die Hauptaufgabe. ... Aufgrund öffentlicher Ausgabensteigerungen und Steuerentlastungen insbesondere der privaten Haushalte kam die Konjunktur bereits 1994 wieder spürbar in Gang. Das Wirtschaftswachstum erreichte fast 6% und blieb auch danach über dem europäischen Durchschnitt"[325]. War Dänemark zwischen 1987 und 1993 noch das Land mit den geringsten Zuwachsraten des Bruttoinlandsprodukts unter den europäischen OECD-Ländern, so führte die von der dänischen Regierung 1994 eingeleitete antizyklische Fiskalpolitik schnell zu einem Konjunkturaufschwung, der maßgeblich zu einer Besserung der Beschäftigungslage in Dänemark beitrug.[326] "Seit 1994 ist die dänische Wirtschaft stärker gewachsen als die anderer europäischer Industrienationen. Das reale Bruttoinlandsprodukt verzeichnete bis 1997 jährliche Zuwachsraten im Bereich von 3,0 bis 3,8 Prozent"[327] (siehe auch Abbildung 23). Da die

[324] Emmerich, Knut (1998): Dänemark: Arbeitsmarktflexibilität bei hoher sozialer Sicherung, in: Wirtschaftsdienst, 7/1998, S. 402.
[325] Dänemark: Erfolgreiche Arbeitsmarktpolitik in den neunziger Jahren, in: Trends Spezial (1999): Vollbeschäftigung in Deutschland - ein Wunschtraum? Juni 1999, S. 31.
[326] Vgl. Ministerium für Wirtschaft und Mittelstand, Technologie und Verkehr des Landes Nordrhein-Westfalen (Hrsg.) (1999): Elemente einer erfolgreichen Beschäftigungspolitik - Das Beispiel Dänemark, in: Konjunktur in Nordrhein-Westfalen, 2/1999, S. 22.
[327] Kröger, Martin / Suntum, Ulrich van (1999): Mit aktiver Arbeitsmarktpolitik aus der Beschäftigungsmisere? Ansätze und Erfahrungen in Großbritannien, Dänemark, Schweden und Deutschland. Gütersloh, S. 134.

Beschäftigungsschwelle[328] in Dänemark nach Berechnungen des Rheinisch-Westfälischen Institut für Wirtschaftsforschung (RWI) zwischen 1984 und 1996 bei ca. 1,5 Prozent lag, führte das wesentlich höhere Wirtschaftswachstum seit 1994 dazu, dass die Arbeitslosigkeit in Dänemark erfolgreich zurückgeführt werden konnte.[329] Nach *Döhrn / Heilemann / Schäfer* ist der Abbau der Arbeitslosigkeit in Dänemark seit 1994 demzufolge zu einem erheblichen Teil das Ergebnis eines bis in die Gegenwart andauernden Konjunkturaufschwungs, der in erster Linie durch eine antizyklische Fiskalpolitik der dänischen Regierung eingeleitet wurde.[330]

---

[328] "Unbestritten ist das Wirtschaftswachstum eine der wichtigsten Determinanten der Entwicklung der Beschäftigung in einer Volkswirtschaft. Formal darstellen kann man diesen Zusammenhang in Anlehnung an **Okun`s Law** in einer Beziehung, die die Veränderung der Beschäftigung in einer Volkswirtschaft in eine - in der Regel den Produktivitätsfortschritt widerspiegelnde und daher negative - autonome und eine wachstumsabhängige Komponente zerlegt. Aus beiden läßt sich die auch als "Beschäftigungsschwelle" bezeichnete Zuwachsrate der gesamtwirtschaftlichen Produktion - gemessen am Bruttoinlandsprodukt (BIP) - errechnen, bei der sich beide Effekte die Waage halten und über der die Beschäftigung zunimmt. Die Überprüfung von Okun`s Law für Dänemark für den Zeitraum 1970 bis 1996 führt zu dem Ergebnis, daß die Beschäftigungsschwelle langfristig bei einen Wirtschaftswachstum von 1,5 vH liegt und daß jeder Prozentpunkt Zunahme des BIP ceteris paribus die Zahl der Beschäftigten um 0,6 vH größer werden läßt", zitiert nach: Döhrn, Roland / Heilemann, Ullrich / Schäfer, Günter (1999): Dänemark - Ein "Beschäftigungswunder"? A.a.O., S. 457.

[329] Vgl. Kröger, Martin / Suntum, Ulrich van (1999): Mit aktiver Arbeitsmarktpolitik aus der Beschäftigungsmisere? A.a.O., S. 134.

[330] Vgl. Döhrn, Roland / Heilemann, Ullrich / Schäfer, Günter (1999): Dänemark - Ein "Beschäftigungswunder"? A.a.O., S. 457.

Abbildung 23[331] Reales Bruttoinlandsprodukt und Erwerbstätige in Dänemark

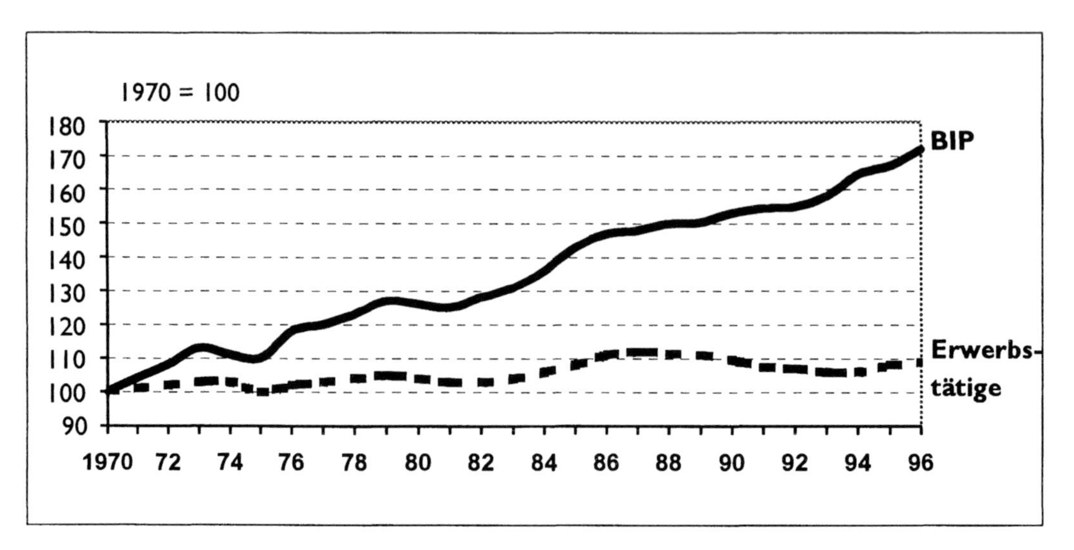

Wichtige finanzpolitische Impulse auf dem Weg zu einem höheren Wirtschaftswachstum in Dänemark gab in erster Linie eine 1994 in Kraft getretene **Steuerreform**. Daneben trug ein **Programm zur Förderung des Wachstums**, das 1993 auf den Weg gebracht wurde und bereits 1994 seine größte Wirkung erzielte, ebenfalls zur positiven Wirtschaftsentwicklung bei. "Wichtigste Elemente der Steuerreformen 1993 waren eine Senkung der nationalen Einkommenssteuer, deren Höchstsatz zwischen 1993 und 1998 schrittweise von 40 vH auf 29 vH abgesenkt wurde, bei Verbreiterung der Bemessungsgrundlage und Streichung von Steuervergünstigungen. Gleichzeitig wurde der

[331] Abbildung entnommen aus: Gemeinschaftsdiagnose (1997): Die Lage der Weltwirtschaft und der deutschen Wirtschaft im Herbst 1997, a.a.O., S. 24.

Eingangssatz von 22 auf 8 vH reduziert. Alles in allem - unter Einrechnung unveränderter lokaler Steuern - fiel die effektive Spitzenbelastung von Arbeitseinkommen von 67,7 vH (1993) auf 63,8 vH (1997). Auch wurde die Besteuerung der privaten Vermögen 1997 abgeschafft"[332]. Um die Bedeutung dieser Steuerreform richtig einschätzen zu können, muss berücksichtigt werden, dass die sozialen Leistungen in Dänemark traditionell aus dem allgemeinen Steueraufkommen finanziert werden.[333] Durch diese Finanzierungsgrundlage des Systems der sozialen Sicherung erklärt sich, allerdings vor dem Hintergrund geringer Sozialabgaben (nur etwa 3 % der Staatseinnahmen entfallen auf Sozialversicherungsbeiträge), die in Dänemark lange Zeit vorherrschende und im europäischen Vergleich relativ hohe Steuer- und Abgabenbelastung. Hierbei sind in erster Linie die Einkommen- und Mehrwertsteuer zu nennen. "Ein ausgebauter Sozialstaat führte dazu, daß die Steuer- und Abgabenbelastung der Wirtschaft zu den höchsten in der OECD gehörte, nur noch übertroffen von Schweden. Sie erreichte in Dänemark 1994 mit 56,6 vH des BIP ihren höchsten Wert, die Staatsquote, der Anteil der Staatsausgaben am BIP, lag bei 62 vH"[334].

Die 1994 einsetzende Steuerreform, die von ihrer Konzeption her ursprünglich aufkommensneutral gestaltet war, führte in der Folge zunächst zu einer spürbaren steuerlichen

[332] Ministerium für Wirtschaft und Mittelstand, Technologie und Verkehr des Landes Nordrhein-Westfalen (Hrsg.) (1999): Elemente einer erfolgreichen Beschäftigungspolitik - Das Beispiel Dänemark, a.a.O., S. 22.
[333] Siehe hierzu und zu den folgenden Ausführungen: ebd.
[334] ebd.

Entlastung der Steuerzahler (steuerliche Entlastung von 4,6 Mrd. dänischen Kronen bzw. von 0,5% des BIP).[335] Neben dieser Reform sah das 1993 in Dänemark gestartete "Wachstumsprogramm" Investitionsanreize und zusätzliche Mittel für die Arbeitsmarktpolitik vor, was zu Mehrausgaben des Staates in Höhe von 6,25 Mrd. dänischen Kronen führte (0,7% des BIP).[336] Insgesamt führten die skizzierten Reformen und Maßnahmen im Jahr 1994 zu Wachstumsimpulsen von ca. 1,2% des Bruttoinlandsprodukts.[337] "Die nachfragestimulierende Wirkung des Budgets 1994 wurde von der OECD auf rund 1,5% des Bruttoinlandsproduktes geschätzt. Damit wurde 1994 ein Wachstum des realen Bruttoinlandsproduktes von 4,4% erreicht, eine deutliche Steigerung gegenüber der Rate von 1,5% im Jahr 1993. Die Beschäftigungsentwicklung folgte der Entwicklung des Bruttoinlandsproduktes mit der im Konjunkturaufschwung üblichen zeitlichen Verzögerung. Nach den OECD-Statistiken verzeichnete die Beschäftigung 1994 noch einen leichten Rückgang. Von 1995 bis 1997 stieg sie dann um insgesamt 108.310 Personen (4,4%)"[338].

---

[335] Vgl. Gemeinschaftsdiagnose (1997): Die Lage der Weltwirtschaft und der deutschen Wirtschaft im Herbst 1997, a.a.O., S. 24.

[336] Vgl. ebd.

[337] Vgl. Ministerium für Wirtschaft und Mittelstand, Technologie und Verkehr des Landes Nordrhein-Westfalen (Hrsg.) (1999): Elemente einer erfolgreichen Beschäftigungspolitik - Das Beispiel Dänemark, a.a.O., S. 22.

[338] Emmerich, Knut (1998): Dänemark: Arbeitsmarktflexibilität bei hoher sozialer Sicherung, a.a.O., S. 403.

Abbildung 24 [339] Reales Bruttoinlandsprodukt Dänemarks

(1987 bis 1998; Veränderung gegenüber dem Vorjahr in vH)

	1987 bis 1993	1993 bis 1998	1994	1995	1996	1997	1998
Privater Verbrauch	0,8	3,9	7,1	3,2	2,7	3,6	3,2
Staatsverbrauch	0,9	2,4	2,9	2,4	2,4	2,2	2,1
Anlageinvestitionen	-2,2	7,8	7,4	12,3	4,8	10,4	4,4
• Staatliche Investitionen	-0,5	3,2	7,4	3,5	12,5	2,4	-8,4
• Private Investitionen	-5,8	5,8	8,2	3,2	5,0	8,8	4,0
• Ausrüstungsinvestitionen	-1,3	8,9	7,2	15,9	3,7	12,0	6,1
Vorratsinvestitionen (1)	-0,2	0,3	0,2	0,6	0,7	0,5	0,6
Exporte	4,1	4,6	8,2	4,7	4,2	4,3	1,7
Importe	1,7	7,9	13,2	10,8	4,2	7,6	3,9
Bruttoinlandsprodukt	1,0	3,6	5,8	3,2	3,2	3,3	2,4

(1) Anteil am BIP des Vorjahres

[339] Angaben der Abbildung entnommen aus: Ministerium für Wirtschaft und Mittelstand, Technologie und Verkehr des Landes Nordrhein-Westfalen (Hrsg.) (1999): Elemente einer erfolgreichen Beschäftigungspolitik - Das Beispiel Dänemark, a.a.O., S. 22.

Ausgelöst durch die genannten Steuersenkungen und eine gleichzeitig rückläufige Sparquote stieg vor allem der **private Verbrauch** in Dänemark sprunghaft an. Allein 1994 erfuhr dieser eine Steigerung um real ca. 7% (siehe hierzu auch Abbildung 24). Der private Verbrauch wird daher auch als treibende Kraft bei der Anregung des Wirtschaftswachstums in Dänemark betrachtet.[340]

Abbildung 25[341]

Hauptzüge der wirtschaftlichen Entwicklung Dänemarks

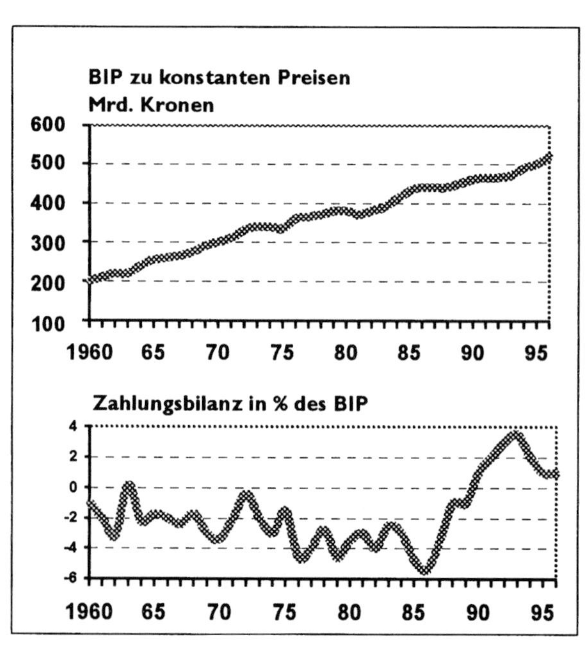

"Verbesserte Wachstumsbedingungen resultierten auch aus den großen Infrastrukturprojekten sowie aus der Privatisierung und Liberalisierung im Telekommunikations- und Verkehrsbereich sowie im Bankensektor. In den vier Jahren seit Beginn des gegenwärtigen Aufschwungs stiegen die Investitionen jedenfalls stärker als im vorherigen, und auch die Investitionsquote im Unternehmenssektor nimmt in der Grundtendenz zu. Die Beschäftigung, die auch in der vorherigen Belebungsphase mit der Investitionstätigkeit

[340] Vgl. Döhrn, Roland / Heilemann, Ullrich / Schäfer, Günter (1999): Dänemark - Ein "Beschäftigungswunder"? A.a.O., S. 457.
[341] Abbildung entnommen aus: Königlich Dänisches Ministerium des Äußeren (Hrsg.) (1999): Dänemark. Kopenhagen; http://www.um.dk/danmark/denmark

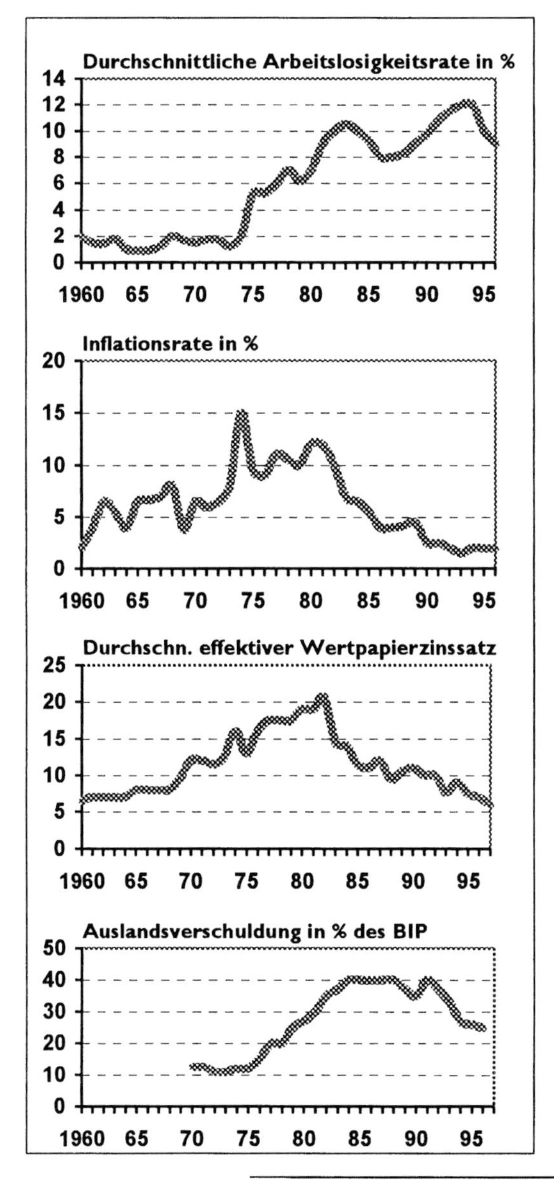

stieg, wurde dabei rascher ausgeweitet als früher"[342].

Nachdem die dänische Wirtschaft durch die skizzierten Reformen und Maßnahmen eine erfolgreiche Stimulierung erfahren hatte, wurde in den Folgejahren der expansive Impuls schrittweise zurückgefahren und eine Phase der Konsolidierung eingeleitet. Bewerkstelligt wurde dies auf der Ausgabenseite in erster Linie durch das Auslaufen einiger zuvor eingeführter Programme (alle ergriffenen Maßnahmen waren zeitlich begrenzt), "auf der Einnahmenseite durch die Einführung von Sozialversicherungsbeiträgen der Unternehmen und deren sukzessive Anhebung, die Erweiterung der Bemessungsgrundlage und den Abbau von Vergünstigungen bei der Einkommenssteuer sowie nicht zuletzt durch die Einfüh-

[342] Gemeinschaftsdiagnose (1997): Die Lage der Weltwirtschaft und der deutschen Wirtschaft im Herbst 1997, Berlin, a.a.O., S. 24.

rung von Öko-Steuern und anderer 'Grüner Abgaben', deren Anteil an den Staatseinnahmen von 10 auf 15 vH stieg"[343]. Der nach 1994, ausgelöst durch die Fiskalpolitik, einsetzende wirtschaftliche Aufschwung in Dänemark wurde zu einer weitreichenden **Konsolidierung der Staatsfinanzen** genutzt. Im Zeitraum von 1994 bis 1997 sank das Haushaltsdefizit in Dänemark von 5,5% auf 1,1% des Bruttoinlandsprodukts.[344] Bereits 1997 wurde erstmalig ein Haushaltsüberschuss erreicht, der, ebenso wie die für die Zukunft prognostizierten Haushaltsüberschüsse, zur Reduzierung der Staatsverschuldung verwendet werden soll. Ein vollständiger Abbau der Staatsverschuldung wird in Dänemark bis 2010/2015 anvisiert.

Die 1994 in Dänemark in Kraft getretene Steuerreform wurde, vor dem Hintergrund weiterer Bemühungen um die Reduzierung der Staatsverschuldung, 1998 mit einer neuen Steuerreform fortgesetzt. Bis zum Jahr 2002 werden durch diese Steuerreform die Spitzen- und Eingangssteuersätze bei der Einkommensteuer weiter reduziert, wenngleich auch nicht im gleichen Ausmaß wie bei der Reform 1994.[345] Die Einkommensteuersätze der Unternehmen werden von 34 % auf 30 % reduziert und die sog. "Grünen Steuern" (Steuern auf Wasser und Abwasser, Strom, Brennstoffe) nochmals

[343] Döhrn, Roland / Heilemann, Ullrich / Schäfer, Günter (1999): Ein dänisches "Beschäftigungswunder"? A.a.O., S. 316.
[344] Vgl. auch zu den folgenden Ausführungen Emmerich, Knut (1998): Dänemark: Arbeitsmarktflexibilität bei hoher sozialer Sicherung, a.a.O., S. 403.
[345] Vgl. hierzu und zu den folgenden Ausführungen Ministerium für Wirtschaft und Mittelstand, Technologie und Verkehr des Landes Nordrhein-Westfalen (Hrsg.) (1999): Elemente einer erfolgreichen Beschäftigungspolitik - Das Beispiel Dänemark, a.a.O., S. 22.

erhöht. Im Gegensatz zur Steuerreform 1994, die nicht vollständig gegenfinanziert gewesen ist, wurde bei den neuen Reformbemühungen auf eine stärkere Gegenfinanzierung Wert gelegt, die vor allem durch einen weiteren Wegfall von Steuervergünstigungen erreicht werden soll.

Die vorstehende Darstellung macht deutlich, dass das seit 1994 in Dänemark zu verzeichnende Wirtschaftswachstum maßgeblich auf eine vorübergehend expansive Fiskalpolitik, die u.a. starke Wachstumsimpulse gab und das dänische Steuer- und Abgabensystem reformierte, zurück zu führen ist. Diese seit 1994 einsetzenden positiven Wachstumsbedingungen und die daraus resultierende stärkere gesamtwirtschaftliche Expansion ermöglichte der dänischen Wirtschaft in der Folgezeit, den erzeugten Angebotsdruck der Arbeitslosen zu absorbieren.[346] "Wesentlichen Anteil an der Besserung der Beschäftigungslage hatte, daß Dänemark 1994 zu einem steileren Wachstumspfad zurückfand. ... Langfristige Analysen des Zusammenhangs von Wachstum und Beschäftigung in Dänemark lassen jedenfalls den Schluß zu, daß die Zunahme der Zahl der Erwerbstätigen seit 1994 etwa zur Hälfte auf das wieder kräftigere Wirtschaftswachstum zurückzuführen ist"[347].
Der dänische Beschäftigungserfolg seit 1994 erhält zusätzlich einen besonderen Stellenwert, wenn berücksichtigt wird, dass dieser Erfolg mit einer der höchsten **Erwerbs-**

[346] Vgl. Döhrn, Roland / Heilemann, Ullrich / Schäfer, Günter (1999): Ein dänisches "Beschäftigungswunder"? A.a.O., S. 322.
[347] Ministerium für Wirtschaft und Mittelstand, Technologie und Verkehr des Landes Nordrhein-Westfalen (Hrsg.) (1999): Elemente einer erfolgreichen Beschäftigungspolitik - Das Beispiel Dänemark, a.a.O., S. 23.

beteiligungsraten Europas verbunden ist.[348] So weist Dänemark innerhalb der OECD mit über 80 % eine der höchsten Erwerbsquoten der westlichen Welt auf.[349] "Bei der für die Finanzierung der Sozialsysteme wichtigen Beschäftigungsquote nimmt es ebenfalls einen Spitzenplatz ein. So waren 1997 über 75 Prozent der Erwerbspersonen in Beschäftigung, in Deutschland waren es lediglich 63,5 Prozent. Differenziert nach Alter zeigen sich wie in Deutschland deutliche Generationseffekte. In Dänemark ist es aber gelungen, einen wesentlich höheren Anteil der 55-64jährigen in Beschäftigung zu bringen. Die Beschäftigungsquote in dieser Altersgruppe lag 1997 rund 14 Prozentpunkte über der entsprechenden deutschen Quote. Auch bei den Geringqualifizierten ist die Quote rund zehn Prozentpunkte höher als in Deutschland"[350].

Nach *Döhrn / Heilemann / Schäfer* spiegelt die Entwicklung der **Erwerbstätigkeit** in Dänemark die der Arbeitslosigkeit jedoch nicht vollständig wider.[351] So nahm die Zahl der Erwerbstätigen aufgrund des konjunkturellen Aufschwungs Mitte der 80er Jahre auch vor dem Hintergrund steigender Erwerbslosenzahlen kräftig zu. Allein im Zeitraum zwischen 1981 und 1987 stieg die Zahl der Erwerbstätigen in Dänemark um 290.000 auf 2,65 Mio. Personen (dies entspricht

[348] Vgl. Schmid, Günther / Schömann, Klaus (Hrsg.) (1999): Von Dänemark lernen. Learning from Denmark. Einführende Zusammenfassung, a.a.O.
[349] Vgl. Emmerich, Knut (1999): Der Preis für mehr Beschäftigung, a.a.O., S. 33.
[350] ebd., S. 33.
[351] Vgl. Döhrn, Roland / Heilemann, Ullrich / Schäfer, Günter (1999): Ein dänisches "Beschäftigungswunder"? A.a.O., S. 314.

ca. 12 % der Erwerbstätigen; siehe auch Abbildung 26).[352] "Diese Zunahme wurde durch die außerordentlich starke Expansion der Beschäftigung im öffentlichen Sektor getragen, dessen Anteil an den Erwerbstätigen insgesamt zwischen 1970 und 1980 von 17 vH auf 31 vH gestiegen war: danach blieb er annähernd konstant"[353]. Seit dem Ende der 80er Jahre ging die Zahl der Beschäftigten jedoch wieder kontinuierlich bis zum Jahr 1994 zurück. Unter Berücksichtigung aller zyklischen Schwankungen hat sich der Beschäftigungsstand in Dänemark im Zeitraum von 1981 bis 1993 insgesamt um etwa 160.000 Personen erhöht.[354]

Abbildung 26 [355]
Erwerbstätigkeit und Arbeitslosigkeit in Dänemark

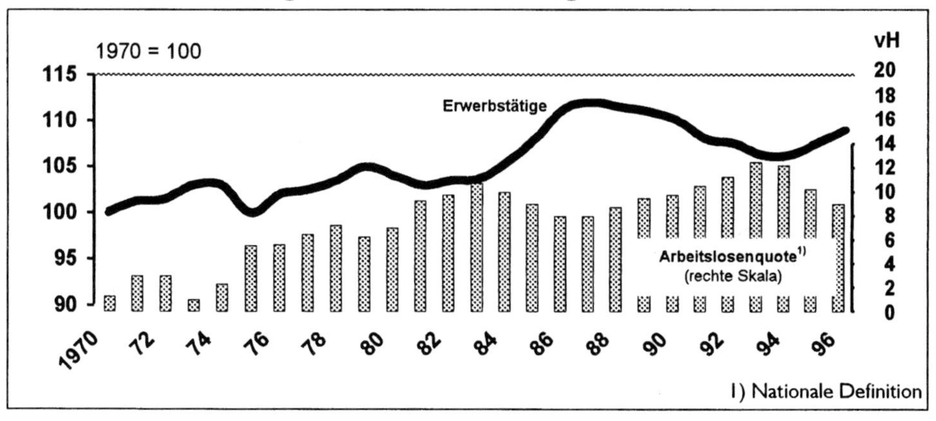

1) Nationale Definition

[352] Vgl. Kröger, Martin / Suntum, Ulrich van (1999): Mit aktiver Arbeitsmarktpolitik aus der Beschäftigungsmisere? A.a.O., S. 136.
[353] Döhrn, Roland / Heilemann, Ullrich / Schäfer, Günter (1999): Ein dänisches "Beschäftigungswunder"? A.a.O., S. 314.
[354] Vgl. Kröger, Martin / Suntum, Ulrich van (1999): Mit aktiver Arbeitsmarktpolitik aus der Beschäftigungsmisere? A.a.O., S. 136f.
[355] Abbildung entnommen aus: Gemeinschaftsdiagnose (1997): Die Lage der Weltwirtschaft und der deutschen Wirtschaft im Herbst 1997, A.a.O., S. 23.

Diese Zunahme der Erwerbstätigkeit konnte einen Anstieg der Arbeitslosigkeit im selben Zeitraum, wie oben bereits dargestellt, jedoch nicht aufhalten. Erst das 1994 einsetzende starke Wirtschaftswachstum vermochte eine positive Trendwende am dänischen Arbeitsmarkt einzuleiten. Seither ist die Anzahl der Beschäftigten, allerdings mit einer Zeitverzögerung von etwa einem Jahr bedingt durch den erst beginnenden konjunkturellen Aufschwung, kontinuierlich gestiegen. Seit Mitte 1994 bis 1997 konnte in Dänemark eine Erhöhung der Erwerbstätigkeit um ca. 4,9% bzw. 122.000 Personen registriert werden.[356] "Dies ist indes weniger als der Rückgang der Zahl der Arbeitslosen, was darauf hindeutet, daß auch andere Faktoren - wie das Erwerbsverhalten, demographische Einflüsse sowie arbeitsmarktpolitische Maßnahmen - zum Abbau der Arbeitslosigkeit beigetragen haben"[357]. Zu einer ähnlichen Einschätzung kommen auch *Kröger / van Suntum*, die die Differenz zwischen Erhöhung der Erwerbstätigkeit auf der einen Seite und dem gleichzeitig jedoch stärkeren Rückgang der Arbeitslosenzahl in Dänemark auf der anderen Seite vor allem den 1994 einsetzenden Vorruhestandsprogrammen zurechnen und daher insgesamt zu einer etwas nüchterneren Beurteilung des dänischen Beschäftigungserfolgs gelangen: "Die standardisierte Arbeitslosenquote ist von 1993 auf 1994 signifikant gesunken, obwohl die gesamtwirtschaftliche Beschäftigung ebenfalls rückläufig gewesen ist. Dieser auf den ersten Blick paradox erscheinende Sachverhalt ist hauptsächlich durch staatliche Frühverrentungsprogramme - also eine Reduzierung des Arbeitsangebots - zu erklären. Unter Rückgriff auf

---

[356] Vgl. Döhrn, Roland / Heilemann, Ullrich / Schäfer, Günter (1999): Ein dänisches "Beschäftigungswunder"? A.a.O., S. 314.
[357] ebd.

statistische Daten der OECD läßt sich zeigen, daß der Abbau der Arbeitslosigkeit in Dänemark spürbar geringer ausfällt, wenn der Betrachtung eine um Vorruhestandsregelungen bereinigte Arbeitslosenquote zugrunde gelegt wird"[358]. Die Erfolge bei der Reduzierung der Arbeitslosigkeit in Dänemark nach 1993 stehen demnach in einem anderen Licht, wenn die offizielle dänische Arbeitslosenquote um die Entlastungseffekte der aktiven Arbeitsmarktpolitik erweitert wird.[359] Diese **"erweiterte"** oder **"breite" Arbeitslosigkeit**, die alle in Dänemark durchgeführten Qualifizierungs-, Arbeitsplatzbeschaffungs-, Rotations- und Vorruhestandsprogramme etc. berücksichtigt, zeigt, dass die tatsächliche Erwerbslosigkeit auch in Dänemark weitaus höher ist als die offiziell registrierte. "Während die offizielle Rate im Jahr 1998 lediglich 6,6 vH betrug, ergaben sich erweiterte Arbeitslosenquoten in Höhe von 10,5 bzw. 15,1 vH. Diese deutlichen Niveauunterschiede sind für die gesamten neunziger Jahre kennzeichnend. Auch im internationalen Vergleich nimmt die arbeitsmarktpolitische Korrektur der dänischen Arbeitslosenquote eine Spitzenstellung ein, wie eine Analyse der Europäischen Kommission für das Jahr 1996 zeigt: Danach beträgt die Differenz zwischen offizieller und um aktive Arbeitsmarktpolitik und Vorruhestandsprogramme bereinigter Quote in Dänemark 13,6, in Deutschland 5,4, in den Niederlanden 9,3 und im Vereinigten Königreich

[358] Kröger, Martin / Suntum, Ulrich van (1999): Mit aktiver Arbeitsmarktpolitik aus der Beschäftigungsmisere? A.a.O., S. 137f.
[359] Zur Reform der Arbeitsmarktpolitik und zum Einsatz (neuer) arbeitsmarktpolitischer Instrumente in Dänemark siehe ausführlich Kapitel 5.3.

4,7 Prozentpunkte"[360]. Allein das 1993 von der dänischen Regierung beschlossene **Vorruhestandsprogramm**, das zusätzlich zu den bereits bestehenden Regelungen befristet bis 1996 eingeführt wurde, hatte demnach großen Anteil an der Reduzierung der Arbeitslosigkeit. Die Inanspruchnahme des Vorruhestands wurde im genannten Zeitraum durch dieses Programm massiv gefördert. So nutzten ca. 40.000 bzw. knapp 2% der abhängig Beschäftigten in Dänemark zwischen 1993 und 1996 diese Möglichkeit des Vorruhestands.[361] Im Jahr 1998 gab es in Dänemark insgesamt

Abbildung 27[362] Bevölkerung und Erwerbstätige in Dänemark

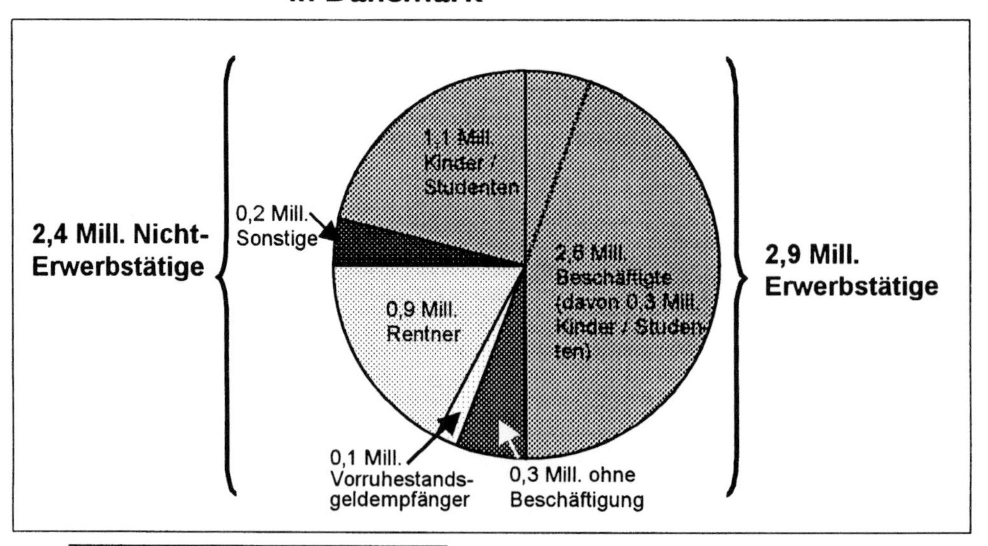

[360] Schrader, Klaus (1999): Dänemarks Weg aus der Arbeitslosigkeit: Vorbild für andere? A.a.O., S. 214.
[361] Vgl. Gemeinschaftsdiagnose (1997): Die Lage der Weltwirtschaft und der deutschen Wirtschaft im Herbst 1997, a.a.O., S. 26;
[362] Abbildung entnommen aus: Königlich Dänisches Ministerium des Äußeren (Hrsg.) (1999), a.a.O.

179.000 Vorruhestandsgeld-Empfänger (siehe auch Abbildung 27).[363]

Neben den skizzierten Entlastungseffekten durch das zusätzliche Vorruhestandsprogramm erfuhr der dänische Arbeitsmarkt vor allem durch neu entwickelte Politikinstrumente, die im Rahmen der 1994 in Kraft getretenen Reform der Arbeitsmarktpolitik erstmals eingeführt wurden, wesentliche Entlastungsimpulse. In diesem Zusammenhang sind in erster Linie drei **Beurlaubungsmodelle** zu nennen, die bereits kurz nach ihrer Einführung 1994/95 dazu beitrugen, dass die Arbeitslosigkeit in Dänemark deutlich gesenkt werde konnte. "Besondere Bedeutung für den Abbau der Arbeitslosigkeit kommt den Regelungen über den Erziehungs-, Bildungs- und Sabbaturlaub zu, mit denen auch bevölkerungs-, sozial- und bildungspolitische Ziele verfolgt werden. Der Bildungsurlaub stellt dabei auch den Versuch dar, die 'Last' der Qualifizierung zum Teil von den Arbeitslosen auf die Beschäftigten zu verlagern. Unter arbeitsmarktpolitischen Aspekten sollen diese drei Beurlaubungsmodelle die Eingliederung von Arbeitslosen in den regulären Arbeitsmarkt erleichtern, da sie ein 'Training on the Job' ermöglichen und eine 'Job-Rotation' fördern. Zudem erhofft man von den Beurlaubungsmodellen, daß sie zur Besserung des Qualifikationsniveaus genutzt werden"[364]. 1995 und 1996 konnten in Dänemark pro Jahr 65.000 TeilnehmerInnen an den Beurlaubungsmodellen gezählt werden. Das heißt, dass

[363] Vgl. Kröger, Martin / Suntum, Ulrich van (1999): Mit aktiver Arbeitsmarktpolitik aus der Beschäftigungsmisere? A.a.O., S. 138.
[364] Döhrn, Roland / Heilemann, Ullrich / Schäfer, Günter (1999): Ein dänisches "Beschäftigungswunder"? A.a.O., S. 321.

in diesen beiden Jahren jeweils ca. 2,5% der Erwerbstätigen an ihnen teilgenommen hat.[365] Besondere Bedeutung erlangte hierbei der Erziehungsurlaub, da diese Variante der Beurlaubungsmodelle in großem Umfang auch von (weiblichen) Erwerbslosen genutzt wurde, was zu einer erheblichen Reduzierung der Arbeitslosenquote führte. Darüber hinaus erklärt sich aus diesem Sachverhalt eine zu dieser Zeit feststellbare deutlich sinkende Erwerbsquote insbesondere von Frauen. "Nimmt man die Auswirkungen der beiden wichtigsten Neuerungen der Arbeitsmarktpolitik zusammen - 40.000 zusätzliche Vorruheständler und 65.000 vorübergehend Beurlaubte -, so läßt sich zumindest der Rückgang der Zahl der Arbeitslosen zwischen 1994 und 1996 um 98.000 nahezu vollständig durch die entsprechenden Programme erklären. Kurzfristig erhöhte die neue Arbeitsmarktpolitik also nicht die Zahl der Arbeitsplätze, sondern sie **verteilte** die **vorhandene Arbeit** lediglich **auf mehr Personen**"[366].

Nach *Schrader* macht die Steigerung des Umfangs der arbeitsmarktpolitischen Entlastung der dänischen Arbeitslosenstatistik zwischen 1994 und 1998 um 9% deutlich, dass es trotz des erfolgten Konjunkturaufschwungs in Dänemark und die damit einhergehende Reduzierung der Arbeitslosigkeit dennoch nicht möglich wurde, die massiven staatlichen Interventionen zu reduzieren oder gar obsolet werden zu

[365] Vgl. auch zu den folgenden Ausführungen: Gemeinschaftsdiagnose (1997): Die Lage der Weltwirtschaft und der deutschen Wirtschaft im Herbst 1997, a.a.O., S.26;
[366] Döhrn, Roland / Heilemann, Ullrich / Schäfer, Günter (1999): Dänemark - Ein "Beschäftigungswunder"? A.a.O., S. 459.

lassen.[367] Sie sind demzufolge im genannten Zeitraum unabdingbare Bestandteile des dänischen Beschäftigungserfolges geblieben. Der Umfang staatlicher Interventionen bzw. arbeitsmarktpolitischer Korrekturen im Verhältnis zur registrierten Arbeitslosigkeit erfuhr im genannten Zeitraum nicht nur keine Reduzierung, sondern ist sogar signifikant gestiegen (siehe Abbildung 28).

Abbildung 28[368] Registrierte Arbeitslosigkeit und arbeitsmarktpolitischer Korrekturumfang 1994-1998 (Anteile in vH)[(a)]

	1994	1995	1996	1997	1998 [(b)]
Registrierte Arbeitslosigkeit	59,3	52,8	48,9	46,6	41,6
Arbeitsmarktpolitischer Korrekturumfang	40,7	47,2	51,1	53,4	58,4
• Qualifizierung	11,6	9,9	11,3	11,6	12,7
• Arbeitsplatzbeschaffung	2,7	2,7	3,0	3,8	3,4
• Rotation	6,4	11,9	9,7	7,6	7,5
• Sonstige Aktivierungsprogramme	0,4	0,6	0,7	0,9	1,0
• Vorruhestand	19,5	22,1	26,4	29,5	33,8

(a) Bezogen auf die Gesamtheit von registrierten Arbeitslosen und Teilnehmern an arbeitsmarktpolitischen Maßnahmen, die zu einer Entlastung der Arbeitslosenstatistik führen; Jahresdurchschnittswerte.- (b) Schätzung auf der Basis 1.-3. Quartal 1998 bei den arbeitsmarktpolitischen Maßnahmen.

[367] Vgl. Schrader, Klaus (1999): Dänemarks Weg aus der Arbeitslosigkeit: Vorbild für andere? A.a.O., S. 215f.

[368] Zahlenquelle: Danmarks Statistik, entnommen aus: ebd., S. 216.

Schrader kommt daher insgesamt bei der Beurteilung der dänischen Arbeitsmarktpolitik der vergangenen Jahre zu einem eher kritischen Resumée: "Es entsteht darüber hinaus der Eindruck, daß die Arbeitsmarktpolitik immer weniger eine Brücke zum regulären Arbeitsmarkt schlägt, sondern verstärkt als Reservoir für schwer integrierbare Arbeitslose dient, an denen der Aufschwung vorbeigeht. Ein deutlicher Hinweis auf eine solche Entwicklung ist der kontinuierliche Anstieg der Teilnehmer an Vorruhestandsprogrammen, die bis 1998 schon mehr als ein Drittel der Arbeitslosen auf Basis des Konzepts der erweiterten Arbeitslosigkeit ausmachten. Bei dieser Art von Arbeitsmarktpolitik ist von vornherein nicht an eine Reintegration von Arbeitskräften gedacht, sondern lediglich an eine Rückführung des Arbeitsangebots"[369]. Als (vordergründiger) Vorteil einer solchen "Zurückführung" des Arbeitsangebots durch Vorruhestandsprogramme bleibt für *Schrader* lediglich eine Entlastung der dänischen Arbeitslosenstatistik, die er jedoch in dieser Form als bloße statistische Schönfärberei oder Verstecken von Arbeitslosigkeit beurteilt.[370]

Folgt man *Schraders* Einschätzung, verliert das "dänische Modell" auch vor dem Hintergrund der zuvor skizzierten Erfolge bei der Reduzierung der Arbeitslosigkeit einiges an Glanz, und noch wichtiger: es verliert auch den vermeintlichen Vorbildcharakter für die Lösung der Probleme am bundesdeutschen Arbeitsmarkt. Denn vor allem die mittel- und langfristige finanzielle Belastung durch die zwischen 1993 und 1996 massiv betriebene Frühverrentung in Däne-

[369] ebd., S. 216.
[370] Vgl. auch zu den folgenden Ausführungen ebd., S. 231.

mark sowie ein Abflachen des wirtschaftlichen Aufschwungs wird aller Voraussicht nach in Zukunft zeigen, "daß die Brücken aus der Arbeitslosigkeit auf keinem festen Fundament stehen, sondern daß in Dänemark auf Sand gebaut wurde"[371].

Wie in den vorherigen Ausführungen bereits kurz umrissen wurde, müssen neben den arbeitsmarktpolitischen Maßnahmen auch andere Faktoren zum Abbau der Arbeitslosigkeit in Dänemark beigetragen haben, denn der kontinuierliche Anstieg der Zahl der Erwerbstätigen seit 1994 allein kann den in einem höheren Ausmaß erfolgten Rückgang der Arbeitslosenzahl nicht vollständig erklären. So steht nach *Emmerich* dem Rückgang der Arbeitslosigkeit in Dänemark in Höhe von 148 000 Personen seit 1994 ein Beschäftigungszuwachs von nur 108.000 Arbeitsplätzen gegenüber.[372] Zusätzliche Faktoren, zu nennen sind hier neben den arbeitsmarktpolitischen Maßnahmen vor allem demographische Einflüsse, Wanderungen, das Erwerbsverhalten etc., hatten demnach ebenfalls einen Einfluss auf die dänische Beschäftigungsentwicklung. "Demographische Faktoren erklären vor allem von 1975 bis 1990 einen Teil der beschriebenen Entwicklung. In diesem Zeitraum nahm der Anteil der Personen im erwerbsfähigen Alter an der Gesamtbevölkerung um etwa 3,5 vH-Punkte zu. Bei unverändertem Erwerbsverhalten und ohne Berücksichtigung etwaiger Rückwirkungen auf die Arbeitskräftenachfrage hätte die Zahl der Arbeitslosen dadurch 1990 um 100.000 höher gelegen als 1975. In den neunziger Jahren sind indes keine

[371] ebd., S. 231.

[372] Vgl. Emmerich, Knut (1998): Dänemark: Arbeitsmarktflexibilität bei hoher sozialer Sicherung, a.a.O., S. 405.

nennenswerten Auswirkungen demographischer Faktoren auf den Arbeitsmarkt erkennbar"[373]. Ein anderes Bild ergibt sich bei einer Analyse der Veränderungen der dänischen Arbeitsmarktstrukturen nach 1993 (siehe auch Abbildung 29). Hierbei wird zunächst deutlich, dass sich in der Zeitspanne von 1993 bis 1997 die Zahl der Nicht-Erwerbspersonen deutlich erhöht hat. "Es war weder möglich, den Zuwachs der arbeitsfähigen Bevölkerung in den Kreis der Erwerbspersonen aufzunehmen, noch das bestehende Erwerbspersonenniveau zu halten. In diesem Zusammenhang fällt auf, daß verstärkt Frauen zu den Nicht-Erwerbspersonen zählen. So bietet sich insgesamt das Bild eines schrumpfenden Arbeitsmarktes"[374].

Abbildung 29[375]

Veränderungen auf dem dänischen Arbeitsmarkt 1994-1997

(in Tausend Personen)[(a)]

	Insges.	Männer	Frauen
Arbeitsfähige Bevölkerung (b)	44,7	22,3	22,4
Nicht-Erwerbspersonen	83,7	30,5	53,2
Erwerbspersonen	-39,0	-8,2	-30,8
Erwerbslose	-129,8	-68,2	-61,5
Erwerbstätige	90,8	60,0	30,7
Status			
• abhängig Beschäftigte	106,4	66,7	39,8
• Selbstständige	-8,3	-6,7	-1,7
• hierunter Arbeitgeber (c)	-0,2	-0,4	0,2
• Mitarbeitende Familienangestellte	-7,3	0,0	-7,4
Arbeitszeit(d)			
• Vollzeitbeschäftigte	137,1	57,0	80,1
• Teilzeitbeschäftigte(e)	-30,6	9,7	-40,3
Sektoren			
• primär	-10,4	-6,2	-4,3
• sekundär	29,8	28,6	1,2
• tertiär	74,8	39,6	35,2

[373] Döhrn, Roland / Heilemann, Ullrich / Schäfer, Günter (1999): Ein dänisches "Beschäftigungswunder"? A.a.O., S. 314.
[374] Schrader, Klaus (1999): Dänemarks Weg aus der Arbeitslosigkeit: Vorbild für andere? A.a.O., S. 208.
[375] Zahlenquelle: Danmarks Statistik, entnommen aus: ebd., S. 209.

Legende Abb. 29:
(a) Auf der Basis der absoluten Veränderung vom Anfangs- zum Endjahr des jeweiligen Untersuchungszeitraums; Stichtagswerte zum 1. Januar jeden Jahres.- (b) Zivilpersonen im Alter von 16-66 Jahren.- (c) Schätzung für das Jahr 1997.- (d) Bezogen auf die abhängig Beschäftigten.- (e) Mit einer wöchentlichen Arbeitszeit von weniger als 31 Stunden.

Bezogen auf den Zeitraum zwischen 1993 und 1997 konstatiert *Schrader* jedoch auch positive Entwicklungen innerhalb der Veränderungen auf dem dänischen Arbeitsmarkt: "Zweitens ist ein Rückgang der Erwerbslosenzahlen zu beobachten, der sich trotz rückläufiger Erwerbspersonenzahl zum größeren Teil aus einem Anstieg der Erwerbstätigkeit erklärt. Diese positive Entwicklung betrifft ausschließlich abhängig Beschäftigte, die einer Vollzeittätigkeit nachgehen. Das heißt, daß der Beschäftigungszuwachs keinesfalls ein Resultat von Arbeitsplatzteilung war. Die Teilzeitbeschäftigung - ein Erfolgsrezept gegen die Arbeitslosigkeit etwa in den Niederlanden - geht in Dänemark sogar zurück"[376].

Keinen großen Einfluss übten in der Vergangenheit **Zuwanderungen** auf den dänischen Arbeitsmarkt aus. So lag die Nettozuwanderung der letzten Jahre jeweils bei nur ca. 10.000 Personen.[377] Für 1994 ließ sich eine Gesamtzahl von ca. 80.000 ausländischen Arbeitnehmern in Dänemark feststellen, dies entsprach weniger als 3% der Erwerbspersonen. Entsprechend dieser geringen Zuwanderungsquote erlangten Wanderungstendenzen keine große Bedeutung für eine Veränderung des Arbeitskräfteangebots in Dänemark. "In der Bundesrepublik waren demographische Einflüsse

[376] ebd.

[377] Vgl. auch zu den folgenden Ausführungen Döhrn, Roland / Heilemann, Ullrich / Schäfer, Günter (1999): Ein dänisches "Beschäftigungswunder"? A.a.O., S. 314.

insbesondere zwischen 1975 und 1983 für den damals kräftigen Anstieg des Angebots an Arbeitskräften maßgeblich. Wanderungen waren bereits in den fünfziger und sechziger Jahren (Gastarbeiter) von Bedeutung und sie gewannen in den achtziger und neunziger Jahren (Aussiedler und Asylbewerber) zusätzlich an Einfluß. 1996 waren in Westdeutschland etwa 3 Mill. Ausländer beschäftigt, das sind etwa 10 vH aller Erwerbspersonen. Ihr Anteil an den Arbeitslosen lag deutlich höher, bei etwa einem Sechstel, worin allerdings neben Nachteilen bei der Qualifikation vor allem die hohe Konzentration der Ausländerbeschäftigung auf 'alte', schrumpfende bzw. zyklisch sensible Industrien zum Ausdruck kommt"[378].

Maßgeblichen Einfluss auf die Veränderung des Arbeitskräfteangebots hatte das **Erwerbsverhalten** in Dänemark. So nahm die **Erwerbsquote** - ausgehend von einem international bereits hohem Niveau - aufgrund einer deutlich steigenden Erwerbsbeteiligung der Frauen zwischen 1970 und 1987 insgesamt von ca. 75% auf fast 82% zu.[379] Die Erwerbsquote der Frauen stieg in den 80er Jahren kontinuierlich an. Heute sind in Dänemark drei von vier Frauen zwischen 15 und 64 Jahren erwerbstätig. In Westdeutschland dagegen beträgt die Quote weniger als 60%. Nach *Fuhrmann* sind derzeit in Dänemark nur drei Prozent aller Frauen im erwerbsfähigen Alter ausschließlich im häuslichen Bereich tätig. "Trotz der geographischen Nähe (zu Deutschland, Anm. d.V.) sind die Verhältnisse in Dänemark von Grund auf anders. Nur drei Prozent aller Frauen im erwerbsfähigen

[378] ebd.
[379] Vgl. auch zu den folgenden Ausführungen ebd., S. 314f.

Alter sind "Hausfrauen", es gibt keinen Familienlohn, dafür aber sehr gut ausgebaute Kinder- und Altenbetreuungsmöglichkeiten. Leitbilder sind die erwerbstätige Person und die Doppelverdienerfamilie. Von einer geschlechtsgebundenen Verdrängung vom Arbeitsmarkt kann nicht gesprochen werden ..."[380]. Betrachtet man jedoch die Struktur der Arbeitslosigkeit in Dänemark, so wird deutlich, dass die Arbeitslosenquote der Frauen seit 1982 konstant zwischen 2 und 3 % über derjenigen der Männer liegt.[381] "Dieser Sachverhalt erklärt sich aus zwei Umständen: Erstens arbeitet ein nennenswerter Teil der weiblichen Bevölkerung im öffentlichen Dienstleistungssektor. Die starke Expansion des Staatssektors, die viele Arbeitsmöglichkeiten für Frauen geschaffen hatte, war zu Beginn der 80er Jahre beendet. Zweitens hat sich die Erwerbsneigung der Frauen in den vergangenen Jahren deutlich verändert. Immer mehr von ihnen möchten einer Tätigkeit im regulären Arbeitsmarkt nachgehen. Deshalb hat sich das Arbeitsangebot der Frauen signifikant erhöht, es konnte jedoch nicht vollständig vom Markt absorbiert werden"[382] (siehe auch Abbildung 30).

---

[380] Fuhrmann, Nora (1999): Emanzipation am Arbeitsmarkt: dänische Reformkonzepte, in: WIP Schwerpunktheft: Frauen und Arbeitsmarkt, WIP Occasional Paper des Arbeitsbereichs Politische Wirtschaftslehre und Vergleichende Politikfeldanalyse, Institut für Politikwissenschaft der Universität Tübingen, Nr. 4, 1999, S. 5.
[381] Vgl. Kröger, Martin / Suntum, Ulrich van (1999): Mit aktiver Arbeitsmarktpolitik aus der Beschäftigungsmisere? A.a.O., S. 140.
[382] ebd.

Abbildung 30[383] Beschäftigung

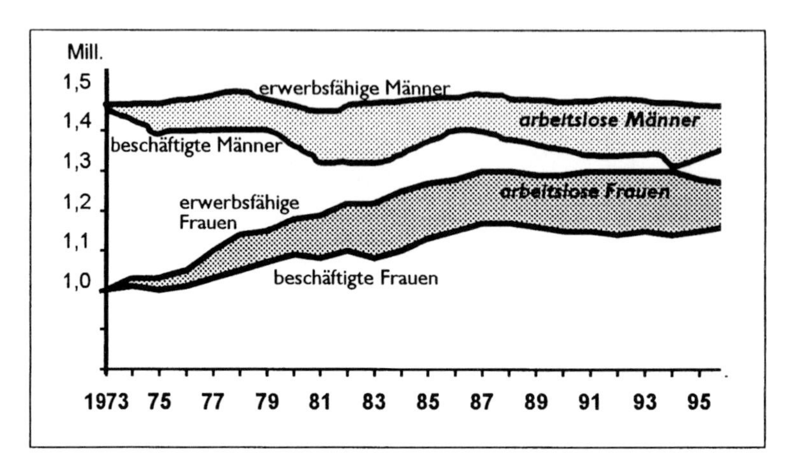

Die zuvor gemachten Aussagen machen deutlich, dass die demographisch bedingte Zunahme der Bevölkerung im erwerbsfähigen Alter sowie der Anstieg der Erwerbsbeteiligung die Zunahme der Arbeitslosigkeit in Dänemark im Verlauf der 70er Jahre bis zu Beginn der 80er Jahre trotz steigender Beschäftigung erklären.[384] "Spiegelbildlich zu dieser Entwicklung war auch der Rückgang der Arbeitslosigkeit nach 1994 von einer nun sinkenden Erwerbsquote begleitet, besonders markant bei den Frauen. Dies dürfte im Zusammenhang mit den nach 1992 ergriffenen arbeitsmarktpolitischen Maßnahmen (Beurlaubungsmodelle, Frühverrentung) stehen, von denen (...) Frauen offenbar besonders intensiv Gebrauch machten"[385].

---

[383] Abbildung entnommen aus: Königlich Dänisches Ministerium des Äußeren (Hrsg.) (1999), a.a.O.
[384] Vgl. Döhrn, Roland / Heilemann, Ullrich / Schäfer, Günter (1999): Ein dänisches "Beschäftigungswunder"? A.a.O., S. 315.
[385] Vgl. ebd.

Neben den bisher genannten Faktoren, die in unterschiedlichem Ausmaß zur Besserung auf dem dänischen Arbeitsmarkt beigetragen haben, muss auch die **moderate Lohnpolitik** in Dänemark genannt werden, die sich ebenfalls beschäftigungssteigernd ausgewirkt hat. Besonders bemerkenswert an der dänischen Lohnpolitik der 90er Jahre ist der Umstand, dass in den vergangenen Jahren auch vor dem Hintergrund eines starken und lang andauernden Wirtschaftswachstums ein moderater Kurs in der Lohnpolitik weiterverfolgt und darüber hinaus die Lohnfindung flexibler gestaltet worden ist.[386] "Die Lohnsteigerungen haben sich in Dänemark wie in den meisten Industrieländern im Laufe der vergangenen 25 Jahre merklich abgeflacht. Seit 1992 stiegen die Löhne nominal stets mit Raten zwischen 2 und 4 vH, wobei der Zuwachs in den Jahren 1993 und 1994 nominal wie real unter dem der Produktivität lag, die Lohnstückkosten also deutlich sanken"[387] (siehe hierzu auch **Abbildung** 32). Darüber hinaus sind in den 90er Jahren die Betriebszeiten in Dänemark ausgedehnt worden, was ebenfalls dazu führte, dass der Anstieg der Lohnstückkosten nur verhalten gewesen ist.[388]

---

[386] Vgl. Gemeinschaftsdiagnose (1997): Die Lage der Weltwirtschaft und der deutschen Wirtschaft im Herbst 1997, a.a.O., S.25. Zur beschäftigungsorientierten Lohnpolitik und zur konsensorientierten Tarifpartnerschaft in Dänemark siehe ausführlich Kapitel 5.4.

[387] Döhrn, Roland / Heilemann, Ullrich / Schäfer, Günter (1999): Ein dänisches "Beschäftigungswunder"? A.a.O., S. 318.

[388] Vgl. Gemeinschaftsdiagnose (1997): a.a.O., S. 25.

Abbildung 32 [389] Löhne und Produktivität in Dänemark

(1970 bis 1996, Veränderung in %)

	1970-80—1980-90	*1991*	*1992*	*1993*	*1994*	*1995*	*1996*
Löhne							
• Lohn- und Gehaltssumme je Erwerbstätigen (1)	12,4 ----- 6,5	4,9	3,7	1,3	2,4	3,6	3,9
• Stundenverdienste im Verarb. Gewerbe	14,1----- 6,5	4,5	3,3	2,4	2,4	3,9	4,1
• Reallöhne	1,8 ----- 0,7	2,4	1,7	0,9	0,6	1,5	1,8
Produktivität							
• reales BIP je Erwerbstätigem	1,8 ----- 1,5	2,9	0,9	2,5	4,4	1,0	1,5
Lohnstückkosten							
• Gesamtwirtschaft	10,3 ----- 5,4	2,1	2,9	-0,9	-1,1	2,7	2,3
• Verarb. Gewerbe	8,1 ----- 5,7	1,9	1,7	-3,7	-1,5	0,5	2,3

Ein weiterer dämpfender Faktor bei der Entwicklung der Reallöhne waren die in Dänemark vorzufindenden geringen **Lohnnebenkosten**. Die Lohnnebenkosten in Dänemark sind die niedrigsten in der Europäischen Union, weil das

[389] Zahlenquelle: OECD, entnommen aus: Döhrn, Roland / Heilemann, Ullrich / Schäfer, Günter (1999): Ein dänisches "Beschäftigungswunder"? A.a.O., S. 319.

System der sozialen Sicherung zum weitaus überwiegenden Teil über Steuern finanziert wird.[390] "Nach Berechnungen des Instituts der deutschen Wirtschaft machten sie (die Lohnnebenkosten, Anm. d.V.) 1996 lediglich 25 vH der Direktentgelte aus, der niedrigste Wert unter allen Industrieländern. Auch ist bislang keine Tendenz erkennbar, daß die Unternehmen - die Frage der Überwälzung hier einmal offengelassen - in nennenswertem Umfang durch zusätzliche Lohnnebenkosten belastet werden"[391]. Der nur geringe Zuwachs bei den Reallöhnen, der u.a. also auf moderate Lohnabschlüsse und geringe Lohnnebenkosten zurückzuführen ist, half Dänemark in der jüngsten Vergangenheit - als einem Land mit hoher Exportabhängigkeit - Wettbewerbsvorteile auf dem Weltmarkt zu erringen. Die **Produktivitätzuwächse** in Dänemark unterstützten diese Entwicklung. Sie blieben im Verlauf der vergangenen 25 Jahre annähernd konstant.[392] Demnach erhöhte sich das reale BIP je Erwerbstätigem in Dänemark im genannten Zeitraum um durchschnittlich ca. 2% pro Jahr, was einer Zuwachsrate entspricht, die in Westdeutschland in den 90er Jahren ebenfalls registriert werden konnte (siehe Abbildung 32). "In den siebziger Jahren verzeichnete Dänemark so in Europa mit die geringsten Produktivitätszuwächse, in den neunziger Jahren hingegen mit die höchsten. Beides zusammengenommen - die niedrigen Lohnzuwächse auf der einen, ein gleichmäßiger, sich in den neunziger Jahren möglicherweise sogar etwas beschleunigender Produktivitätsfortschritt auf

---

[390] Vgl. Emmerich, Knut (1998): Dänemark: Arbeitsmarktflexibilität bei hoher sozialer Sicherung, a.a.O., S. 403.
[391] Döhrn, Roland / Heilemann, Ullrich / Schäfer, Günter (1999): Ein dänisches "Beschäftigungswunder"? A.a.O., S. 319.
[392] Siehe auch zu den folgenden Ausführungen ebd.

der anderen Seite - führte dazu, daß sich der Anstieg der Lohnstückkosten merklich abflachte ... Insofern haben Löhne und Produktivität in den letzten Jahren das Wachstum gestützt und zur Erhöhung der Beschäftigung beigetragen"[393].

Abschließend sollen noch diejenigen Faktoren skizziert werden, die zwar in anderen Ländern, die ebenfalls als beschäftigungspolitisch erfolgreich gelten, dazu beigetragen haben, die Arbeitslosigkeit zu reduzieren, die in der dänischen "Erfolgsstory" bislang aber nur eine untergeordnete bis keine Rolle gespielt haben. Bei einer genauen Betrachtung der Struktur der Erwerbstätigkeit in Dänemark fällt auf, dass, anders als es beim niederländischen Beschäftigungserfolg der Fall war, eine Teilzeitoffensive in Dänemark nicht stattgefunden hat (siehe Abbildung 29 auf Seite 106). "Die dänische Teilzeitquote ist traditionell zwar recht hoch; innerhalb der EU wird sie nur von der der Niederlande, Schwedens und Großbritanniens übertroffen. ... Die Teilzeitquote ist aber - anders als z.B. in den Niederlanden oder in der Bundesrepublik - bereits seit längerem nicht mehr gestiegen, in den letzten Jahren sogar leicht gesunken"[394]. Ähnlich verhält es sich bei der **Entwicklung der Selbstständigkeit**. Der ohnehin im europäischen Vergleich geringe Anteil der Selbstständigen an den Erwerbstätigen in Dänemark ist in den 90er Jahren weiter rückläufig gewesen. Somit konnte es in Dänemark auch vor dem Hintergrund beachtlicher Arbeitsmarkterfolge nicht erreicht werden, über eine Erhöhung der Zahl der Selbstständigen die Ar-

[393] ebd.
[394] ebd., S. 315.

beitslosigkeit noch weiter zu reduzieren. Dies ist um so bemerkenswerter, weil in der Bundesrepublik gerade die Erhöhung der Zahl der Existenzgründer als Hoffnungsträger beim Abbau der gewaltigen Arbeitslosigkeit gilt.

Nach *Döhrn / Heilemann / Schäfer* liegen für Dänemark keine aktuellen Angaben zur Entwicklung des **Arbeitsvolumens** vor.[395] Jedoch "berücksichtigt man aber die recht konstante Teilzeitquote und nimmt die verschiedenen Angaben zur Wochenarbeitszeit hinzu ..., so liegt der Schluß nahe, daß Verkürzungen der Jahresarbeitszeit wohl keine überragende, zumindest aber im internationalen Vergleich keine überdurchschnittliche Rolle beim Abbau der Arbeitslosigkeit gespielt haben"[396].

Die Analyse der **Sektorenstruktur der Erwerbstätigkeit** in Dänemark zeigt, dass sich die Bedeutung des **Dienstleistungssektors** als berufliches Betätigungsfeld auch in Dänemark stark erhöht hat (siehe auch Abbildung 33).[397]

---

[395] ebd.

[396] ebd.

[397] Vgl. zu den folgenden Ausführungen Kröger, Martin / Suntum, Ulrich van (1999): Mit aktiver Arbeitsmarktpolitik aus der Beschäftigungsmisere? A.a.O., S. 139.

Abbildung 33[398] Beschäftigungsverteilung 1840, 1870, 1900, 1960 und 1990

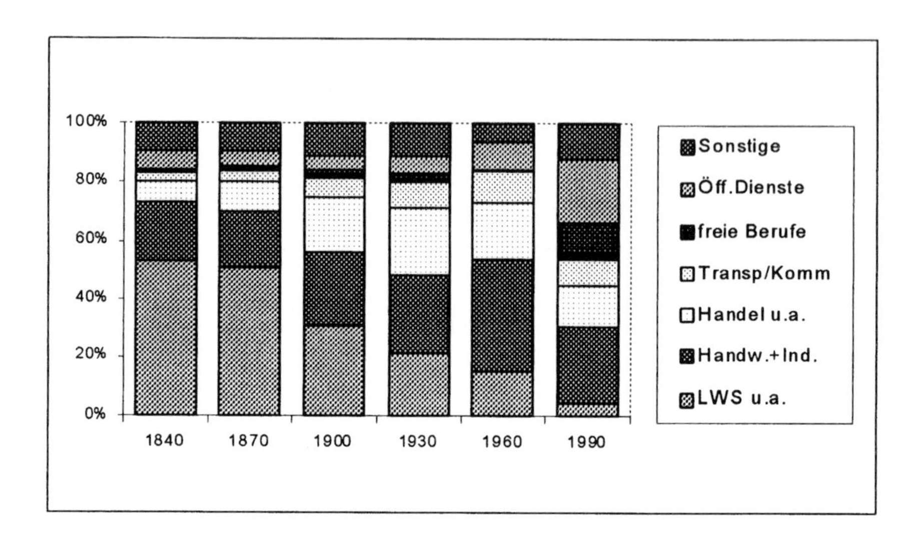

Expandiert ist in Dänemark vor allem jedoch die Beschäftigung im öffentlichen Dienst. "Entfielen 1966 von 100 Erwerbstätigen 13 auf den Staatsdienst, so waren es im Jahre 1997 etwa 30. Seit Beginn der 90er Jahre ist der Anteil der nicht-marktlichen Beschäftigung an der Gesamtbeschäftigung zwar kaum noch angestiegen; von den 96.000 zusätzlichen Arbeitsplätzen entfallen aber ungefähr 29.000 auf Arbeitgeber im öffentlichen Dienst"[399]. Der Anteil des Dienstleistungssektors erhöhte sich in Dänemark in den letzten 25 Jahren von 44,2 auf 72,2%. Der überwiegende Teil der Expansion des tertiären Sektors fand jedoch bereits zwischen 1973 und 1988 statt. Das Ausmaß nachfolgender Tertiäri-

[398] Abbildung entnommen aus: Königlich Dänisches Ministerium des Äußeren (Hrsg.) (1999), A.a.O.
[399] ebd., S. 138f.

sierungstendenzen spielt daher bei den jüngsten Beschäftigungserfolgen nur eine vergleichsweise untergeordnete Rolle. "Insgesamt hat sich die Struktur der dänischen Wirtschaft (in) den letzten Jahren recht wenig gewandelt. Die Landwirtschaft hat an Bedeutung verloren, ist aber dank hoher Produktivitätszuwächse nach wie vor ein wichtiger Bereich der dänischen Wirtschaft. Der Anteil des Verarbeitenden Gewerbes sank nur geringfügig und ist auf lange Sicht bemerkenswert konstant. Der Dienstleistungssektor gewann wie in nahezu allen Industrieländern an Bedeutung, jedoch beschränkte sich der Anstieg der Beschäftigung keineswegs auf diesen Bereich, sondern war auch vom Verarbeitenden Gewerbe und vom Bausektor getragen"[400].

Ein prägnantes Resumée der dänischen Beschäftigungsentwicklung seit 1994 findet sich in der Gemeinschaftdiagnose der Wirtschaftsinstitute zur Lage der Weltwirtschaft und der deutschen Wirtschaft im Herbst 1997. Da es viele der zuvor skizzierten realen oder vermeintlichen Erfolgsfaktoren der dänischen Erfolgsgeschichte bilanziert, soll es abschließend auch die vorherigen Ausführungen zusammenfassen: "Insgesamt gesehen ist die relativ günstige Arbeitsmarktlage in Dänemark also nur teilweise Folge der zügigen gesamtwirtschaftlichen Expansion. Trotz des geringeren Anstiegs der Produktivität (in den Jahren 1995 und 1996; Anm. d. V.) wurden die Erwerbspersonen nur unzureichend in den Arbeitsprozeß integriert. Ihre Zahl ist vielmehr durch eine relativ starke Nutzung des Vorruhestands erheblich verringert worden. Darüber hinaus wurde die Arbeitslosig-

[400] Döhrn, Roland / Heilemann, Ullrich / Schäfer, Günter (1999): Ein dänisches "Beschäftigungswunder"? A.a.O., S. 315f.

keit durch vorübergehend wirkende Maßnahmen reduziert. Diese ermöglichen bzw. fördern immerhin die temporäre Beschäftigung von sonst Arbeitslosen, verbessern deren Kontakt zum regulären Arbeitsmarkt und erhöhen so deren Beschäftigungsaussichten. ... Alles in allem verminderten diese Maßnahmen die ausgewiesene Arbeitslosigkeit. Kurzfristig sind hierdurch aber kaum zusätzliche Arbeitsplätze entstanden"[401].

5.3 Die Reform der dänischen Arbeitsmarktpolitik und der Einsatz (neuer) arbeitsmarktpolitischer Instrumente

Reformen und neue Initiativen in der dänischen Arbeitsmarktpolitik seit 1994 werden als Kernstücke des Policymixes angesehen, der die jüngsten Beschäftigungserfolge in Dänemark ermöglichte.[402] Arbeitsmarktpolitische Maßnahmen trugen, wie auch die zuvor gemachten Darstellungen bereits andeuteten, zu einem beträchtlichen Teil zum Rückgang der Arbeitslosigkeit in Dänemark bei. Im folgenden soll daher zunächst der Frage nachgegangen werden, welche Kernpunkte die arbeitsmarktpolitische Neuorientierung Dänemarks beinhaltet. Elementare Bestandteile des Richtungswechsels in der dänischen Arbeitsmarktpolitik waren

[401] Gemeinschaftsdiagnose (1997): Die Lage der Weltwirtschaft und der deutschen Wirtschaft im Herbst 1997, a.a.O., S.27.
[402] Vgl. Dänemark: Erfolgreiche Arbeitsmarktpolitik in den neunziger Jahren (1999), a.a.O., S. 31.

u.a. beschäftigungspolitische Instrumente, welche entweder ganz neu eingeführt oder (wo bereits Regelungen existierten) ausgeweitet wurden.[403] Der spezifische Beitrag dieser neuen, aktiven Instrumente an der Entlastung des dänischen Arbeitsmarktes wird nachfolgend ebenfalls thematisiert.

Vor dem Hintergrund steigender Arbeitslosenzahlen geriet die dänische Arbeitsmarktpolitik Anfang der 90er Jahre zunehmend in die öffentliche Kritik. Besonders kritikwürdig erschien die Tatsache, dass es trotz einer permanenten Erhöhung der Aufwendungen im Bereich der Arbeitsmarktpolitik nicht gelang, einen weiteren Anstieg der Arbeitslosenzahlen zu verhindern.[404] "Dänemark verfügte und verfügt sowohl gemessen an den Anspruchsfristen wie auch an der Höhe der Lohnersatzleistungen über ein im europäischen Vergleich 'generöses' System der Sicherung im Fall der Arbeitslosigkeit. Insgesamt macht das Sozialbudget etwa 22 vH des BIP aus, wobei sich dieser Anteil im Verlauf der letzten 25 Jahre verdoppelt hat; in Deutschland liegt diese Quote bei gut 17 vH. Allerdings wurde dieses Sicherungssystem zu Beginn der neunziger Jahre zunehmend als überreguliert, ineffektiv und inflexibel empfunden. Insbesondere wurde bemängelt, daß es für Arbeitslose und Sozialhilfeempfänger kaum Anreize bot, sich wieder in den Arbeitsmarkt einzugliedern"[405]. Nicht zuletzt aufgrund dieser zunehmend

[403] Vgl. Ministerium für Wirtschaft und Mittelstand, Technologie und Verkehr des Landes Nordrhein-Westfalen (Hrsg.) (1999): Elemente einer erfolgreichen Beschäftigungspolitik - Das Beispiel Dänemark, a.a.O., S. 23.
[404] Vgl. Kröger, Martin / Suntum, Ulrich van (1999): Mit aktiver Arbeitsmarktpolitik aus der Beschäftigungsmisere? A.a.O., S. 145.
[405] Ministerium für Wirtschaft und Mittelstand, Technologie und Verkehr des Landes Nordrhein-Westfalen (Hrsg.) (1999): Elemen-

negativen Einschätzung der dänischen Arbeitsmarktpolitik wurde 1993 in Dänemark eine umfangreiche Arbeitsmarktreform beschlossen, deren einzelne Bestandteile mehrheitlich bereits 1994 in Kraft traten. Diese Arbeitsmarktreform setzte sich aus einem umfangreichen Reformpaket zusammen, das wiederum in erster Linie aus drei Gesetzen bestand: "Gesetz über eine aktive Arbeitsmarktpolitik", "Gesetz über Urlaubsprogramme" und "Gesetz über die Aktivierung auf kommunaler Ebene". War die dänische Arbeitsmarktpolitik bis zum Einsetzen der Reformen 1994 noch weitgehend geprägt durch eine Umsetzung nach rein formalen Gesichtspunkten, die oft auch in standardisierter Form durchgeführt wurde, so fand nun eine arbeitsmarkpolitische Neuorientierung statt, die eine stärkere Dezentralisierung bei der Ausgestaltung und Umsetzung von Maßnahmen und eine spezifische Orientierung der Arbeitsmarktpolitik auf die Bedürfnisse der Arbeitslosen und auch die Anforderungen des (regionalen) Arbeitsmarktes zum Ziel hatte.[406] Durch diesen neuen Kurs der dänischen Arbeitsmarktpolitik wurde es nun möglich, durch "passgenaue" Maßnahmen regelungebunden und flexibel auf die individuell vorhandenen Kenntnisse und Qualifikationen der Arbeitssuchenden einzugehen. Eine wesentliche Voraussetzung dafür war u.a. die Einführung des sogenannten "individuellen Handlungsplans" oder auch "individuellen Aktionsplans", der seit 1994 in Dänemark für jeden einzelnen Arbeitslosen erstellt wird und eine Wiedereingliederung in den Arbeitsmarkt ermöglichen soll. In die Ausarbeitung des individuel-

te einer erfolgreichen Beschäftigungspolitik - Das Beispiel Dänemark, a.a.O., S. 23.

[406] Vgl. Emmerich, Knut (1998): Dänemark: Arbeitsmarktflexibilität bei hoher sozialer Sicherung, a.a.O., S. 404.

len Handlungsplans fließt eine persönliche Beratung ein, in der bereits im Vorfeld der "Aktivierung" die Einsatzmöglichkeiten des Arbeitssuchenden analysiert und darüber hinaus die Handlungsschritte spezifiziert werden (z.B. Maßnahmen zur Qualifizierung), die nötig sind, um die Reintegrationschancen des Arbeitslosen in den ersten Arbeitsmarkt zu erhöhen.[407] "Zum einen wurde auf diese Weise ein neues arbeitsmarktpolitisches Instrumentarium geschaffen, das Maßnahmen in den Bereichen Arbeitsplatzsuche, Qualifizierung, Arbeitsplatzbeschaffung sowie neuartige kombinierte Beurlaubungs-/Job-Rotation-Programme umfaßt. Ergänzt wurden diese Maßnahmen durch Vorruhestandsprogramme, die es in unterschiedlichen Formen schon seit 1979 gab. Zum anderen besteht eine neue Qualität der Arbeitsmarktpolitik darin, daß den Rechten der Arbeitslosen explizit auch Pflichten gegenüberstehen und die Organisation der Maßnahmen verstärkt in dezentralisierter Form auf regionaler und lokaler Ebene erfolgt"[408]. Im Mittelpunkt sämtlicher Reformbemühungen stand in Dänemark seit 1993 also der Grundsatz, dass, um die Effizienz der Arbeitsmarktpolitik zu steigern, Arbeitslose möglichst nicht nur passive Leistungsempfänger sein sollen. Um dieses Ziel zu erreichen, wurden im Rahmen der Reformen die Bemühungen verstärkt, Arbeitslose schnell wieder in das Erwerbsleben zu integrieren. Programmatisch lässt sich dieser neue Kurs zusammenfassend durch die Formel beschreiben: "From

[407] Vgl. ebd.

[408] Vgl. Schrader, Klaus (1999): Dänemarks Weg aus der Arbeitslosigkeit: Vorbild für andere? A.a.O., S. 210.

Passive to Active".[409] "Um den finanziellen Anreiz zur Aufnahme einer ordentlichen, d.h. nicht-subventionierten Beschäftigung zu verstärken, verkürzte man die maximale Gesamtbezugsdauer von Arbeitslosengeld von ursprünglich neun Jahren auf zuerst fünf und zuletzt weiter auf vier Jahre. Gleichzeitig wurde die Möglichkeit, durch eine vorübergehende Beschäftigung oder Bildungsmaßnahmen die volle Berechtigung auf Arbeitslosenunterstützung zurückzugewinnen, merklich eingeschränkt. Im übrigen sind die Arbeitslosen verpflichtet, spätestens nach zwei Jahren (zuvor vier Jahre) an 'Aktivierungsprogrammen' teilzunehmen, d.h. angebotene Beschäftigungs- und Berufsbildungsmaßnahmen zu ergreifen"[410] (siehe zur Neufassung der gesetzlichen Regelungen auch Abbildung 34).

Bei der Neuausrichtung der Arbeitsmarktpolitik erfolgte eine stärkere Gewichtung hin zu den aktiven Maßnahmen als auch eine Konzentration auf Problemgruppen des Arbeitsmarktes.[411] Daneben wurden die Zumutbarkeitskriterien für neu hinzukommende Arbeitslose bei zunehmender Dauer der Erwerbslosigkeit verschärft.[412] "Der Druck, eine Arbeit aufzunehmen, wurde erhöht sowie das Beratungs- und Betreuungsangebot verbessert und stärker auf den Einzelfall zugeschnitten. Während des ersten Jahres kon-

[409] Vgl. Heinze, Rolf G. / Schmid, Josef / Strünck, Christoph (1999): Vom Wohlfahrtsstaat zum Wettbewerbsstaat: Arbeitsmarkt- und Sozialpolitik in den 90er Jahren. Opladen, S. 127.
[410] Dänemark: Erfolgreiche Arbeitsmarktpolitik in den neunziger Jahren, in: Trends Spezial (1999), a.a.O. S. 32f.
[411] Vgl. Kröger, Martin / Suntum, Ulrich van (1999): Mit aktiver Arbeitsmarktpolitik aus der Beschäftigungsmisere? A.a.O., S. 146.
[412] Vgl. Gemeinschaftsdiagnose (1997): Die Lage der Weltwirtschaft und der deutschen Wirtschaft im Herbst 1997, a.a.O., S.26.

zentrieren sich die Bemühungen darauf, neu hinzukommende Arbeitslose möglichst rasch in den regulären Arbeitsmarkt zu integrieren. ... Im zweiten Jahr gelten verschärfte Zumutbarkeitskriterien, und die Arbeitslosen werden gegebenenfalls entsprechend ihren beruflichen Fähigkeiten, Kenntnissen und Möglichkeiten in arbeitsmarktpolitischen Maßnahmen - z.B. Job-Training-Programmen - wieder für den regulären Arbeitsmarkt vorbereitet. Arbeitslose, die angebotene Stellen ausschlagen oder durch eigenes Verschulden verlieren, müssen eine Minderung des Arbeitslosengeldes hinnehmen; im Wiederholungsfall verlieren sie ihre Ansprüche vollständig. Ähnliche Sanktionen gelten auch bei unzureichender Beteiligung an arbeitsmarktpolitischen Maßnahmen"[413].

Abbildung 34[414] Neufassung der gesetzlichen Anspruchsvoraussetzungen

- *"Arbeitslose haben nur noch über einen verkürzten Zeitraum von fünf Jahren Anspruch auf Arbeitslosenunterstützung; dieser Zeitraum ist in eine zweijährige Unterstützungs- und eine dreijährige Aktivierungsperiode unterteilt. Der Bezug der Arbeitslosenunterstützung verlängert sich nur um die Dauer eines eventuellen Erziehungsurlaubs, die Teilnahme an anderen arbeitsmarktpolitischen Maßnahmen wirkt nicht verlängernd. Zudem wurden die Anspruchsvoraussetzungen dahingehend verschärft, daß der Arbeitslose in den zurückliegenden drei Jahren statt 26 nunmehr 52 Wochen einer nicht-subventionier-*

[413] Döhrn, Roland / Heilemann, Ullrich / Schäfer, Günter (1999): Dänemark - Ein "Beschäftigungswunder"? A.a.O., S. 458.
[414] Text entnommen aus: Schrader, Klaus (1999): Dänemarks Weg aus der Arbeitslosigkeit: Vorbild für andere? A.a.O., S. 210ff.

ten Vollzeittätigkeit nachgegangen sein muß.

- *In der Unterstützungsperiode hat der Arbeitslose einen höheren Grad an Eigenverantwortlichkeit für seine Wiedereingliederung in den Arbeitsmarkt. Zwar wird nach sechsmonatiger Arbeitslosig keit für jeden Arbeitslosen ein individueller Aktionsplan (...) aus gearbeitet. Allerdings sollen auf regionaler Ebene schon frühzeitig Gruppen von Arbeitslosen selektiert werden, bei denen ein relativ hohes Risiko zur Langzeitarbeitslosigkeit besteht. Diese erhalten bevorzugt Angebote zur Teilnahme an arbeitsmarktpolitischen Maßnahmen, die aufgrund der regionalen Arbeitsmarktsituation sinnvoll erscheinen. Für alle Arbeitslosen besteht die Verpflich tung, sämtliche Angebote zu akzeptieren sowie für nicht subventionierte und subventionierte Arbeit zur Verfügung zu stehen. Falls sich ein Arbeitsloser unkooperativ verhält, sind finan zielle Sanktionen die Folge.*

- *In der Aktivierungsphase bestehen für den Arbeitslosen die gleichen Pflichten wie in der Unterstützungsperiode bei teilweise schärferen Sanktionen im Verweigerungsfall. Die andere Qualität der Aktivierungsperiode besteht vor allem darin, daß Arbeitslose einen Anspruch auf Angebote der Arbeitsverwaltung während des gesamten Zeitraums haben. Das heißt, daß sich der Einsatz des arbeitsmarktpolitischen Instrumentariums auf die Arbeitslosen konzentriert, die nach zweijähriger Arbeitslosigkeit als Problemfälle gelten und daher mit allen Mitteln 'aktiviert' werden sollen. Es wird weniger auf Eigenverantwortlichkeit gesetzt, sondern vielmehr der Druck zur Reintegration in den Arbeitsmarkt mit Hilfe der Arbeitsverwaltung erhöht.*

- *Nach fünfjähriger Arbeitslosigkeit verliert der Arbeitslose seinen Anspruch auf Arbeitslosenunterstützung und auf 'Aktivierung' durch die Arbeitsverwaltung, er wird zum Sozialhilfeempfänger. Dann jedoch greift die 'kommunale Aktivierung', die Sozialhilfeempfänger erfaßt und nahezu identische arbeitsmarktpolitische Instrumente bereithält, wie sie auch bei Empfängern von Arbeitslosengeld zum Einsatz kommen. Die Zuständigkeit für die Durchführung dieser Maßnahmen liegt bei den einzelnen Amtsbezirks- bzw. Kommunalbehörden. Seitens der Sozialhilfeempfänger besteht die Verpflichtung, alle Angebote zu akzeptieren, um weiterhin staatliche Unterstützung zu beziehen. Mit dieser Verpflichtung geht der Anspruch einher, nach sechs Monaten einen individuellen Aktionsplan und nicht später als nach zwölf Monaten 'Aktivierungsangebote' zu erhalten".*

Betrachtet man die dänischen Ausgaben für passive und aktive Arbeitsmarktpolitik, so wird deutlich, dass Dänemark seit langer Zeit einen Spitzenplatz unter den OECD-Ländern einnimmt.[415] Auch nach den arbeitsmarktpolitischen Reformen änderte sich daran nichts Wesentliches, allerdings hatten die Reformen, wie bereits dargestellt, erhebliche Kürzungen bei der Dauer und Höhe des Bezugs von Arbeitslosengeld zur Folge. "Zum Teil waren diese Reformen mit tiefgreifenden Einschnitten für Arbeitslose und Sozialhilfeempfänger verbunden. Arbeitsverwaltung und Kommunen verfügen über recht weitgehende Möglichkeiten, den Leistungsbezug an Bedingungen wie die Verrichtung von Arbeiten für die Allgemeinheit oder die Teilnahme an Qualifizierungsmaßnahmen zu binden. ... Erstaunlich ist die hohe Akzeptanz, die dies in der dänischen Gesellschaft findet. Dies muß freilich vor dem Hintergrund gesehen werden, daß die Verfassung ein Recht auf Arbeit garantiert. Nach in Dänemark verbreitetem Verständnis beinhaltet dies aber auch eine Pflicht, eine angebotene Arbeit anzunehmen, wobei die Schwelle, was man (subjektiv) für zumutbar hält, offenbar niedriger liegt als in Deutschland"[416]. Ein weiterer Grund für die hohe gesellschaftliche Akzeptanz der Einschnitte im Bereich des Systems der sozialen Sicherung dürfte aber auch darin zu suchen sein, dass das Niveau der Lohnersatzleistungen in Dänemark auch nach den Reformen im Vergleich zu anderen Ländern immer noch als sehr hoch

---

[415] Vgl. auch zu den folgenden Ausführungen Emmerich, Knut (1999): Der Preis für mehr Beschäftigung, a.a.O., S. 34.

[416] Ministerium für Wirtschaft und Mittelstand, Technologie und Verkehr des Landes Nordrhein-Westfalen (Hrsg.) (1999): Elemente einer erfolgreichen Beschäftigungspolitik - Das Beispiel Dänemark, a.a.O., S. 23.

zu bezeichnen ist. So gehören beispielsweise auch die Anspruchszeiträume, in denen der Bezug von Arbeitslosengeld gewährt wird, trotz verschärfter Anspruchsvoraussetzungen, in Dänemark weiterhin zu den längsten in der EU.[417]

Emmerich beschriebt den durch die arbeitsmarktpolitischen Reformen eingeschlagenen Richtungswechsel der Arbeitsmarktpolitik in Dänemark als einen Kurs, der durch das Prinzip "Zuckerbrot und Peitsche" bestimmt wird.[418] Demnach war es ein erklärtes Ziel der dänischen Arbeitsmarktreformen, ein Gleichgewicht von hohen Transferleistungen bei Arbeitslosigkeit und Anreizen zur aktiven Arbeitssuche zu schaffen. Das bedeutet jedoch konkret in der Umsetzung: "Den großzügigen Transferleistungen stehen relativ stringente Verfügbarkeitskriterien gegenüber, die sich unter anderem auf den Nachweis der Arbeitssuche, die berufliche und regionale Mobilität oder den Umfang der anerkannten Gründe für die Ablehnung von Arbeitsangeboten beziehen. ... Deutschland verzeichnet dagegen die härteren Sanktionen bei selbstverursachter Arbeitslosigkeit und bei der Ablehnung von Arbeitsangeboten. Bei wiederholter Ablehnung solcher Angebote geht allerdings der Arbeitslosengeldanspruch in Dänemark erheblich schneller verloren, so dass sich beim Kriterium 'Sanktionen' beide Länder in etwa die Waage halten. Im Gesamtergebnis führt dies aber zu einem

---

[417] Vgl. Döhrn, Roland / Heilemann, Ullrich / Schäfer, Günter (1999): Ein dänisches "Beschäftigungswunder"? A.a.O., S. 319.
[418] Vgl. auch zu den folgenden Ausführungen Emmerich, Knut (1998): Dänemark: Arbeitsmarktflexibilität bei hoher sozialer Sicherung, a.a.O., S. 405.

in Dänemark härteren Kriterienkatalog"[419].

Neben hohen Anforderungen an die berufliche und regionale Mobilität führen die ab 1994 in Dänemark geltenden Verfügbarkeitskriterien und Sanktionsmechanismen u.a. auch dazu, dass Arbeitslose einen Arbeitsplatz mit geringerer Bezahlung und niedrigeren Qualifikationsanforderungen annehmen müssen (siehe auch Abbildung 35).[420] So ist es nach *Döhrn / Heilemann / Schäfer* z.T. zu erklären, dass die durch die Reform der Arbeitsmarktpolitik einsetzenden "Aktivierungsprogramme" mit großem Erfolg die Arbeitsaufnahme von Arbeitslosen voran treiben konnten.[421] "Die Reform bedeutete das Ende der passiven Versorgung durch die öffentliche Hand. Arbeitsvermittlung und Arbeitslosenkassen kontrollieren heute nicht nur den Arbeitslosen, sondern stellen auch Anforderungen an Eigeninitiative bei der Arbeitssuche, Ausbildung, Job-Training und anderes mehr. Damit haben wir ein klares Signal gegeben - das aktive Mitwirken des einzelnen ist gefordert. Es ist nicht akzeptabel, keine Anforderungen an den einzelnen Bürger zu stellen"[422].

---

[419] Emmerich, Knut (1999): Der Preis für mehr Beschäftigung, a.a.O., S. 34 f.
[420] Vgl. Emmerich, Knut (1998): Dänemark: Arbeitsmarktflexibilität bei hoher sozialer Sicherung, a.a.O., S. 405.
[421] Vgl. Döhrn, Roland / Heilemann, Ullrich / Schäfer, Günter (1999): Dänemark - Ein "Beschäftigungswunder"? A.a.O., S. 460.
[422] Hygum, Ove (1999): Beschäftigungswunder Dänemark, ein Modell? In: Schmid, Günther / Schömann, Klaus (Hrsg.) (1999): Von Dänemark lernen. Learning from Denmark. Discussion Paper FS I 99 - 201, Wissenschaftszentrum Berlin für Sozialforschung, S. 12.

Abbildung 35[423] Verfügbarkeitskriterien in Dänemark und Deutschland

(Stand August 1999)

Kriterium	Dänemark	Deutschland
Nachweis der Arbeitssuche	Keine formalen Anforderungen (z.B. Nachweis der Zahl von Bewerbungen). Bei Kontakt mit dem Arbeitsamt müssen Suchaktivitäten eventuell nachgewiesen werden.	Arbeitslose sind zur Arbeitssuche verpflichtet. Auf Anforderung muß die Arbeitssuche nachgewiesen werden.
Verfügbarkeit während der Teilnahme an aktiven Maßnahmen	Arbeitslose stehen während der Teilnahme an aktiven Maßnahmen für die Arbeitsvermittlung zur Verfügung. In einigen Fällen muß der Arbeitslose nicht selbst Arbeit suchen.	Arbeitslose stehen der Arbeitsvermittlung auch bei Teilnahme an aktiven Maßnahmen zur Verfügung, es sei denn, die Maßnahme ist für die dauerhafte Eingliederung erforderlich.
Berufliche Mobilität	Der Arbeitslose kann Arbeitsangebote außerhalb seines Berufsfeldes während der ersten drei Monate der Arbeitslosigkeit ablehnen. Nach drei Monaten muss der Arbeitslose angemessene Arbeitsangebote annehmen. Als angemessen gilt jede Arbeit, die der Arbeitslose mit oder ohne Einarbeitung erledigen kann.	Im allgemeinen unterliegt die berufliche Mobilität keinen Restriktionen. Als angemessen gilt ein Arbeitsangebot, wenn die Bezahlung bis zu 20 Prozent niedriger ist als das der Bemessung des Arbeitslosengeldes zugrundeliegende Arbeitsentgelt. In den folgenden 3 Monaten erhöht sich die Grenze auf 30 Prozent. Nach 6 Monaten gilt ein Arbeitsangebot als nicht zumutbar, wenn das zu erzielende Nettoeinkommen niedriger ist als das Arbeitslosengeld.

[423] Abbildung entnommen aus: Emmerich, Knut (1999): Der Preis für mehr Beschäftigung, a.a.O., S. 35.

Kriterium	Dänemark	Deutschland
Regionale Mobilität	In den ersten 6 Monaten der Arbeitslosigkeit müssen Arbeitslose eine Fahrtzeit von 3 Stunden akzeptieren. nach 6 Monaten erhöht sich die Grenze auf 4 Stunden.	Bei einem Arbeitstag von 6 Stunden gilt eine Fahrt von 2 ½ Stunden als angemessen, bei weniger als 6 Stunden von 2 Stunden.
Anerkannte Gründe für die Ablehnung eines Arbeitsangebots oder einer Teilnahme an aktiven Maßnahmen der Arbeitsmarktpolitik	Eine Liste von 15 anerkannten Gründen bezieht sich u.a. auf folgende Punkte: Gesundheit, plötzliche Änderungen der Fahrtzeit zur Arbeit, ungewöhnliche Arbeitszeiten, Arbeitsplatz im Ausland, Produktion von Waffen, körperliche Gewalt, Verstoß gegen gesetzliche und tarifliche Bestimmungen.	Für die Begründung von Arbeitsverhältnissen und die Teilnahme an aktiven Maßnahmen gelten die Grundsätze der Arbeitsvermittlung. Ein anerkannter Grund ist demnach, wenn ein Arbeitsverhältnis begründet werden soll, das gegen ein Gesetz oder die guten Sitten verstößt.
Sanktionen bei selbstverursachter Arbeitslosigkeit des Arbeitnehmers (Kündigung durch den Arbeitnehmer)	Kündigt ein Arbeitnehmer ein Arbeitsverhältnis ohne triftigen Grund, so erhält er für die Dauer von 5 Wochen kein Arbeitslosengeld.	Bei Kündigung durch den Arbeitnehmer beträgt die Sperrfrist 12 Wochen.
Sanktionen bei Ablehnung eines Arbeitsangebots oder eines Angebots zur Teilnahme an einer Maßnahme aktiver Arbeitsmarktpolitik	Arbeitslose, die ein Arbeitsangebot oder ein Angebot zur Teilnahme an einer aktiven Maßnahme ablehnen, bekommen 1 Woche kein Arbeitslosengeld. Sind Arbeitslose mehr als zwei Jahre arbeitslos und verweigern die Teilnahme an einer aktiven Maßnahme, so verlieren sie den Anspruch auf Zahlung des Arbeitslosengeldes.	Bei Ablehnung eines Arbeitsangebots oder einer Teilnahme an einer aktiven Maßnahme wird das Arbeitslosengeld für 12 Wochen, in Härtefällen für 6 Wochen, gesperrt.

Kriterium	Dänemark	Deutschland
Sanktionen bei wiederholter Ablehnung eines Arbeitsangebotes oder einer Teilnahme an Maßnahmen aktiver Arbeitsmarktpolitik	Verlust des Anspruchs auf Arbeitslosengeld bei zweimaliger Ablehnung innerhalb von 12 Monaten.	Der Anspruch auf Arbeitslosengeld erlischt, wenn der Arbeitslose Anlass für den Eintritt von Sperrzeiten mit einer Dauer von insgesamt 24 Monaten gegeben hat.

In der Beurteilung des Stellenwertes der skizzierten **strukturellen Reformen** an dem dänischen Beschäftigungserfolg insgesamt findet sich in der Literatur keine einheitliche Linie. Die Meinungen gehen hier z.T. weit auseinander. So nennt *Madsen* z.B. die Kürzung des maximalen Bezugszeitraumes der Arbeitslosenunterstützung als wichtigsten Reformaspekt des Jahres 1994.[424] *Emmerich* ist der Ansicht, dass die nach 1994 geltenden relativ stringenten Verfügbarkeitskriterien in Dänemark das dänische "Beschäftigungswunder" zwar nicht allein haben auslösen können, aber eine wichtige Rahmenbedingung für die positive Beschäftigungsentwicklung bildeten.[425]

Für die zentrale Fragestellung der vorliegenden Untersuchung von besonderer Bedeutung ist jedoch die Einschätzung von *Döhrn / Heilemann / Schäfer*, die in den strukturel-

[424] Vgl. Madsen, Per Kongshoy (1998): Das dänische "Beschäftigungswunder", a.a.O., S. 36.
[425] Vgl. Emmerich, Knut (1999): Der Preis für mehr Beschäftigung, a.a.O., S. 35.

len Reformen der Arbeitsmarktpolitik zwar eine grundsätzliche Bedeutung für den dänischen Arbeitsmarkt sehen, den strukturellen Reformen für den schnell einsetzenden Beschäftigungserfolg nach 1994 jedoch insgesamt nur eine geringe Bedeutung beimessen. [426] Die deutliche Minderung der Erwerbslosigkeit in Dänemark nach 1994 wurde, so *Döhrn / Heilemann / Schäfer*, vielmehr durch die zu dieser Zeit ebenfalls in Kraft tretenden neu entwickelten Regelungen zum **Erziehungs-, Bildungs- und Sabbaturlaub** erreicht. "Ein höheres Wirtschaftswachstum und die Reform der Arbeitsmarktpolitik sind zwar von grundsätzlicher Bedeutung für die günstige Entwicklung des dänischen Arbeitsmarktes. Die raschen Erfolge jedoch wurden nur möglich, weil zeitgleich auch neue beschäftigungspolitische Instrumente eingeführt bzw. vorhandene Regelungen ausgeweitet wurden. Neu waren drei 'Beurlaubungsmodelle', die 1995 erstmals zum Einsatz kamen und die oft als phantasievoll gelobt werden. Im einzelnen handelt es sich um den Berufsbildungsurlaub, den Erziehungsurlaub und den Langfristurlaub (Sabbaturlaub), den Arbeitnehmer, in den beiden ersten Fällen aber auch Selbständige und Arbeitslose, für die Dauer von bis zu einem Jahr nehmen können"[427].

Betrachtet man die Berichte über das "Erfolgsmodell Dänemark", so sind es vor allem diese **Beurlaubungs- / Job-**

[426] Vgl. auch zu den folgenden Ausführungen Döhrn, Roland / Heilemann, Ullrich / Schäfer, Günter (1999): Dänemark - Ein "Beschäftigungswunder"? A.a.O., S. 458.
[427] Ministerium für Wirtschaft und Mittelstand, Technologie und Verkehr des Landes Nordrhein-Westfalen (Hrsg.) (1999): Elemente einer erfolgreichen Beschäftigungspolitik - Das Beispiel Dänemark, a.a.O., S. 23.

rotationsprogramme, die im Rahmen der Initiativen der dänischen Arbeitsmarktpolitik die größte Aufmerksamkeit erlangten und als besonders innovativ bewertet werden.[428] Bei der in Dänemark in der gegenwärtigen Form seit 1994 praktizierten **Jobrotation** werden Arbeitnehmer zur Weiterbildung freigestellt, und ihre Arbeit wird in der Zeit der Freistellung von einem bereits im Vorfeld der Maßnahmen qualifizierten Arbeitslosen (befristet) übernommen. *Kröger / van Suntum* beschreiben das Prinzip und die Vorteile der Jobrotation wie folgt: "Der Arbeitgeber vereinbart mit einzelnen Beschäftigten eine zeitlich befristete Beurlaubung für Trainings- oder Weiterbildungsmaßnahmen. Für die beurlaubten Stamm-Mitarbeiter ist er verpflichtet, erwerbslose Personen einzustellen. Dies hat für ihn im Zweifel zwei Vorteile: Erstens kann er die Fertigkeiten seines Stamm-Personals erweitern, so daß er dies noch effizienter einsetzen kann. Zweitens lernt er eine Reihe von Personen an, die die Stelle eines ausscheidenden Stamm-Mitarbeiters sehr schnell ausfüllen können. Die Urlaubsvertretung kann durch die Job-Rotation in Verbindung mit dem Arbeitsleben gehalten werden und hat, wie der Beurlaubte selbst, eine Chance, seine persönlichen Qualifikationen auszubauen"[429].

Von besonderer Bedeutung im Zusammenhang mit den Weiterbildungsmaßnahmen im Rahmen von Jobrotation ist u.a. die in Dänemark vorherrschende Schwerpunktsetzung

---

[428] Vgl. auch zu den folgenden Ausführungen Heinze, Rolf G. / Schmid, Josef / Strünck, Christoph (1999): Vom Wohlfahrtsstaat zum Wettbewerbsstaat: Arbeitsmarkt- und Sozialpolitik in den 90er Jahren. Opladen, S. 127.

[429] Kröger, Martin / Suntum, Ulrich van (1999): Mit aktiver Arbeitsmarktpolitik aus der Beschäftigungsmisere? A.a.O., S. 160f.

bei der Durchführung der jeweiligen Maßnahme. Diese Maßnahmen sind nämlich nicht an der Qualifikation des Arbeitssuchenden, sondern am Markt ausgerichtet, was oftmals eine hohe Flexibilität und Mobilität der Beteiligten erfordert.[430] Nach *Jens-Jorgen Pedersen*, Direktor der Zentrale für Jobrotation in Silkeboprg, zielt Jobrotation, wie die beschriebene Schwerpunktsetzung bei den Maßnahmen vielleicht auch schon andeutet, nicht alleine darauf ab, Arbeitslose wieder in den Arbeitsmarkt zurück zu führen. Dies stellt seiner Meinung nach lediglich einen überaus positiven Nebeneffekt dar. Im Mittelpunkt der Jobrotation steht nach *Pedersen* vielmehr die Weiterbildung in den Betrieben. Demzufolge können die an Jobrotation beteiligten Betriebe ihre Wettbewerbsfähigkeit verbessern und hierdurch u.U. im Zuge dieser Entwicklung auch neue Arbeitsplätze schaffen.[431] "Das Job-Rotationsmodell ist ein zentrales Merkmal des arbeitsmarktpolitischen Konzeptes in Dänemark. Es dient dazu, sowohl den Belangen der Erwerbstätigen (z.B. durch Qualifizierung für neue Aufgaben durch die Teilnahme an Weiterbildungsmaßnahmen) als auch der Arbeitslosen (durch die Aufrechterhaltung des Kontaktes zum Arbeitsmarkt) zu entsprechen und trägt insofern zur Flexibilisierung des Arbeitsmarktes durch eine höhere Mobilität der Erwerbspersonen bei. Allerdings muß diesbezüglich zwischen den verschiedenen Formen des Modells unterschieden werden"[432].

---

[430] Vgl. Heinze, Rolf G. / Schmid, Josef / Strünck, Christoph (1999): Vom Wohlfahrtsstaat zum Wettbewerbsstaat: Arbeitsmarkt- und Sozialpolitik in den 90er Jahren. Opladen, S. 127.
[431] Vgl. ebd.
[432] Weber, Alexander (1998): Der dänische Arbeitsmarkt - ein Modell für Deutschland? In: Scherrer, Peter / Simons, Rolf / Wes-

Unter den verschiedenen "Formen" oder "Ausprägungen" des Modells der Jobrotation in Dänemark werden drei umfassende **Freistellungs- bzw. Beurlaubungsprogramme** verstanden, mit denen das Prinzip der Jobrotation untrennbar verbunden ist (siehe hierzu auch Abbildung 36). Diese Programme, die seit 1994 eine Jobrotation am dänischen Arbeitsmarkt initiieren, verfolgen aufgrund ihrer Konzeption neben arbeitsmarktpolitischen auch bevölkerungs-, sozial- und bildungspolitische Ziele.[433]

Abbildung 36[434] **Ausgewählte arbeitsmarktpolitische Maßnahmen in Dänemark** (Stand 1997)

Maßnahme	Zielgruppe	Gegenstand der Maßnahme	Dauer der Förderung	Geltungszeitraum der Maßnahme	Beteiligung (1)
Individueller Handlungsplan	Personen, die seit 6 Monaten arbeitslos sind	Individuelle Beratung, Festlegung weiterer Handlungsschritte	-	ab 1994	-

termann, Klaus (Hrsg.) (1998): Von den Nachbarn lernen: Wirtschafts- und Beschäftigungspolitik in Europa. Marburg, S. 176.

[433] Vgl. ebd, S. 176; vgl. Döhrn, Roland / Heilemann, Ullrich / Schäfer, Günter (1999): Dänemark - Ein "Beschäftigungswunder"? a.a.O., S. 458.

[434] Daten der Abbildung entnommen aus: Döhrn, Roland / Heilemann, Ullrich / Schäfer, Günter (1999): Ein dänisches "Beschäftigungswunder"? A.a.O., S. 320.

Maßnahme	Zielgruppe	Gegenstand der Maßnahme	Dauer der Förderung	Geltungszeitraum der Maßnahme	Beteiligung (1)
Job-Training	Arbeitslose	Lohnkostenzuschuß von 43,77 DKR je Stunde, sofern Tariflöhne gezahlt werden	Max. 2 Jahre, davon Zuschüsse nur für 1 Jahr	ab 1994	-
Gründergeld	Arbeitslose, die ein eigenes Unternehmen gründen wollen	Zuschuß in Höhe von 50 vH des Arbeitslosengeld-Höchstsatzes	Max. 2½ Jahre	ab 1994	1996: 11000
Berufsbildungsurlaub	Arbeitslose, Arbeitnehmer und Selbständige über 25 Jahre	Zahlung eines Urlaubsgeldes bis zu 100 vH des Arbeitslosengeld-Höchstsatzes	1 Woche bis max. 1 Jahr	ab 1995	1995: 33000 1996: 32000
Erziehungsurlaub	Arbeitslose, Arbeitnehmer und Selbständige mit Kindern zwischen 0 und 8 Jahren	Zahlung eines Urlaubsgeldes bis zu 70 vH, ab 1996 60 vH des Arbeitslosengeld-Höchstsatzes	13 bis 52 Wochen	ab 1995	1995: 42000 1996: 31000
Langzeiturlaub (Sabbaturlaub)	Arbeitnehmer über 25 Jahre	Zahlung eines Urlaubsgeldes bis zu 70 vH, ab 1996 60 vH des Arbeitslosengeld-Höchstsatzes. Der freigewordene Arbeitsplatz muß mit einem Langzeitarbeitslosen besetzt werden	13 bis 52 Wochen	ab 1995 bis 1999	1995: 7500 1996: 1000

Maßnahme	Zielgruppe	Gegenstand der Maßnahme	Dauer der Förderung	Geltungszeitraum der Maßnahme	Beteiligung (1)
Vorruhestandsprogramme	Mitglieder der Arbeitslosenversicherung	Maximal 90% des früheren Nettoeinkommens der Versicherten	bis zum Eintritt in das Rentenalter (67 Jahre)	ab 1979; befristete Zusatzprogramme	1995: 140000; 1996: 170000
Teilzeitvorruhestand	Mitglieder der Arbeitslosenversicherung zwischen 60 und 66 Jahren	58 DKR je Stunde der Arbeitszeitverkürzung	bis zum Eintritt in das Rentenalter (67 Jahre)	ab 1995	1995: 6000; 1996: 6000

(1) Arbeitsplätze in Vollzeit-Äquivalenten.

Hierbei ist zuallererst der **Bildungsurlaub** zu nennen, der im besonderen für ein Zustandekommen der Jobrotation unerlässlich ist.[435] Der Bildungsurlaub steht allen Arbeitslosen, Arbeitnehmern und Selbstständigen über 25 Jahren zu, die im Rahmen dieser Beurlaubungsregelung bis zu einem Jahr Lohnersatzleistungen erhalten können. Die Teilnehmer dieser Variante der dänischen Freistellungsprogramme erhalten den vollen maximalen Satz der Arbeitslosenunterstützung als Urlaubsgeld ausbezahlt. Besonders bei großen Unternehmen oder bei Weiterbildungsmaßnahmen jedoch, die speziell für den Bedarf eines Unternehmens konzipiert

[435] Vgl. Kröger, Martin / Suntum, Ulrich van (1999): Mit aktiver Arbeitsmarktpolitik aus der Beschäftigungsmisere? A.a.O., S. 160.

und besucht werden, erhalten die freigestellten Beschäftigten oftmals eine Aufstockungszahlung zusätzlich zum Satz der Arbeitslosenunterstützung vom Arbeitgeber zugesprochen, wodurch sie in der Regel auch in der Zeit der Weiterbildung ihren vollen Lohn oder ihr Gehalt weiterbeziehen und somit nahezu keine finanziellen Einbußen hinzunehmen haben.[436] "Voraussetzung für die Inanspruchnahme des Bildungsurlaubs, der für die Teilnahme an anerkannten öffentlichen Ausbildungen gewährt wird und längstens ein Jahr betragen kann, ist neben der erforderlichen Berechtigung zum Bezug von Arbeitslosenunterstützung für Arbeitnehmer auch das Einverständnis des Arbeitgebers. Außerdem müssen diese ebenso wie Selbständige zuvor eine bestimmte Zeit lang erwerbstätig gewesen sein. Arbeitslose, die den Bildungsurlaub in Anspruch nehmen wollen, müssen ebenfalls unterstützungsberechtigt sein und sind auch während des Urlaubs verpflichtet, ein etwaiges Stellenangebot anzunehmen"[437]. Erfolgt die Freistellung eines Beschäftigten im Rahmen des Berufsbildungsurlaubs, so ist die (befristete) Einstellung eines arbeitslosen Stellvertreters nicht zwingend vorgeschrieben. Allerdings erhalten Arbeitgeber monetäre Anreize, um die vorübergehende Einstellung eines Arbeitslosen als Ersatz für den freigestellten Mitarbeiter vorzunehmen. Diese Anreize beziehen sich in erster Linie auf die Personalkosten für die Ersatzarbeitskraft, die im Rahmen von Job-Trainings und Jobrotation-Maßnahmen dem Arbeitgeber zum Teil erstattet werden. Durch diese Kostenbetei-

[436] Vgl. Weber, Alexander (1998): Der dänische Arbeitsmarkt - ein Modell für Deutschland? In: Scherrer, Peter / Simons, Rolf / Westermann, Klaus (Hrsg.) (1998): Von den Nachbarn lernen, a.a.O., S. 176.
[437] ebd., S. 176f.

ligung ist es zu erklären, dass es in nahezu 70% aller Fälle zu einer Einstellung einer Ersatzarbeitskraft im Rahmen eines Bildungsurlaubs gekommen ist.[438] Eine genauere Betrachtung und Analyse der Stellvertreterquote zeigt jedoch, "daß beim Bildungsurlaub bislang zwar rund 70 Prozent der freiwerdenden Arbeitsplätze neu besetzt werden, davon allerdings nur rund die Hälfte mit Arbeitslosen. Insofern ist ein gewünschter Effekt des Modells, die Re-Integration der Arbeitslosen in den Erwerbsprozeß zu fördern, nur bedingt in die Praxis umgesetzt worden. Zudem führt die relativ geringe Zahl der (zumindest) vorübergehend wiederbeschäftigten Arbeitslosen auch dazu, daß das Modell für die öffentliche Hand möglicherweise nicht, wie erhofft, auf Dauer kostenneutral ist, da die zusätzlichen Ausgaben nicht durch entsprechende Einsparungen bei der Arbeitslosenunterstützung kompensiert werden"[439].

Im Gegensatz zum Bildungsurlaub besteht beim **Sabbaturlaub** im Fall der Inanspruchnahme durch einen Arbeitnehmer die Verpflichtung des Arbeitgebers, einen Erwerbslosen als Ersatzarbeitskraft einzustellen. Die Funktion als Ersatzarbeitskraft dürfen jedoch nur Erwerbslose wahrnehmen, die zuvor mindestens ein Jahr lang arbeitslos gewesen sind. "Der 'Sabbat-Urlaub' ('Sabbatorlov') steht lediglich Arbeitnehmern zur Verfügung, die das 25. Lebensjahr vollendet und einen Anspruch auf Arbeitslosenunterstützung haben sowie in den letzten fünf Jahren mindestens drei Jahre beschäftigt waren. Diese Zielgruppe kann sich zu einem belie-

[438] Vgl. Döhrn, Roland / Heilemann, Ullrich / Schäfer, Günter (1999): Dänemark - Ein "Beschäftigungswunder"? A.a.O., S. 458.
[439] Weber, Alexander (1998): Der dänische Arbeitsmarkt - ein Modell für Deutschland? A.a.O., S. 177.

bigen Zweck für einen Zeitraum von 13 bis 52 Wochen beurlauben lassen. Das einzige Hindernis besteht darin, die Einwilligung des Arbeitgebers zu erhalten. Denn dieser ist gesetzlich dazu verpflichtet, für jeden beurlaubten Sabbat-Programmteilnehmer vertretungsweise einen Langzeitarbeitslosen einzustellen. Alle Programmteilnehmer erhalten ein Urlaubsgeld in Höhe von 60 Prozent des Arbeitslosengeldhöchstsatzes"[440].

Nicht zuletzt aufgrund der im Vergleich zum Bildungsurlaub strengeren Zulassungskriterien blieb die Beteiligung beim Sabbaturlaub in Dänemark eher schwach, was dazu führte, dass der Sabbaturlaub, der zuletzt nur noch von ca. 1000 Teilnehmern pro Jahr genutzt wurde, im März 1996 wieder abgeschafft wurde. Bereits vor der endgültigen Einstellung des Sabbat-Programms erfolgte ein Abbau der Leistungen. Aufgrund der nach *Schrader* prohibitiv hohen Kosten des Programms sowie angesichts eines sich zusehends verengenden Arbeitsmarktes in Dänemark wurden die Beihilfen zum Sabbaturlaub von ursprünglich 80% des maximalen Arbeitslosenunterstützungssatzes auf 60% reduziert.[441] Die Bedeutung der Sabbaturlaubsregelung für den dänischen Arbeitsmarkt und der Beitrag, den diese Variante der Beurlaubungsmodelle zur Verringerung der Arbeitslosigkeit leisten konnte, muss allein schon vor dem Hintergrund der niedrigen Teilnehmerzahlen als gering bewertet werden. Im Fall des Sabbaturlaubs wurden jedoch auch grundsätzliche, konzeptionelle Bedenken geäußert: "Beim Sabbaturlaub

[440] Kröger, Martin / Suntum, Ulrich van (1999): Mit aktiver Arbeitsmarktpolitik aus der Beschäftigungsmisere? A.a.O.S. 160.
[441] Vgl. Schrader, Klaus (1999): Dänemarks Weg aus der Arbeitslosigkeit: Vorbild für andere? A.a.O., S. 225.

mußte für jeden Urlauber obligatorisch ein Arbeitsloser auf den freiwerdenden Arbeitsplatz beschäftigt werden, die registrierte Arbeitslosigkeit sank also in Höhe der Zahl der Urlauber. Wie sich zeigte, wurde im Anschluß sogar etwa die Hälfte der Vertreter weiterbeschäftigt. Doch wird dieser Job-Rotation-Effekt dadurch geschmälert, daß die Arbeitgeber in der Regel einen Vertreter gemäß ihrer normalen Einstellungskriterien ausgesucht haben. Das heißt, daß nicht Problemfälle (Langzeitarbeitslose) zum Zuge kamen, sondern Anwärter, die auch ohne Sabbatprogramm eingestellt worden wären - nur lag die Finanzierung der Probezeit beim Staat. Insgesamt waren diese Mitnahmeeffekte wenig bedeutsam, da das Sabbatprogramm kaum in Anspruch genommen wurde, wozu sicherlich auch die schrittweise Verschlechterung der Urlaubsbezüge beigetragen hat"[442].

Als letzte Variante der dänischen Freistellungsprogramme ist der **Erziehungsurlaub** zu nennen. Er kann von Arbeitslosen, Arbeitnehmern und Selbstständigen in Anspruch genommen werden. Gewährt wird er jedoch nur Eltern von Kindern im Alter von bis zu acht Jahren für die Dauer von insgesamt maximal 52 Wochen. Ebenso wie bereits beim Bildungsurlaub beschrieben, ist die Inanspruchnahme des Erziehungsurlaubs durch einen Arbeitnehmer nicht daran gebunden, eine Ersatzarbeitskraft für die Zeit der Freistellung vorübergehend einzustellen. Die freigestellte Person im Erziehungsurlaub erhält ein Urlaubsgeld in Höhe von 60% des Arbeitslosengeldhöchstsatzes. "Mit Hilfe des 'Erziehungsurlaubs' ('Orlov til børnepasning') soll es Eltern ermöglicht werden, sich intensiv um die Betreuung ihrer unter

[442] ebd., S. 226.

neun Jahre alten Kinder zu kümmern. Es soll mit anderen Worten eine bessere Vereinbarkeit zwischen Berufs- und Familienleben gewährleistet werden. ...Der Erziehungsurlaub ist als passive arbeitsmarktpolitische Maßnahme einzustufen, weil sein Hauptzweck in einer befristeten Reduktion des Arbeitsangebots liegt. Die im Urlaub befindliche Person bildet sich weder fort, noch ist die Einstellung einer Urlaubsvertretung für den Arbeitgeber verpflichtend. Mit Hilfe des Erziehungsurlaubs kann somit zwar eine Job-Rotation gefördert, aber nicht gewährleistet werden"[443]. Den Erziehungsurlaub nutzten im großen Maß vor allem **arbeitslose Frauen**. So ist es auch zu verstehen, dass nach Einführung des Erziehungsurlaubs in Dänemark die Erwerbsquote insbesondere von Frauen stark zurück ging.[444] Bei einer abschließenden Beurteilung der Bedeutung des Erziehungsurlaubs, aber auch des Bildungsurlaubs, für den dänischen Arbeitsmarkt muss eben dieser Sachverhalt berücksichtigt werden, nämlich, "daß mehr als die Hälfte der Teilnehmer registrierte Arbeitslose waren, Job-Rotation demnach überhaupt nicht stattfinden konnte. Es gab lediglich eine urlaubsbedingte 'Umbuchung' von registrierten Arbeitslosen, ohne daß diese in den Genuß praxisnaher Weiterbildung kommen konnten. Des weiteren bedeutet die Beschäftigung eines Urlaubsvertreters keineswegs, daß unbedingt ein Arbeitsloser berücksichtigt wurde. Vielmehr zeigen Unternehmensbefragungen, daß ein großer Teil der Urlaubsver-

[443] Kröger, Martin / Suntum, Ulrich van (1999): Mit aktiver Arbeitsmarktpolitik aus der Beschäftigungsmisere? A.a.O., S.153.
[444] Vgl. Döhrn, Roland / Heilemann, Ullrich / Schäfer, Günter (1999): Ein dänisches "Beschäftigungswunder"? A.a.O., S. 321.

treter bereits in dem betreffenden Unternehmen beschäftigt waren"[445].

Bei der Beschreibung und Analyse der dänischen Beurlaubungs- / Jobrotations-Programme wird deutlich, dass diesen arbeitsmarktpolitischen Programmen in Dänemark ein sehr umfangreiches Aufgabenspektrum zugedacht worden ist: "Die Beurlaubung soll die individuelle Lebensqualität verbessern, indem Möglichkeiten zur Weiterbildung, eines erfüllteren Familienlebens oder zur Realisierung anderer selbstgesteckter Vorhaben geschaffen werden; die Beurlaubung soll in Zeiten rapiden technischen Fortschritts dazu dienen, daß die notwendige Anpassung der Qualifikationsprofile von den Beschäftigten vorgenommen wird; die Arbeitslosigkeit soll über Job-Rotation bekämpft werden, das den Kontakt zur Arbeitswelt wiederherstellt und eine Demonstration des Leistungsvermögens von Arbeitslosen ermöglicht"[446]. Angesichts dieses breiten Zielkatalogs stellt *Schrader* zu Recht die Frage, inwieweit diese Ziele bislang durch die Beurlaubungs- / Jobrotationsprogramme in Dänemark erreicht werden konnten.[447] Diese Frage aufgreifend kann zusammenfassend festgestellt werden, dass, die vorangegangenen Ausführungen haben dies bereits angedeutet, nicht alle Ziele der dänischen Freistellungsprogramme realisiert werden konnten. Allerdings gibt es neben den bereits skizzierten Fehlentwicklungen auch viele positive Aspekte zu beobachten, die die Einführung der Beurlaubungs- / Jobrotationsprogramme in Dänemark grundsätzlich

[445] Schrader, Klaus (1999): Dänemarks Weg aus der Arbeitslosigkeit: Vorbild für andere? A.a.O., S. 226.
[446] ebd., S. 225.
[447] Vgl. auch zu den folgenden Ausführungen ebd.

als nachahmenswert erscheinen lassen. So ist *Schrader* der Ansicht, dass das Weiterbildungsziel zumindest bei den Erwerbstätigen erreicht wurde, weil die Arbeitgeber einem Bildungsurlaub zustimmen mussten. Hinzu kommt, dass die Programme bislang von Arbeitnehmern **und** Arbeitgebern als überaus positiv bewertet werden. Dies zeigt u.a., dass die Weiterbildung der Beschäftigten im Rahmen der Freistellungsprogramme auch den Unternehmen deutliche Vorteile gebracht haben muss. "Allerdings wird auch zu Recht kritisch hinterfragt, ob betriebliche Weiterbildung nicht im ureigensten Unternehmensinteresse liegt und daher diese Programme zu Mitnahmeeffekten führen. Gleiches gilt für die Arbeitnehmer, denen ihr zukünftiger Stellenwert auf dem Arbeitsmarkt etwas Wert sein müßte"[448].

Als letztendlich positiv kann auch bewertet werden, dass es bereits kurz nach Einführung der Beurlaubungsprogramme zu einer deutlichen Reduzierung der Erwerbslosigkeit in Dänemark gekommen ist, obgleich die Programme nicht zu einer kurzfristigen Erhöhung der Zahl der Arbeitsplätze geführt haben, sondern die vorhandene Arbeit zunächst lediglich umverteilt wurde.[449] "Die Reduzierung der Zahl der Arbeitslosen bis 1996 entspricht ziemlich genau der Zahl der Erwerbstätigen, die von den angesprochenen arbeitsmarktpolitischen Instrumenten Gebrauch machten; der Abbau der Arbeitslosigkeit erfolgte mit anderen Worten eher durch den Rückzug vom Arbeitsmarkt als durch den Übergang in die Beschäftigung. In den Folgejahren jedoch, als die Beurlaubungsprogramme - weil finanziell weniger

[448] ebd., S. 226.

[449] Vgl. Döhrn, Roland / Heilemann, Ullrich / Schäfer, Günter (1999): Dänemark - Ein "Beschäftigungswunder"? A.a.O., S. 459.

attraktiv ausgestattet - in geringerem Umfang genutzt wurden und das Frühverrentungsprogramm auslief, hatte das Wachstum ausreichend Schubkraft entfaltet und trugen die Reformen der Arbeitsmarktpolitik so weit, daß die Arbeitslosigkeit nicht wieder stieg. Dabei zeigte sich, daß der Weg aus Arbeitslosigkeit oder Beschäftigung in die Nicht-Erwerbstätigkeit keineswegs eine Einbahnstraße war: In der Altersgruppe zwischen 25 und 54 Jahren fand immerhin ein Viertel der Personen, die 1996 zur Stillen Reserve gehörten, im Jahr darauf eine Beschäftigung, ein im europäischen Vergleich hoher Wert"[450].

Nach *Madsen* hob die Reform der dänischen Arbeitsmarktpolitik von 1994 durch die Einführung des bezahlten Bildungsurlaubs und die Förderung der Jobrotation die Bedeutung der Wechselwirkung zwischen Aktivierung der Arbeitslosen und Ausbildung der Beschäftigten (lebenslanges Lernen) hervor.[451] Der Bildungsurlaub stellt hierbei den Versuch dar, die "Last" der Qualifizierung von den Arbeitslosen weg hin zu den derzeit Beschäftigten zu verlagern. Durch das dänische Rotationsmodell wurde somit eine enge Verzahnung zwischen Beschäftigungsförderung und der auf eine langfristige Beschäftigungssicherung der Erwerbstätigen abzielende Weiterbildung erreicht, die es nach *Weber* in dieser Art in Deutschland erst in Ansätzen gibt.[452] Dabei

[450] Ministerium für Wirtschaft und Mittelstand, Technologie und Verkehr des Landes Nordrhein-Westfalen (Hrsg.) (1999): Elemente einer erfolgreichen Beschäftigungspolitik - Das Beispiel Dänemark, a.a.O., S. 24.
[451] Vgl. auch zu den folgenden Ausführungen Madsen, Per Kongshoy (1998): Das dänische "Beschäftigungswunder", a.a.O., S. 36.
[452] Vgl. Weber, Alexander (1998): Der dänische Arbeitsmarkt - ein Modell für Deutschland? A.a.O., S. 178.

darf jedoch nicht außer acht gelassen werden, dass im Rahmen des Modells der Jobrotation die Unternehmen auch etwas zum Qualifikationsniveau der (arbeitslosen) Stellvertreter beitragen sollten. Dieser "Verpflichtung" kommen die Unternehmen oftmals nur sehr halbherzig nach: "Wie Beispiele illustrieren, werden die befristeten Mitarbeiter in mehrwöchigen Fachkursen (bis zu sechs Wochen) betrieblich geschult bzw. 'angelernt'. Hierbei muß wohl der Kontakt mit der Arbeitswelt als Mehrwert angesehen werden, nachhaltige Qualifikationszuwächse erscheinen eher fraglich"[453].

Die vorstehende Darstellung hat u.a. gezeigt, dass der dänische Beschäftigungserfolg ohne eine drastische Reduzierung des Arbeitsangebots in diesem Umfang nicht möglich gewesen wäre. Die dänische Arbeitsmarktpolitik war nach der Reform von 1994 einerseits "defensiv" ausgerichtet, d.h. die vorhandene Arbeit wurde im Rahmen der oben skizzierten Freistellungsprogramme "umverteilt".[454] Ein neu aufgelegtes und zeitlich befristetes Vorruhestandsprogramm reduzierte zusätzlich das Arbeitsangebot. Die zur Bekämpfung der strukturellen Arbeitslosigkeit eingeführten "Aktivierungsprogramme" trieben dagegen "aktiv" dazu bei, dass (Langzeit-) Arbeitslose ihre Bemühungen verstärken mussten, schnell wieder eine reguläre Beschäftigung aufzunehmen. "Die Beschäftigungseffekte der im einzelnen getroffenen Maßnahmen lassen sich kaum isolieren. Eine Evaluierung

---

[453] Schrader, Klaus (1999): Dänemarks Weg aus der Arbeitslosigkeit: Vorbild für andere? A.a.O., S. 226.
[454] Vgl. auch zu den folgenden Ausführungen Döhrn, Roland / Heilemann, Ullrich / Schäfer, Günter (1999): Dänemark - Ein "Beschäftigungswunder"? A.a.O., S. 460.

bzw. erste Einschätzung liegt nur für die arbeitsmarktpolitischen Reformen vor. Den Freistellungsprogrammen wird bei der Reduzierung der registrierten Arbeitslosigkeit eine kurzfristig positive Wirkung in den Jahren 1994 und 1995 zugeschrieben. Die vorliegenden Analysen berücksichtigen jedoch nicht die negativen Beschäftigungseffekte, die sich mittel- und langfristig ergeben können. Die Reduzierung des Arbeitsangebotes wird den Lohnbildungsprozeß beeinflussen und tendenziell lohnsteigernd wirken. Denkbar sind auch negative Struktureffekte. So kann es zu Mismatch-Arbeitslosigkeit kommen, wenn Beschäftigte mit Mangelberufen ein Freistellungsprogramm in Anspruch nehmen"[455].

Aufgrund dieser befürchteten negativen Auswirkungen der Beurlaubungsprogramme auf das Arbeitsangebot stellen vor allem die konservative dänische Opposition, der Arbeitgeberverband sowie auch Volkswirte in Dänemark die Freistellungsprogramme im eigenen Land immer mehr in Frage.[456] Hauptkritikpunkte sind hierbei in erster Linie die nicht deutlich erkennbaren Langzeiteffekte der Beurlaubungsprogramme, bei denen vermutet wird, dass sie z.T. zu recht gegenläufigen Ergebnissen führen können. So tragen die Beurlaubungsmodelle, wie auch bereits dargestellt, auf der einen Seite zum Rückgang des Arbeitsangebots bei. Sie können andererseits "aber auch - durch Verringerung der Marginalisierung - langfristig zu einer Zunahme des effektiven Arbeitsangebots führen; » ein rückläufiges Arbeitsangebot kann Lohndruck zur Folge haben: das Risiko wird jedoch

[455] Emmerich, Knut (1998): Dänemark: Arbeitsmarktflexibilität bei hoher sozialer Sicherung, a.a.O., S. 405.
[456] Vgl. auch zu den folgenden Ausführungen Madsen, Per Kongshoy (1998): Das dänische "Beschäftigungswunder", a.a.O., S. 37.

durch die Tatsache verringert, daß der Großteil der Personen, die sich freistellen lassen, Angestellte im öffentlichen Dienst sind, deren Gehälter kaum dem Druck des Marktes ausgesetzt sind; » die Produktivität kann zurückgehen, wenn die Unternehmen ersatzweise Personen anlernen müssen. Andererseits wird im Falle eines Bildungsurlaubs die Produktivität vermutlich steigen, wenn die betreffende Person wieder in das Unternehmen zurückkehrt"[457]. Kritiker der dänischen Beurlaubungsprogramme warnen wegen der skizzierten unklaren Langzeiteffekte der Programme davor, dass letztendlich die negativen Auswirkungen auf das Arbeitsangebot die positiven Auswirkungen auf die Qualifikation der Arbeitskräfte überwiegen könnten.[458] Nicht zuletzt aufgrund der zunehmenden Zweifel an der Vorteilhaftigkeit einzelner Bestimmungen der Freistellungsprogramme sowie der geschilderten Ambivalenz in der Beurteilung der Langzeiteffekte der Beurlaubungsprogramme ist es in Dänemark bereits zu einem schrittweisen Abbau der Leistungen gekommen, welche die Teilnehmer der Freistellungsregelungen erhalten. Gleichzeitig diente dieser Leistungsabbau aber auch der Einschränkung der massiven Inanspruchnahme der Freistellungsprogramme. Ein sich zusehends verengender Arbeitsmarkt in Dänemark ließ eine weitere umfangreiche Reduzierung des Arbeitsangebots durch die Urlaubsregelungen nicht mehr sinnvoll erscheinen.[459] "Als zentrales Instrument einer regionalen Arbeitsmarktpolitik genießt eine

---

[457] ebd.

[458] Vgl. ebd.

[459] Vgl. Weber, Alexander (1998): Der dänische Arbeitsmarkt - ein Modell für Deutschland? A.a.O., S. 177.

sinnvolle Jobrotation auf Betriebsebene freilich immer noch Priorität"[460].

Trotz der genannten Fehlentwicklungen bleibt fest zu halten, dass die dänische Arbeitsmarktpolitik in vielerlei Hinsicht als erfolgreich zu bewerten ist. Die Neuorientierung der Arbeitsmarktpolitik seit 1994 hat zu einer Entwicklung am dänischen Arbeitsmarkt geführt, die, nimmt man als Hauptindikator für eine Bewertung den drastischen Rückgang der Arbeitslosigkeit, als überaus positiv zu bezeichnen ist. "Zudem hat auch die OECD in ihrer Jobs Study die dänischen Anstrengungen gewürdigt: Besonders im Vergleich zur Bundesrepublik, der die OECD ein recht schlechtes Zeugnis bezüglich ihrer Arbeitsmarktpolitik ausstellt, werden Dänemark nur noch recht wenige Änderungen und Verbesserungen ihres arbeitsmarktpolitischen Konzeptes empfohlen"[461]. Übersehen werden darf bei einer Bewertung des "dänischen Modells" jedoch nicht, dass die arbeitsmarktpolitischen Reformbemühungen in Dänemark seit 1994 von einem allgemeinen wirtschaftlichen Aufschwung flankiert worden sind. Daher wird sich erst in Zukunft zeigen, ob auch unter schlechteren konjunkturellen Rahmenbedingungen von einem mittel- und langfristigen Erfolg der dänischen Arbeitsmarktpolitik gesprochen werden kann. "Die Erfolge dieser Maßnahmen sind recht jungen Datums. Es muß sich also erst zeigen, ob sie tatsächlich den Anfang einer dauerhaft günstigen Entwicklung darstellen, oder ob sie nur vorübergehend Wirkung entfalten. Die OECD je-

---

[460] Madsen, Per Kongshoy (1998): Das dänische "Beschäftigungswunder", a.a.O., S. 37.

[461] Weber, Alexander (1998): Der dänische Arbeitsmarkt - ein Modell für Deutschland? A.a.O., S. 181.

denfalls geht in ihrer jüngsten Prognose für Dänemark davon aus, daß sich der Abbau der Arbeitslosigkeit fortsetzt"[462].

5.4 Beschäftigungsorientierte Lohnpolitik und konsensorientierte Tarifpartnerschaft

Eine wichtige Voraussetzung für die positive Entwicklung am dänischen Arbeitsmarkt war, neben den bereits dargestellten Faktoren, eine **moderate Lohnpolitik**, die auch in der Phase eines konjunkturellen Aufschwungs in den 90er Jahren auf Dauer beibehalten wurde. "Angesichts des in den letzten Jahren recht kräftigen Wirtschaftswachstums und der inzwischen niedrigen Arbeitslosenquote blieben die Lohnzuwächse in der dänischen Wirtschaft moderat. Hierin kommt ein Wandel in der Zielsetzung der Gewerkschaften zum Ausdruck, die mehr und mehr anerkannten, daß sich die Lohnabschlüsse in einer kleinen offenen Volkswirtschaft an denen bei den wichtigsten ausländischen Wettbewerbern, insbesondere in Deutschland, orientieren müssen. Es entwickelte sich so ein 'Sozialpakt für Beschäftigung', allerdings stillschweigend im Konsens zwischen den Tarifparteien, ohne daß dabei der Staat eine aktive Rolle übernahm"[463].

[462] Döhrn, Roland / Heilemann, Ullrich / Schäfer, Günter (1999): Ein dänisches "Beschäftigungswunder"? A.a.O., S. 322.
[463] Ministerium für Wirtschaft und Mittelstand, Technologie und Verkehr des Landes Nordrhein-Westfalen (Hrsg.) (1999): Elemen-

Kooperation und **Konsens** zwischen den Tarifparteien kennzeichnen die dänische Tarifpolitik bereits seit 1899.[464] So ist der dänische Arbeitsmarkt geprägt durch starke Arbeitnehmer- und Arbeitgeberorganisationen und eine lange Tradition kollektiver Tarifverhandlungen. Der gewerkschaftliche Organisationsgrad in Dänemark liegt bei ca. 80% und ist damit mehr als doppelt so hoch wie in Deutschland (30%). "Tradition und Stärke der Organisationen haben zur Folge, daß relativ weite Bereiche der Arbeitsverhältnisse durch Tarifverträge geregelt sind und gesetzliche Vorschriften einen kleineren Raum einnehmen als in anderen Ländern. Auch auf den Gesetzgebungsprozeß und die Arbeitsmarktpolitik haben die Sozialpartner einen nicht unerheblichen Einfluß, und sie verfügen zudem über eine hohe Autonomie hinsichtlich Anwendung und Auslegung der Tarifverträge"[465]. Die moderaten Lohnabschlüsse der vergangenen Jahre sowie die Durchsetzung der arbeitsmarktpolitischen Reformen in Dänemark in der jüngsten Vergangenheit können einerseits auf diese geschichtlich gewachsene enge Beziehung zwischen den Tarifparteien zurückgeführt, aber auch allgemein als Ausdruck und Ergebnis eines generell auf Kooperation und Konsens beruhenden Politikstils in Dänemark gesehen werden.[466] *Fuhrmann* führt dieses in Dänemark stark verwurzelte Konsensstreben u.a. auf eine lange sozialdemokratische Tradition des Landes zurück: "Däne-

te einer erfolgreichen Beschäftigungspolitik - Das Beispiel Dänemark, a.a.O., S. 24.

[464] Vgl. auch zu den folgenden Ausführungen Döhrn, Roland / Heilemann, Ullrich / Schäfer, Günter (1999): Ein dänisches "Beschäftigungswunder"? A.a.O., S. 317.

[465] ebd.

[466] Vgl. Döhrn, Roland / Heilemann, Ullrich / Schäfer, Günter (1999): Dänemark - Ein "Beschäftigungswunder"? A.a.O., S. 459.

mark ist ein Land mit starker sozialdemokratischer Tradition. Seit 1924 hat das konservative Lager nur 25 Jahre die Regierung gebildet, war allerdings während der Perioden sozialdemokratisch geführter Regierungskoalitionen immer eine starke Opposition, deren Anliegen berücksichtigt werden mußten. ...Die typisch dänische Dauerkonstellation von Koalitionsregierung und starker Opposition, von nahezu gleichstarken politischen Lagern hat eine starke Tradition der Kompromißbildung und der Anhörung und Berücksichtigung aller Interessen hervorgebracht"[467].

Auch wenn die Tarifparteien in Dänemark grundsätzlich ein hohes Maß an Autonomie im Bereich der Tarifpolitik genießen, bedeutet dies jedoch nicht, dass der Staat nur eine passive Rolle einnimmt. Die Zusammenarbeit zwischen staatlichen Instanzen und den Sozialpartnern ist insgesamt weitaus stärker ausgeprägt als in Deutschland.[468] Der Staat ist darüber hinaus jederzeit in der Lage und auch gewillt, in Tarifverträge und -auseinandersetzungen einzugreifen, wenn die Sozialpartner zuvor zu keiner Einigung gelangt sind. Dies tut er im Einverständnis mit den Arbeitgebern und Gewerkschaften und z.T. in einem Maß, das in Deutschland und auch in vielen anderen Ländern nahezu unvorstellbar wä-

[467] Fuhrmann, Nora (1999): Emanzipation am Arbeitsmarkt: dänische Reformkonzepte, in: WIP Schwerpunktheft: Frauen und Arbeitsmarkt, WIP Occasional Paper des Arbeitsbereichs Politische Wirtschaftslehre und Vergleichende Politikfeldanalyse, Institut für Politikwissenschaft der Universität Tübingen, Nr. 4, 1999, S. 5 und 12.
[468] Vgl. Döhrn, Roland / Heilemann, Ullrich / Schäfer, Günter (1999): Dänemark - Ein "Beschäftigungswunder"? A.a.O., S. 460.

re.[469] "Gleichwohl spielt auch der Staat eine aktive Rolle. Er versteht dabei seinen Part so, daß er erst dann in die Kollektivverhandlungen eingreift, wenn die Sozialpartner keine befriedigende Lösung finden ('Dreierzusammenarbeit'). Solche Eingriffe können recht weit gehen, wie sich in den siebziger Jahren zeigte, als die Löhne durch eine staatliche Vorschrift an die Preisentwicklung gebunden wurden, eine Praxis, von der man sich erst 1982 löste. In jüngerer Zeit hält sich der Staat mit solchen Eingriffen zwar zurück, ist aber stets bereit, von seinen Möglichkeiten Gebrauch zu machen. So beendete er im Frühjahr 1998 einen Streik für eine Verlängerung des Urlaubs, der zu einem längeren Generalstreik zu eskalieren drohte, nach einer Woche per Gesetz, was von den Tarifparteien auch akzeptiert wurde"[470].

Das konsensorientierte System der Tarifverhandlungen wurde durch die in Dänemark bislang durchgeführten Reformen nicht berührt.[471] Allerdings sind wesentliche Veränderungen im Charakter der Tarifverträge festzustellen. Durch Umgestaltungen u.a. des Geltungsbereichs der Tarifverträge wurde eine Flexibilisierung des Lohnfindungsprozesses in Dänemark ermöglicht: "Das Prinzip der zentralen Lohnfindung hat an Bedeutung verloren, da die auf zentraler

---

[469] Vgl. Ministerium für Wirtschaft und Mittelstand, Technologie und Verkehr des Landes Nordrhein-Westfalen (Hrsg.) (1999): Elemente einer erfolgreichen Beschäftigungspolitik - Das Beispiel Dänemark, a.a.O., S. 24.

[470] Döhrn, Roland / Heilemann, Ullrich / Schäfer, Günter (1999): Ein dänisches "Beschäftigungswunder"? A.a.O., S. 317.

[471] Vgl. Ministerium für Wirtschaft und Mittelstand, Technologie und Verkehr des Landes Nordrhein-Westfalen (Hrsg.) (1999): Elemente einer erfolgreichen Beschäftigungspolitik - Das Beispiel Dänemark, a.a.O., S. 25.

Ebene ausgehandelten Verträge mehr und mehr den Charakter von Manteltarifvereinbarungen haben, die auf dezentraler Ebene umgesetzt werden. Zum überwiegenden Teil führen die Lohnverhandlungen nur zur Festlegung eines Mindestlohnes, der in weiteren dezentralen Verhandlungen um Zuschläge ergänzt wird; im Durchschnitt macht dieser Mindestlohn etwa 60 vH der Bezüge eines Arbeitnehmers aus. Bei dieser Lohndrift ist eine hohe Anpassungsfähigkeit der Löhne an betriebsindividuelle Bedingungen gegeben. Überhaupt wurde die Lohndifferenzierung in den letzten Jahren durch die Verlagerung der Lohnfindung auf die Unternehmensebene mit beträchtlichem Raum für individuelle Lösungen vergrößert. Jüngere Tarifabschlüsse sehen zudem die Möglichkeit der Lohnzahlung unter Tarif vor"[472]. Der dezentralisierten und flexibilisierten Lohnfindung in Dänemark wird es zugerechnet, dass trotz des in der jüngsten Vergangenheit erfolgten starken Rückgangs der registrierten Arbeitslosigkeit die Lohnzuwächse dennoch nur begrenzt zugenommen haben.[473]

Betrachtet man die durchschnittlichen Lohnsteigerungen in Dänemark, so wird seit einigen Jahren ein deutlicher Abwärtstrend erkennbar. Noch vor 25 Jahren lagen die Lohnzuwächse durchschnittlich bei etwa 15%.[474] Bereits in den

[472] Gemeinschaftsdiagnose (1997): Die Lage der Weltwirtschaft und der deutschen Wirtschaft im Herbst 1997, a.a.O., S.25.
[473] Vgl. Dänemark: Erfolgreiche Arbeitsmarktpolitik in den neunziger Jahren, in: Trends Spezial (1999), a.a.O., S. 33.
[474] Vgl. zu den genannten Zahlen Döhrn, Roland (1998): Dänemark, ein Vorbild für Deutschland? In: Scherrer, Peter / Simons, Rolf / Westermann, Klaus (Hrsg.) (1998): Von den Nachbarn lernen: Wirtschafts- und Beschäftigungspolitik in Europa. Marburg, S. 165.

80er Jahren lag die durchschnittliche Lohnsteigerung bei nur noch 6,5%. "Seit 1992 stiegen die Löhne nominal stets mit Raten zwischen zwei und vier vH, allerdings unterscheidet sich Dänemark darin nicht grundsätzlich von anderen europäischen Ländern. Auffällig ist, daß der Produktivitätsfortschritt sich relativ gleichmäßig vollzog mit Raten zwischen 1,5 und zwei vH. Beides zusammengenommen, die Abflachung der Lohnentwicklung und wenig veränderte Produktivitätsraten, führten dazu, daß sich der Anstieg der Lohnstückkosten merklich verlangsamte, von durchschnittlichen Raten um die zehn vH in den siebziger Jahren über fünf vH im Durchschnitt der achtziger Jahre auf nunmehr Raten von in der Gesamtwirtschaft um die zwei vH, im Verarbeitenden Gewerbe sogar deutlich darunter. Insofern hat die Entwicklung von Löhnen und Produktivität sicherlich ihren Anteil an der günstigen Beschäftigungsentwicklung der letzten Jahre"[475].

Neben den moderaten Lohnabschlüssen hat sich auch die Flexibilität des Arbeitseinsatzes in Dänemark positiv auf die Arbeitskosten und damit auch auf die Arbeitskräftenachfrage der Unternehmen ausgewirkt.[476] Der Flexibilitätsgrad des ohnehin traditionell sehr flexiblen Arbeitsmarkts in Dänemark wurde im Verlauf der 90er Jahre durch weitere Reformbemühungen erhöht. Auch in diesem Bereich wurden die Reformen nicht zuletzt erst durch die auf lange Traditionen beruhende und auf Konsens und Kooperation basierende institutionelle "Dreierstruktur" zwischen Arbeitge-

[475] ebd.

[476] Vgl. auch zu den folgenden Ausführungen Döhrn, Roland / Heilemann, Ullrich / Schäfer, Günter (1999): Dänemark - Ein "Beschäftigungswunder"? A.a.O., S. 460.

bern, Gewerkschaften und Staat ermöglicht. Die hohe Arbeitsmarktflexibilität in Dänemark wird u.a. in folgenden Punkten erkennbar: "Der gesetzliche Kündigungsschutz ist wenig ausgeprägt, und Sozialpläne sind weitgehend unbekannt, wenn auch eine Tendenz erkennbar ist, entsprechende Regelungen in den Tarifverträgen festzuschreiben. Ferner gibt es keine gesetzlichen Beschränkungen bei Überstunden, die Rahmenbedingungen für den Abschluß von Zeitverträgen sind vergleichsweise liberal, und es bestehen vielfältige Möglichkeiten, Kurzarbeitsregelungen in Anspruch zu nehmen. Gesetzliche Beschränkungen der Arbeitszeit gibt es in Dänemark nicht"[477]. Die Flexibilität des Arbeitskräfteeinsatzes in Dänemark wird darüber hinaus durch eine traditionell hohe Teilzeitquote zusätzlich erhöht. Heute ist der dänische Arbeitsmarkt neben dem Großbritanniens und Irlands der am weitesten deregulierte Arbeitsmarkt in der Europäischen Union.[478] Nach *Emmerich* wird die Notwendigkeit eines im hohen Maße flexibilisierten Arbeitsmarktes in Dänemark mit der Größenstruktur der Unternehmen begründet, die im wesentlichen durch kleine und mittlere Unternehmen bestimmt wird.[479] Als weiteres Argument wird angeführt, dass Dänemark, ebenso wie Deutschland, mit einem Beschäftigtenanteil von ca. 36% der Wirtschaftsbereiche, die im internationalen Wettbewerb stehen, verstärkt auf Globalisierungstendenzen in Form von erhöhter Flexibilität reagieren muss. "Dänemark ist ein Land mit hoher Exportabhängigkeit und unterliegt nicht zuletzt auch wegen seiner geringen Größe einem stärkeren Anpassungsdruck.

---

[477] ebd.

[478] Vgl. Emmerich, Knut (1999): Der Preis für mehr Beschäftigung, a.a.O., S. 34.

[479] Vgl. auch zu den folgenden Ausführungen ebd.

Staat und Tarifparteien tragen dem Rechnung, wobei die Homogenität der Strukturen die Konsensfindung erleichtert. Aber Konsens ist in Dänemark nicht nur eine Reaktion auf Druck von außen, sondern hat auch Tradition"[480].

Die hohe personale und auch zeitliche Flexibilität des Arbeitseinsatzes am dänischen Arbeitsmarkt hat sich insgesamt beschäftigungssteigernd ausgewirkt, weil die Arbeitskosten, die als maßgeblicher Faktor für die Entwicklung am Arbeitsmarkt gelten, gesenkt werden konnten.[481] Unterstützt wurde diese Entwicklung nicht zuletzt durch die neue Strategie der dänischen Gewerkschaftsbewegung, vom Ziel der Lohnexpansion abzurücken und stattdessen Prozesse zu unterstützen, die eine zukünftige (flexible) Beschäftigung der Mitglieder ermöglichen. Diese Strategie hat sich aufgrund des Beschäftigungserfolges in Dänemark als richtig erwiesen. Das dänische Konsensmodell demonstriert damit beispielhaft, wie wichtig gesellschaftliche Rahmenbedingungen für den Erfolg oder Misserfolg von Maßnahmen zur Bekämpfung der Arbeitslosigkeit sind. Denn "viele der in Dänemark erfolgreichen Rezepte wirken nur vor dem Hintergrund des dort ausgeprägt auf Konsens und Kooperation angelegten Politikstils, der mit verhältnismäßig wenig staatlichen Regelungen - z.B. ist der Kündigungsschutz schwach - auskommt, bei dem der sozialen Verantwortung aber ein hoher Stellenwert beigemessen wird und tiefgreifende Interventionen des Staates durchaus akzeptiert werden. Ein solcher Stil findet in anderen Ländern, so auch in Deutschland, natur-

[480] Emmerich, Knut (1998): Dänemark: Arbeitsmarktflexibilität bei hoher sozialer Sicherung, a.a.O., S. 406.
[481] Vgl. Gemeinschaftsdiagnose (1997): Die Lage der Weltwirtschaft und der deutschen Wirtschaft im Herbst 1997, a.a.O., S.25.

gemäß keine Entsprechung"[482]. Vernachlässigt werden darf in diesem Zusammenhang jedoch nicht, dass in Dänemark die Reformen im Bereich der Arbeitsmarktpolitik zwar im gesellschaftlichen Konsens vollzogen wurden, die hohe Akzeptanz der z.T. tiefen Einschnitte in das soziale Netz sowie des geringen Kündigungsschutzes jedoch auch im Zusammenhang mit den in Dänemark immer noch großzügigen Regelungen bei den Lohnersatzleistungen gesehen und beurteilt werden muss. "Von Arbeitslosen und Sozialhilfeempfängern wurden zum Teil recht drastische Zwangsmaßnahmen und Einkommenseinbußen akzeptiert, und es kann vermutet werden, daß sie bei schlechterer Grundsicherung dies nicht ohne weiteres hingenommen hätten. Auch die Tatsache, daß nur relativ schwache Kündigungsschutzregeln bestehen, muß vor dem Hintergrund der recht generösen Abfederung im Fall der Arbeitslosigkeit gesehen werden"[483].

5.5 Zusammenfassung, Übertragbarkeit auf Deutschland und Ausblick

In Dänemark ist es in den letzten Jahren eindrucksvoll gelungen, eine positive Trendwende am Arbeitsmarkt einzuleiten. Ausgehend von einem hohen Niveau registrierter Ar-

[482] Ministerium für Wirtschaft und Mittelstand, Technologie und Verkehr des Landes Nordrhein-Westfalen (Hrsg.) (1999): Elemente einer erfolgreichen Beschäftigungspolitik - Das Beispiel Dänemark, a.a.O., S. 25.
[483] Döhrn, Roland / Heilemann, Ullrich / Schäfer, Günter (1999): Ein dänisches "Beschäftigungswunder"? A.a.O., S. 322.

beitslosigkeit konnte innerhalb kurzer Zeit eine spürbare Entlastung am Arbeitsmarkt erreicht werden. So verringerte sich die Zahl der Arbeitslosen zunächst von 349.000 (1993) auf 220.000 (1997), um Ende 1998 den Stand von 160.000 arbeitslosen Personen zu erreichen.[484] Damit kann Dänemark in der jüngsten Vergangenheit mehr als eine Halbierung der Arbeitslosenzahlen aufweisen, die zudem noch innerhalb eines sehr kurzen Zeitraumes bewerkstelligt wurde. Nimmt man die deutliche Reduzierung der Arbeitslosigkeit als Hauptindikator für eine Bewertung der dänischen Arbeitsmarktpolitik, so kann man unzweifelhaft von einem großen Erfolg sprechen. Dieser Beschäftigungserfolg hat dazu geführt, dass das "dänische Modell" auch in der Bundesrepublik immer häufiger als Hoffnungsträger bei der Lösung der eigenen Arbeitsmarktmisere genannt wird. Die vorangegangenen Ausführungen haben jedoch gezeigt, dass "die Erfolge keineswegs als Resultate eines 'Modells' im Sinne eines kohärenten, neuen Regelwerks oder detailliert ex ante geplanten Maßnahmepaketes gesehen werden dürfen. Sie sind vielmehr dem Zusammenwirken einer zumindest vorübergehend expansiven Fiskalpolitik, einer Erweiterung und Verstärkung der aktiven Arbeitsmarktpolitik und einer moderaten Lohnpolitik zu danken, die durch den in Dänemark üblichen, auf Konsens und Kooperation angelegten Prozeß der politischen Willensbildung rasch aufeinander abgestimmt und durchgesetzt werden konnten"[485]. Das dänische Beispiel zeigt, dass bei der Bekämpfung der Arbeitslosigkeit ein konzertiertes Vorgehen als Erfolgsbasis unerlässlich ist. So wurde in Dänemark die Reduzierung der

[484] Vgl. ebd.
[485] Döhrn, Roland / Heilemann, Ullrich / Schäfer, Günter (1999): Dänemark - Ein "Beschäftigungswunder"? A.a.O., S. 460.

Arbeitslosigkeit gleichzeitig von mehreren Seiten durch den Einsatz von Maßnahmen aus unterschiedlichen Politikbereichen vorangetrieben. Auffällig hierbei ist die hohe zeitliche Konzentration der angewendeten Maßnahmen, worauf zum großen Teil auch die überwältigenden Anfangserfolge bei der Rückführung der Arbeitslosigkeit basieren. [486] "Das Problem der Arbeitslosigkeit - ob so geplant oder nicht, soll dahingestellt sein - wurde von verschiedenen Seiten zeitgleich angegangen. Steuerreform, Wachstumsprogramm, 'defensive' Arbeitsmarktmaßnahmen und Reform der Arbeitsmarktpolitik wurden annähernd zeitgleich wirksam und verstärkten sich so gerade in der Anfangsphase in ihren Wirkungen. In Deutschland ist ein derart kohärentes Vorgehen nicht erkennbar"[487].

Berücksichtigt werden muss im Fall Dänemarks jedoch, dass gerade die hohen Anfangserfolge bei der Verringerung der Arbeitslosigkeit durch eher defensive Maßnahmen "erkauft" wurden. Im Rahmen einer defensiv ausgerichteten neuen Arbeitsmarktpolitik wurde die vorhandene Arbeit mit Hilfe neuer arbeitsmarktpolitischer Instrumente (Beurlaubungsmodelle) seit 1994 in erster Linie lediglich umverteilt. Die massive Inanspruchnahme eines neuen, zur selben Zeit zusätzlich aufgelegten Vorruhestandsprogramms reduzierte das Arbeitsangebot in Dänemark darüber hinaus deutlich.

---

[486] Vgl. Ministerium für Wirtschaft und Mittelstand, Technologie und Verkehr des Landes Nordrhein-Westfalen (Hrsg.) (1999): Elemente einer erfolgreichen Beschäftigungspolitik - Das Beispiel Dänemark, a.a.O., S. 25.
[487] Döhrn, Roland / Heilemann, Ullrich / Schäfer, Günter (1999): Ein dänisches "Beschäftigungswunder"? A.a.O., S. 322.
[487] Vgl. ebd.

Die Gesamtwirkungen der dänischen Beurlaubungsprogramme sowie der Vorruhestandsregelungen, d.h. die Zahl der Teilnehmer an den genannten Maßnahmen zwischen 1994 und 1996, entspricht dem gesamten Rückgang der Zahl der Arbeitslosen im selben Zeitraum.[488] Zumindest kurzfristig führte demzufolge der neue Kurs in der dänischen Arbeitsmarktpolitik nicht dazu, dass eine "echte" Erhöhung der Zahl der Arbeitsplätze erreicht werden konnte. "Die Analyse der dänischen Arbeitsmarktreformen erweckt berechtigte Zweifel, ob der dänische Weg aus der Beschäftigungskrise Vorbildcharakter für die Lösung der Arbeitsmarktprobleme in einem Land wie Deutschland haben sollte. Die dänische Arbeitsmarktpolitik ist vor allem dahingehend kritisch zu beurteilen, daß mit den Arbeitsmarktprogrammen in zu geringem Umfang versucht wird, eine Brücke zwischen Arbeitslosigkeit und Arbeitsmarkt zu schlagen. Eine solche Brückenfunktion nehmen sicherlich Programme wie Job-Training, Job-Rotation und Qualifizierungsmaßnahmen mit berufsbezogenen Inhalt wahr. ... Doch fallen im Rahmen der dänischen Arbeitsmarktpolitik vor allem Vorruhestandsprogramme, auch finanziell, ins Gewicht, die über eine Zurückführung des Arbeitsangebots den Wettbewerbsdruck auf dem Arbeitsmarkt vielmehr mindern und zu Arbeitskräfteknappheiten führen können. Als vordergründiger Vorteil dieser Programme verbleibt eine merkliche Entlastung der Arbeitslosenstatistik, die auch als statistische Schönfärberei oder Verstecken von Arbeitslosigkeit bezeichnet werden könnte"[489]. Erwähnt werden muss jedoch

---

[488] Vgl. Döhrn, Roland (1998): Dänemark, ein Vorbild für Deutschland? A.a.O., S. 167.

[489] Schrader, Klaus (1999): Dänemarks Weg aus der Arbeitslosigkeit: Vorbild für andere? A.a.O., S. 230f.

in diesem Zusammenhang, dass alle in Dänemark durchgeführten Maßnahmen zeitlich befristet waren. Noch wichtiger erscheint jedoch, dass man sich auch vor dem Hintergrund der Erfolge der Programme an die zuvor vereinbarten Zeitpläne hielt. Damit unterlag man in Dänemark nach *Döhrn* nicht der Verlockung, durch eine Fortsetzung der Programme deren Wirkungen zu verlängern.[490]

Die genannten Zweifel am Vorbildcharakter des dänischen Weges aus der Arbeitslosigkeit für die Lösung der Probleme am deutschen Arbeitsmarkt, werfen auch in Bezug zu Dänemark die grundsätzliche Frage auf, inwieweit eine in einem Land erfolgreiche Politik generell auf ein anderes übertragen werden kann.[491] "Dies gilt besonders dann, wenn es sich bei dem 'Vorbild' um ein vergleichsweise kleines Land wie Dänemark mit nur gut 5 Mill. Einwohnern handelt. Die Erfahrungen, die dort gemacht wurden, können nicht ohne weiteres auf eine große Volkswirtschaft wie die deutsche mit 80 Mill. Einwohnern übertragen werden, in der die Problemlagen weitaus inhomogener sind. Insofern sind einer einfachen Übernahme von erprobten Maßnahmen bereits Grenzen gesetzt"[492]. Neben den skizzierten Mentalitätsunterschieden verhindern vor allem die im Vergleich zur Bundesrepublik in Dänemark vorzufindenden unterschiedlichen institutionellen Rahmenbedingungen eine Kopie oder eine

[490] Vgl. Döhrn, Roland (1998): Dänemark, ein Vorbild für Deutschland? A.a.O., S. 167.
[491] Vgl. Ministerium für Wirtschaft und Mittelstand, Technologie und Verkehr des Landes Nordrhein-Westfalen (Hrsg.) (1999): Elemente einer erfolgreichen Beschäftigungspolitik - Das Beispiel Dänemark, a.a.O., S. 25.
[492] Vgl. ebd.

vollständige Übertragung der erfolgreichen dänischen Maßnahmen auf Deutschland.[493] Diese Einschätzung wird u.a. durch die Erfahrungen mit der Einführung des Jobrotationsmodells in Deutschland bestätigt. In Deutschland existieren seit einiger Zeit in mehreren Bundesländern Arbeitsmarktprogramme, die zur Förderung von Jobrotation aufgelegt worden sind. Die Ergebnisse dieser Modellprojekte werden oftmals, beispielsweise auch in Nordrhein-Westfalen, als überwältigende Erfolge gefeiert.[494] Nordrhein-Westfalen hat Jobrotation daher seit Anfang des Jahres als erstes Bundesland zum Regelangebot gemacht. Ob allerdings vor dem Hintergrund der einerseits nur geringen Anzahl derer, die durch die Modellversuche bislang wieder einen festen Arbeitsplatz bekommen haben und der andererseits z.T. recht hohen Planungs- und Durchführungskosten der Programme aus arbeitsmarktpolitischer Perspektive von einem überwältigenden Erfolg gesprochen werden kann, erscheint fraglich. Die Modellversuche haben jedoch, neben der Erkenntnis, dass Jobrotation in Deutschland auf massive Akzeptanzprobleme bei Betrieben wie bei Arbeitslosen trifft, weitere Schwierigkeiten der Implementation von Jobrotation aufgezeigt. "Im Zusammenhang mit der mit diesem Modell verbundenen Möglichkeit der Weiterqualifizierung der Arbeitskräfte besteht in Deutschland das Problem, daß nicht in allen Bundesländern Weiterbildungsgesetzte existieren. In den übrigen Ländern ist die berufsbezogene Weiterbildung durch Tarifvereinbarungen geregelt. Meist ist dabei lediglich ein Weiterbildungsurlaub von 5 Tagen im

[493] Vgl. Emmerich, Knut (1998): Dänemark: Arbeitsmarktflexibilität bei hoher sozialer Sicherung, a.a.O., S. 406.

[494] Vgl. "Vertretung führt Arbeitslose in Job", in: Westdeutsche Allgemeine Zeitung, 01.04.2000.

Jahr vorgesehen. Auch der Kreis der Adressaten, die von einer finanziellen Förderung der Weiterbildung profitieren, ist kleiner als in Dänemark"[495]. Gerade die rechtlichen Bestimmungen zur Bildungsfreistellung Beschäftigter sind jedoch, wie das dänische Beispiel der Beurlaubungsmodelle zeigt, ein geeignetes Mittel, die Qualifizierung der Beschäftigten im Rahmen von Jobrotationsprojekten zu ermöglichen und zu finanzieren.[496] Betrachtet man also unter diesem Aspekt die entsprechenden Regelungen in Deutschland und in Dänemark, so wird deutlich, dass in Dänemark die Voraussetzungen für die Weiterbildungsfreistellung Beschäftigter für Jobrotation weitaus geeigneter sind (siehe auch Abbildung 37). "Die flexible Dauer der Freistellung ermöglicht es, im Rahmen von Jobrotationsprojekten die Beschäftigten bedarfgerecht freizustellen. ... In Deutschland stehen die Bestimmungen zum Weiterbildungsurlaub in der Tradition der Erwachsenenbildung und können in der Regel nicht für die betriebliche Fortbildung genutzt werden"[497]. *Schmid* kommt daher zu dem Schluss, dass eine breite Anwendung von Jobrotation in Deutschland aufgrund der fehlenden weitreichenden rechtlichen oder tariflichen Rahmenregelungen für die Freistellung, wie sie in Dänemark bereits seit längerer Zeit existieren, verhindert wird.[498]

---

[495] Weber, Alexander (1998): Der dänische Arbeitsmarkt - ein Modell für Deutschland? A.a.O., S. 177.

[496] Vgl. Mytzek, Ralf / Schömann, Klaus (1999): Institutionelle und finanzielle Rahmenbedingungen für Jobrotation in neun europäischen Ländern. In: Schmid, Günther / Schömann, Klaus (Hrsg.) (1999): Von Dänemark lernen. Learning from Denmark. A.a.O., S. 28.

[497] ebd., S. 28f.

[498] Vgl. Schmid, Günther (1999): Jobrotation - Ein Modell für investive Arbeitszeitverkürzung. In: Schmid, Günther / Schömann,

Abbildung 37[499] Regelungen zur Weiterbildung im internationalen Vergleich

	Groß-britannien	Schweden	Dänemark	Frankreich	Portugal	Italien	Finnland	Österreich	Deutschland
Weiterbildungsfreistellungen für Beschäftigte (mit Zustimmung des Unternehmens)	nein; kollektive Vereinbarungen und staatliche Anreize	ja; 25 Tage pro Jahr	ja; bis zu 1 Jahr alle 5 Jahre	(ja); (CIF), Ausbildungsabgabe für Firmen (1,5% der Bruttolohnsumme)	(ja); Grundrecht für Berufsausbildung, kollektive Vereinbarungen	nein; in Planung	ja; 3-12 Monate nach 1 Jahr Beschäftigung	ja; 6-12 Monate nach 3 Jahren Beschäftigung	(ja); (in 10 von 16 Ländern): 5-10 Tage pro Jahr

Erfahrungen aus Pilotprojekten zu Jobrotation in Deutschland deuten darauf hin, dass die Motivation von Arbeitslo-

---

Klaus (Hrsg.) (1999): Von Dänemark lernen. Learning from Denmark. A.a.O., S. 35.

499 Abbildung entnommen aus Mytzek, Ralf / Schömann, Klaus (1999): Institutionelle und finanzielle Rahmenbedingungen für Jobrotation in neun europäischen Ländern. In: Schmid, Günther / Schömann, Klaus (Hrsg.) (1999): Von Dänemark lernen. Learning from Denmark. A.a.O., S. 28.

sen zur Teilnahme an Jobrotationsprojekten erheblich gesteigert werden könnte, wenn sie in der Zeit der Stellvertretung ein der Tätigkeit entsprechendes Gehalt erhielten.[500] Um eine leistungsgerechte Entlohnung der arbeitslosen Stellvertreter zu gewährleisten, schlägt *Schmid* eine mögliche Kofinanzierung der Programme durch die Landesregierung vor oder eine Aufstockung der Lohnersatzleistungen durch die Bundesanstalt für Arbeit. Eine leistungsgerechte Entlohnung der Tätigkeit als Stellvertreter wäre demnach unter den spezifischen institutionellen Rahmenbedingungen der Bundesrepublik folgendermaßen zu erreichen: "Die stellvertretenden *Arbeitslosen* erhalten einen befristeten Arbeitsvertrag. Sie beziehen weiterhin Lohnersatzleistungen durch das Arbeitsamt (Arbeitslosengeld oder Arbeitslosenhilfe), die jedoch von der Bundesanstalt für Arbeit aufgestockt werden. Wegen der im Vergleich zu den Beschäftigten geringeren Produktivität der Arbeitslosen wird diese Aufstockung in der Regel nicht zu einem vollen Gehalt führen. Damit beteiligen sich auch die Arbeitslosen an den Kosten, und dennoch bleibt ihnen durch die Aufstockung der Lohnersatzleistungen immer noch ein erheblicher monetärer Anreiz zur Teilnahme"[501]. Der Gedanke, über monetäre Anreize die Motivation der arbeitslosen Stellvertreter zu erhöhen oder überhaupt erst eine Bereitschaft zur Teilnahme an Jobrotationsprojekten bei Arbeitslosen zu wecken, hat jedoch auch in neuesten Arbeitsmarktprogrammen zur Förderung von Jobrotation keinen Einzug

[500] Vgl. auch zu den folgenden Ausführungen Schmid, Günther (1999): Jobrotation - Ein Modell für investive Arbeitszeitverkürzung. In: Schmid, Günther / Schömann, Klaus (Hrsg.) (1999): Von Dänemark lernen. Learning from Denmark. A.a.O., S. 33.
[501] ebd., S. 35.

gefunden. Auch zukünftig sind solche Anreize in der Bundesrepublik aufgrund von Barrieren des Arbeitsförderungsrechts nicht vorgesehen.

Neben den bisher dargestellten schlechten Erfolgsbedingungen für Jobrotation in Deutschland haben *Mytzek / Schömann* das Fehlen einer weiteren Grundvoraussetzung für eine breite Anwendungsbasis von Jobrotation in Deutschland ausgemacht.[502] Demnach hängt der Erfolg von Qualifizierungsmaßnahmen im Rahmen von Jobrotationsprojekten entscheidend von der Bereitschaft der Arbeitslosen und Beschäftigten zur Weiterbildung ab. Diese Bereitschaft messen *Mytzek / Schömann* am Indikator "Übereinstimmung mit dem Prinzip des lebenslangen Lernens" (siehe hierzu Abbildung 38). Befragungen zeigen, dass in Dänemark die Zustimmung zum lebenslangen Lernen mit über 90% am höchsten ist (im Vergleich zu den anderen untersuchten Ländern). In Deutschland bejahten dagegen - neben Österreich - die wenigsten Befragten dieses Prinzip. "In Deutschland und Österreich kann die geringe Zustimmung zum Prinzip des lebenslangen Lernens als Indikator für eine geringere durchschnittliche Bereitschaft der Beschäftigten und besonders der Arbeitslosen, im Rahmen von Jobrotationsprojekten an Weiterbildung teilzunehmen, gewertet werden"[503]. Dieser Einschätzung folgend, sind die Erfolgsaussichten von Jobrotation in der Bundesrepublik auch in Zukunft als eher gering einzuschätzen.

[502] Vgl. auch zu den folgenden Ausführungen Mytzek, Ralf / Schömann, Klaus (1999): Institutionelle und finanzielle Rahmenbedingungen für Jobrotation in neun europäischen Ländern. A.a.O., S. 29f.
[503] ebd., S. 30.

Abbildung 38[504]

Übereinstimmung mit dem Prinzip des lebenslangen Lernens
(1996, Quelle: Eurobarometer 44.0, eigene Berechnungen)

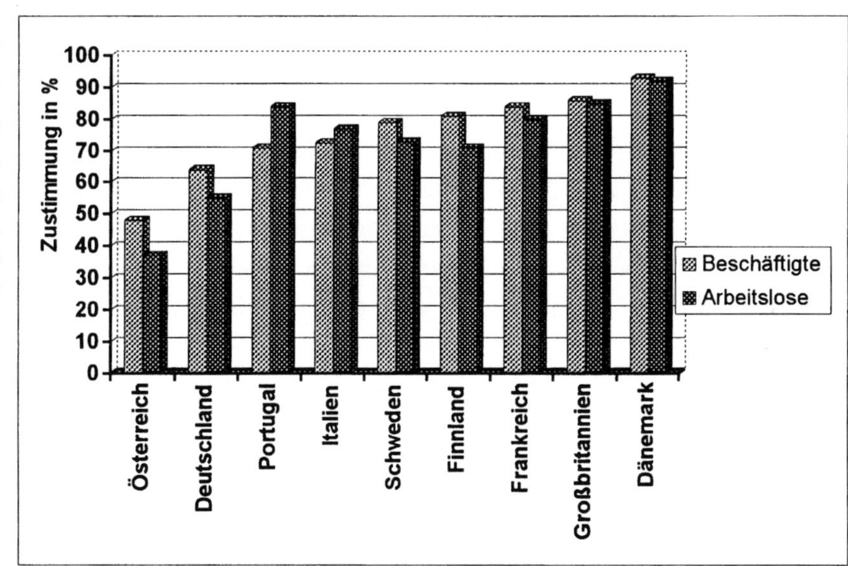

Wenn soweit eine direkte Übertragung der Erfolgsfaktoren des dänischen Weges zu mehr Beschäftigung auf deutsche Verhältnisse aufgrund unterschiedlicher institutioneller, rechtlicher und gesellschaftspolitischer Rahmenbedingungen ausscheidet, so lassen sich doch aus den dänischen Erfahrungen Lehren für die aktuelle deutsche Situation ableiten. So liefert der dänische Beschäftigungserfolg u.a. die Erkenntnis, dass "einige Rezepte, die in Deutschland häufig als unverzichtbar für einen Abbau der Arbeitslosigkeit erachtet werden, in Dänemark allenfalls in geringerem Maße zum Beschäftigungserfolg beigetragen haben: Die Teilzeitquote ist in Dänemark zwar hoch, im Zeitverlauf aber gesunken;

[504] Abbildung entnommen aus ebd., S. 29.

der Anteil der Selbständigen an den Erwerbstätigen ist niedrig und - anders als in Deutschland - nicht gestiegen; die Expansion des privaten Dienstleistungssektors war im europäischen Vergleich eher unterdurchschnittlich; auch bei der Arbeitszeitverkürzung ist Dänemark keineswegs Vorreiter in Europa"[505]. Darüber hinaus zeigt der dänische Beschäftigungserfolg, dass eine deutliche Reduzierung der Arbeitslosigkeit auch bei einem gleichzeitig gut ausgebauten sozialen Sicherungssystem erreicht werden kann. Zwar erfolgten auch in Dänemark tiefe Einschnitte im Bereich der sozialen Sicherung, dennoch blieb das Niveau der sozialen Leistungen im internationalen Vergleich hoch.[506] "Bei alledem sollte nicht übersehen werden, daß auch das dänische Arbeitsmarktmodell seine Schattenseiten hat. So wird die Jugendarbeitslosigkeit zum Teil dadurch versteckt, daß die Voraussetzungen, die ein Jugendlicher erfüllen muß, damit er sich arbeitslos melden kann, recht eng sind. Auch darf man nicht übersehen, daß manche Ansätze, wie zum Beispiel die Sabbaturlaubsregelung, vielleicht im Ausland mehr Beachtung finden, als es ihrem Beitrag zur Verringerung der Arbeitslosigkeit entspricht, nahmen doch zuletzt weniger als 1000 Erwerbspersonen an diesem Programm teil"[507].

Die Zukunft des dänischen "Erfolgsmodells" ist nicht klar abschätzbar. Die lang anhaltende konjunkturelle Hochphase

---

[505] Ministerium für Wirtschaft und Mittelstand, Technologie und Verkehr des Landes Nordrhein-Westfalen (Hrsg.) (1999): Elemente einer erfolgreichen Beschäftigungspolitik - Das Beispiel Dänemark, a.a.O., S. 25.

[506] Vgl. Döhrn, Roland (1998): Dänemark, ein Vorbild für Deutschland? A.a.O., S. 167f.

[507] ebd., S. 168.

der letzten Jahre sowie vor allem die Frühverrentungsmöglichkeiten führten bereits zu einem Mangel an qualifizierten Arbeitskräften.[508] Diese Entwicklung könnte zu starken Lohnerhöhungen Anlass geben. "Angesichts der konstant sinkenden Arbeitslosigkeit sind, um diesen Mangel zu decken und um die Sozialausgaben wieder einzuschränken, vor allem die Freistellungs- und Frühverrentungsmöglichkeiten Schritt für Schritt wieder abgeschafft worden. ... Däninnen und Dänen wollten angesichts dieser Rücknahme als Ausgleich für ihr arbeitsreiches Leben eine weitere Urlaubswoche pro Jahr, die Tarifauseinandersetzungen 1997 gingen um diese Frage. Nach einem mehrtägigen Generalstreik wurde ein nach Kinderzahl gestaffelter Kompromiß von zwei bis fünf zusätzlichen Urlaubstagen geschlossen. Gegen die gegenwärtig geplante Heraufsetzung des allgemeinen Rentenalters von 65 auf 67 Jahre gibt es breite Proteste"[509].

Hinzu kommt, dass das Wirtschaftswachstum in Dänemark nach fünf Jahren der rasanten Expansion langsam an seine Grenzen stößt.[510] Es droht nunmehr eine konjunkturelle Überhitzung. Die Zeit der Lohnzurückhaltung scheint ebenfalls vorbei zu sein, denn die Löhne ziehen bereits kräftig an. Darüber hinaus steigt die Inflationsrate in Dänemark, was dazu führt, dass die Exporte zurückgehen.[511] Für ein stark exportabhängiges Land wie Dänemark kann diese

[508] Vgl. Fuhrmann, Nora (1999): Emanzipation am Arbeitsmarkt: dänische Reformkonzepte, a.a.O., S. 9.
[509] ebd.
[510] Vgl. "Eine 'sanfte Landung' für Dänemarks Wirtschaft", in: Neue Züricher Zeitung, 01.09. 1999.
[511] Vgl. "Reformvorbild mit Euro-Allergie", in: Süddeutsche Zeitung, Beilage, 06.10. 1999.

Entwicklung verheerende Auswirkungen haben. Das von der OECD und dem dänischen "Rat der Weisen" für 1999 und 2000 prognostizierte Wirtschaftswachstum in Dänemark liegt in der Nähe oder sogar unterhalb der Beschäftigungsschwelle.[512] Trifft diese Prognose ein, so wäre ein Ansteigen der Arbeitslosigkeit in Dänemark bereits in naher Zukunft nicht unwahrscheinlich.

Die beschriebene Entwicklung macht deutlich, dass das dänische "Job-Wunder" schon in nächster Zeit viel Gelegenheit haben wird, sich zu bewähren. "So blieb den Dänen zuletzt die Erfahrung erspart, daß die Arbeitslosigkeit aufgrund sinkenden Wirtschaftswachstums steigt, was aufgrund der aufwendigen aktiven Arbeitsmarktpolitik zu erheblichen Belastungen für den Staatshaushalt führen könnte. Auch müssen 'Altlasten' angegangen werden, wie die recht großzügige und inzwischen kostspielige, aus den siebziger Jahre stammende Vorruhestandsregelung. Positiv erscheint aber, daß die wirtschafts- und finanzpolitischen Bemühungen in Dänemark nach den Anfangserfolgen nicht nachließen: Eine Steuerreform 1998-2002 ist beschlossen, eine dritte Phase der Arbeitsmarktreform, die u.a. die Bedingungen für den Bezug von Arbeitslosengeld weiter verschärft, trat Anfang 1999 in Kraft, und die 'Aktivierungspolitik' wurde auch auf den Bereich der Sozialhilfeempfänger übertragen"[513].

---

[512] Vgl. Döhrn, Roland / Heilemann, Ullrich / Schäfer, Günter (1999): Dänemark - Ein "Beschäftigungswunder"? A.a.O., S. 461.
[513] Ministerium für Wirtschaft und Mittelstand, Technologie und Verkehr des Landes Nordrhein-Westfalen (Hrsg.) (1999): Elemente einer erfolgreichen Beschäftigungspolitik - Das Beispiel Dänemark, a.a.O., S. 25.

5 LEHREN UND KONSEQUENZEN AUS DEM LÄNDERVERGLEICH FÜR DEUTSCHLAND. ZUSAMMENFASSUNG UND SCHLUSSFOLGERUNGEN

Die vorliegende Untersuchung setzt sich mit Möglichkeiten und Grenzen des Lernens von im Ausland erkennbaren beschäftigungspolitisch erfolgreichen Politikstrategien auseinander. Im Mittelpunkt der Analyse steht dabei die Entwicklung der Arbeitsmärkte in den Niederlanden und in Dänemark, sowie die Frage, ob, und wenn ja, inwieweit die hierbei als erfolgreich identifizierten arbeitsmarktpolitischen Maßnahmen dieser Länder auch auf deutsche Verhältnisse übertragen werden können. Was lässt sich abschließend aus der Arbeitsmarktanalyse dieser beiden europäischen "Erfolgsländer" ableiten?

Zunächst einmal machen die "Erfolgsgeschichten" der hier betrachteten Länder deutlich, "daß in westlichen Indutrieländern auch heute noch ein Beschäftigungsaufschwung prinzipiell möglich ist. Die momentan populäre These vom 'Ende der Erwerbsgesellschaft' wird angesichts dieser internationalen Erfahrung daher mehr als nur in Frage gestellt"[514]. Erweitert man darüber hinaus noch die Auswahl der Be-

[514] Walwei, Ulrich (1998): Beschäftigungspolitisch erfolgreiche Länder: Konsequenzen für Deutschland, a.a.O., S. 334.

trachtungsobjekte um die ebenfalls beschäftigungspolitisch erfolgreichen Länder USA und Großbritannien, so wird schnell erkennbar, dass es derzeit sogar eine Vielzahl von erfolgreichen beschäftigungspolitischen Strategien und arbeitsmarktpolitischen Maßnahmen zum Abbau von Arbeitslosigkeit gibt.[515] Ein "Patentrezept" jedoch, das beschäftigungspolitischen Erfolg garantiert, kristallisiert sich bislang bei keinem dieser Modelle heraus. Dennoch lehrt ein Blick über die Grenzen, dass sich durchaus Faktoren nennen lassen, die in allen beschäftigungspolitisch erfolgreichen Ländern zur positiven Entwicklung beigetragen haben. "So war ein umfassender, gesamtwirtschaftlicher Ansatz wichtig für den Erfolg am Arbeitsmarkt. Die Erfahrung zeigt: Reformen müssen umfassend koordiniert und abgestimmt sein, zum Beispiel mit der Fiskal- und Sozialpolitik. Isolierte Teilreformen bringen auch nur Teilerfolge. Für Investitionen und Verbrauch ist jeweils ein günstiger Rahmen geschaffen worden, zum Beispiel durch die Senkung der direkten Steuern und stärkere Betonung der indirekten Steuern. Moderate Lohnsteigerungen und dezentralisierte Systeme der Lohnfindung haben in allen betrachteten Ländern den Beschäftigungsaufbau gefördert. Auch in den stark tarifvertraglich geprägten Arbeitsmärkten der Niederlande und Dänemarks sind zunehmend Flexibilisierungsmöglichkeiten, z.B. der Arbeitszeiten, in die Tarifverträge eingeführt worden"[516]. Darüber hinaus haben in den beiden untersuchten Ländern Niederlande und Dänemark niedrige Lohnnebenkosten dazu

[515] Vgl. auch zu den folgenden Ausführungen Werner, Heinz (1998): Beschäftigungspolitisch erfolgreiche Länder - Was steckt dahinter? A.a.O., S. 324.
[516] ebd.

geführt, die Kosten des Faktors Arbeit zu senken, was sich ebenfalls beschäftigungsfördernd auswirkte.

Die beiden im Verhältnis zur Bundesrepublik Deutschland eher kleinen Volkswirtschaften Niederlande und Dänemark haben in den letzten Jahren eindrucksvoll gezeigt, dass Beschäftigungserfolge in europäischen Sozialstaaten auch ohne Umgestaltung der gesamten Verfassungsstruktur möglich sind. Demzufolge können "die Beispiele Dänemark und Niederlande belegen, daß anders als in angelsächsischen Ländern (z.B. im Vereinigten Königreich oder in den USA) Beschäftigungswachstum und sozialer Ausgleich nicht unbedingt konkurrierende Ziele sein müssen"[517]. Beide Länder stellen damit eine Art "europäische Gegenoffensive" zum rein marktwirtschaftlich orientierten Beschäftigungsweg der USA und Großbritanniens dar. Um Wachstum und Beschäftigung zu forcieren "setzen die Niederlande und Dänemark auf vorsichtige Flexibilisierung bei - trotz etlicher Einschnitte - hohem Niveau sozialer Sicherung, auf Qualifizierung oder auf Arbeitsumverteilung sowie auf konsensuale gesellschaftliche Verhandlungs- und Vermittlungsinstitutionen. Die wichtige Botschaft ist: Die Internationalisierung erzwingt keineswegs die Atomisierung der Arbeitsmärkte und die Zerschlagung des Sozialstaates, wie es uns die Schwarzmaler der Globalisierung einzureden versuchen. Holland und Dänemark stehen für ein anderes, kontinentaleuropäisches Modell"[518].

[517] Walwei, Ulrich (1999): Das Beschäftigungsproblem - Nationale und europäische Antworten, in: Arbeit und Sozialpolitik, 5-6/1999, S. 33.
[518] Scherrer, Peter / Simons, Rolf / Westermann, Klaus (1998): Von den Nachbarn lernen? Für eine Modernisierung des "Rheini-

Die zwei Länderanalysen dieser Untersuchung haben die bereits in den theoretischen Vorüberlegungen angestellten Grundgedanken zu den Möglichkeiten, Problemen und Grenzen des Lernens von erfolgreichen ausländischen Politikstrategien und Maßnahmen vollständig bestätigt. Sie unterstreichen, dass den auf nationaler Ebene gesetzten Rahmenbedingungen für den Arbeitsmarkt eine immense Bedeutung beigemessen werden muss.[519] "Die Strategien der 'Erfolgsländer' können und dürfen nicht einfach kopiert werden. Sie sind vor dem Hintergrund spezifischer Problemkonstellationen zu sehen und setzen z.T. andere institutionelle und gesellschaftliche Rahmenbedingungen voraus. Von daher ist bei der Lösung der Beschäftigungsprobleme immer die länderspezifische Ausgangssituation maßgeblich. Die 'Erfolgsstories' können aber bei der Suche nach Lösungen als wichtige Orientierungshilfe dienen"[520]. Mit Blick auf die hier betrachteten Länder Niederlande und Dänemark bedeutet das, dass deren Arbeitsmarkt-, Sozialstaats- oder Konsensmodelle nicht einfach im Sinne eines simplen "Modellwechsels" übernommen werden können, weil ihre Erfolgsfaktoren oftmals zu sehr in die jeweiligen nationalen - ökonomischen, politischen, sozialen und kulturellen - Rahmenbedingungen eingebettet sind, als dass sie problemlos in ein anderes Land mit ebenfalls spezifischen Bedingungen

schen Kapitalismus" durch Arbeitsumverteilung, Innovation und Qualifizierung, a.a.O., S. 30.

[519] Vgl. Walwei, Ulrich (1999): Das Beschäftigungsproblem - Nationale und europäische Antworten, a.a.O., S. 33.

[520] ebd.

transferiert werden könnten.[521] Das gilt auch für die Ebene einzelner beschäftigungspolitischer Instrumente. "Selbst einzelne Elemente oder Maßnahmen lassen sich nicht einfach in ein anderes Land transferieren. U.a. sind die Niederlande und Dänemark als kleine Länder zwar wirtschaftlich stärker internationalisiert als die Bundesrepublik, jedoch sind die Bedingungen nicht so heterogen wie in einem größeren Staat, konsensorientierte Politikmodelle und zentrale Lösungen lassen sich leichter realisieren usw."[522].

Für die Niederlande und Dänemark lassen sich zusammenfassend vor allem folgende spezifische Bedingungen herausheben, die den Beschäftigungserfolg im eigenen Land zwar begünstigten, einem Transfer der Erfolgsrezepte in andere Länder jedoch gleichzeitig im Wege stehen: "Die relativ geringe Größe der beiden EU-Länder und die hohe internationale Öffnung ihrer Gütermärkte haben nicht allein die externen Abhängigkeiten, sondern auch die Handlungsbereitschaft der Akteure verstärkt. Beide Länder besitzen traditionelle korporatistische Strukturen, so daß es offenbar leichter war, die tarifpolitischen Akteure einzubeziehen. Wirtschaftspolitische Führung unter der Priorität von Beschäftigungswachstum wurde mit arbeitsmarkt- bzw. fiskal- und sozialpolitischen Reformen kombiniert. Die beschäftigungspolitischen Prioritäten hatten längerfristigen Bestand - trotz des Wechsels von politischen Akteuren. Demnach

[521] Vgl. auch zu den folgenden Ausführungen Scherrer, Peter / Simons, Rolf / Westermann, Klaus (1998): Von den Nachbarn lernen? Für eine Modernisierung des "Rheinischen Kapitalismus" durch Arbeitsumverteilung, Innovation und Qualifizierung, a.a.O., S. 31.
[522] ebd.

verlangen beschäftigungspolitische Erfolge vor allem die nachhaltige Ausrichtung der Einzelmaßnahmen verschiedener wirtschaftspolitischer Bereiche zugunsten einer Reaktivierung der Beschäftigtendynamik"[523].

Eine wichtige Lehre aus den Beschäftigungserfolgen der beiden in dieser Untersuchung im Zentrum stehenden Länder Niederlande und Dänemark kann an dieser Stelle dennoch bereits gezogen werden. Grundvoraussetzung für einen (nachhaltigen) beschäftigungspolitischen Erfolg in den Niederlanden und auch in Dänemark war und ist das gemeinsame Handeln aller der für Beschäftigung verantwortlichen Akteure.[524] "Dies gilt umso mehr, weil der Staat zwar gewisse Rahmenbedingungen für Beschäftigung (z.B. bezogen auf die Steuer- und Abgabenbelastung) positiv beeinflussen kann, viele andere Fragen (vor allem der Lohn- und Arbeitszeitpolitik) aber in den Regelungsbereich der Tarifpartner fallen. Insofern sind bei der Realisierung eines Gesamtansatzes kreative Lösungen gefragt, die von Solidaritätsbewußtsein und Kompromißbereitschaft getragen sind. Nicht zuletzt wird ein langer Atem gebraucht"[525]. Zu einer nahezu deckungsgleichen Aussage gelangt auch eine Studie des Internationalen Arbeitsamtes (IAA) aus dem Jahr 1999, die in erster Linie die Gründe für die derzeitigen Beschäftigungserfolge eher kleinerer europäischer Sozialstaaten ana-

[523] Hardes, H.-Dieter (1999): Zur Frage der Notwendigkeit einer strategischen Koordinierung der Beschäftigungspolitik in Europa, in: Mitteilungen aus der Arbeitsmarkt- und Berufsforschung, 2/1999, S. 217.
[524] Vgl. Walwei, Ulrich (1998): Beschäftigungspolitisch erfolgreiche Länder: Konsequenzen für Deutschland, a.a.O., S. 346.
[525] ebd.

lysiert, darunter auch der Niederlande und Dänemarks.[526] Die Studie kommt, ähnlich wie die hier vorliegenden zwei Länderanalysen, zu dem Schluss, dass die positive Beschäftigungsentwicklung der untersuchten Länder im wesentlichen auf drei Punkten beruht: Sozialer Dialog, Wirtschafts- und Arbeitsmarktpolitik. Vor allem jedoch wird dem **Korporatismus** und dem **sozialen Dialog** bei der erfolgreichen Bekämpfung der Arbeitslosigkeit in den Niederlanden und auch in Dänemark einen hoher Stellenwert beigemessen. Korporatismus und sozialer Dialog ermöglichen der Studie zufolge "eine breite Information und Diskussion der anstehenden Fragen auf nationaler Ebene sowie die Umsetzung von Reformen auf Branchen- und Unternehmensebene; Lohnmäßigung wird erleichtert und die divergierenden Interessen spezifischer gesellschaftlicher Gruppen werden mit den Interessen der Gesellschaft und der Wirtschaft als Ganzes in Einklang gebracht. (...) Dieser Dialog hat ein Klima des Vertrauens zwischen den Beteiligten geschaffen und eine gemäßigte Lohnpolitik war fester Bestandteil einer stabilitätsorientierten Gesamtwirtschaftspolitik. Die Sozialpartner waren auch an Reformen der Sozialversicherung, der Arbeitsmarktpolitik und der Institutionen des Arbeitsmarktes beteiligt"[527]. Dem sozialen Dialog und dem Korporatismus ist es demnach auch zu verdanken, dass es bei den in der Vergangenheit durchgeführten, z.T. äußerst einschneidenden Reformen in den beiden untersuchten Ländern (z.B. Einschnitte bei Dauer und Höhe der sozialen Transferleistungen etc.) nicht zu größeren sozialen Konflikten gekommen ist. Die Studie des Internationalen Ar-

[526] Vgl. auch zu den folgenden Ausführungen Auer, Peter (1999): Kleine Länder - ganz groß, a.a.O., S. 9.
[527] ebd., S. 10f.

beitsamtes (IAA) kommt daher zu folgender Einschätzung: "Der 'Korporatismus' an sich ist zwar nicht die Antwort auf alle Arbeitsmarktprobleme, er ist aber eine Regierungsform, die wirtschaftspolitisch gesehen zumindest genauso effizient ist wie liberal-pluralistische (marktorientierte) Regierungsformen. 'Gerade wenn wir Fragen der sozialen Gleichheit miteinbeziehen, zeigt sich aber die größere Leistungsfähigkeit korporatistischer Regierungsformen', wie die gerechtere Einkommensverteilung und geringere Armut zeigen. Das Problem korporatistisch geführter Länder war bisher ihr schlechteres Abschneiden bei der Beschäftigung"[528]. Die Beschäftigungserfolge der Niederlande und Dänemark zeigen jedoch, dass in dieser Hinsicht eine Trendwende erreicht werden konnte.

Abschließend soll der Versuch unternommen werden, die verschiedenen konzeptionellen Ansätze, die im Rahmen dieser Untersuchung thematisiert wurden, zu systematisieren und auf die Bundesrepublik Deutschland zu beziehen. Unter Berücksichtigung neo-liberaler Antworten auf die aktuelle Beschäftigungskrise sollen Vor- und Nachteile der unterschiedlichen Regulierungsformen des Arbeitsmarktes kontrastiert werden. Im Mittelpunkt steht hierbei die Leistungs- bzw. Zukunftsfähigkeit des "Modells Deutschland".

[528] ebd., S. 12.

5.1 Vom deutschen Modell zum anglo-amerikanischen Modell? Oder doch "Sozialmodell Europa"? Lehren aus den "Beschäftigungswunderländern".

Die Zeiten, in denen auf das "Modell Deutschland" geblickt wurde, wenn nach Orientierung für erfolgreiche Arbeitsmarktentwicklungen gesucht wurde, sind bereits seit einigen Jahren vorbei.[529] Heute steht dieses "Modell Deutschland" mehr denn je zur Disposition. Inzwischen wird sogar die gesamte politisch-ökonomische Stabilität der Bundesrepublik Deutschland von unterschiedlichen Richtungen angezweifelt, weil es über einen langen Zeitraum nicht gelungen ist, die ökonomische Krise und mit ihr die Massenarbeitslosigkeit zu beseitigen.[530] "Das Modell Deutschland ist bereits mehrfach totgesagt worden - und hat noch immer überlebt. Allerdings waren die Angriffspunkte noch nie so vielfältig: Die Arbeitsmarktinstitutionen und -regulationen, die soziale Absicherung und die kapitalseitige Verpflichtung sind gleichzeitig, wenn auch aus unterschiedlichen Gründen, heftig umstritten"[531]. Allerdings ist nicht allein das deutsche Gesellschafts- und Wirtschaftssystem massiver Kritik ausgesetzt. Steigende Arbeitslosenzahlen in Europa seit Beginn der neunziger Jahre auf der einen Seite und der inzwischen seit den achtziger Jahren andauernde Wirtschaftsboom und Beschäftigungserfolg in Amerika andererseits haben dazu

[529] Vgl. Klodt, Henning (1998): Großbritannien: Die marktwirtschaftliche Strategie, a.a.O., S. 277.
[530] Vgl. Heise, Arne (1998): Institutioneller Wandel, Beschäftigung und Effizienz. Ein deutsch-britischer Vergleich zur Klärung eines komplexen Zusammenhanges, a.a.O., S. 233.
[531] ebd., S. 240.

geführt, dass die Überlebensfähigkeit des **europäischen Wohlfahrtsmodells** grundsätzlich in Frage gestellt wird. "Der Druck verstärkt sich, Löhne und Steuern sowie Umwelt- und Sozialstandards zu senken. Der Sozialstaat selbst, seine Finanzierung, die Regulierungen am Arbeitsmarkt, die Mindestlohnstandards und das Sozialschutzniveau, werden zur Ursache des Problems erklärt, obwohl die Sozialquoten trotz kräftig steigender Arbeitslosenzahlen schon seit Beginn der achtziger Jahre kaum steigen"[532], so die Ansicht von Alois *Guger*, Experte des Instituts für Weltwirtschaftsforschung (Wifo).

Angesichts der anhaltend unbefriedigenden Situation auf dem deutschen Arbeitsmarkt stehen die neoliberalen Ansätze einer beschäftigungsgenerierenden Arbeitsmarktstrategie immer mehr im Mittelpunkt auch der deutschen Debatte. "Einer der Gründe für die Attraktivität des neoliberalen Arbeitsmarktmodells liegt in dem impliziten Versprechen, der Markt werde in schwierigen Umbruchzeiten alle Probleme selbst regeln und die Politik werde von mühevollen Prozessen der Konsensbildung entlastet. In Ländern, in denen institutionelle Lernprozesse blockiert sind, erscheint Deregulierung sogar früheren Befürwortern des Sozialstaats vielleicht nicht als der wünschbare, wohl aber als der einzig gangbare Weg"[533]. So ist es nicht verwunderlich, dass die Arbeitsmarkterfolge der USA, aber auch jene Großbritanniens, die in erster Linie auf einer marktwirtschaftlichen Politik beruhen, in Deutschland immer mehr dazu führen,

[532] "Die Überlebenschancen des europäischen Wohlfahrtsmodells", in: Der Standard, 7./8. August 1999, S. 27.
[533] Bosch, Gerhard (1998): Brauchen wir mehr Ungleichheit auf dem Arbeitsmarkt? A.a.O., S. 24f.

im anglo-amerikanischen Modell das "Wunderheilmittel" gegen die andauernde Arbeitslosigkeit zu sehen. Vergessen werden in diesem Zusammenhang jedoch auch allzu schnell die Vorteile des eigenen Systems. Im internationalen Wettbewerb z.B. ist die europäische Wirtschaft nämlich erfolgreicher als die amerikanische.[534] "Europa hat die höchsten Sozial- und Umweltstandards und trotzdem Außenhandelsüberschüsse, während etwa die USA trotz eines sehr niedrigen Dollarkurses seit der zweiten Hälfte der achtziger Jahre und eines beträchtlichen Sozialabbaus das Leistungsbilanzdefizit noch vergrößerten"[535]. In einigen Publikationen wird jedoch auch an die Vorzüge des europäischen Sozialmodells erinnert, etwa, dass in Europa und gerade auch in Deutschland im Vergleich zu den USA ein besseres System der Arbeitsbeziehungen existiert.[536] Allerdings konnte dieses System in der Vergangenheit ein gewichtiges Problem nicht beseitigen, das in den USA in dieser Form nicht mehr vorzufinden ist: die Massenarbeitslosigkeit. Deshalb erscheint es sinnvoll, trotz der z.T. fundamentalen Unterschiede in der Wirtschaftsordnung, einen kurzen Blick in Form eines Exkurses auf die amerikanische und auch britische Beschäftigungsentwicklung zu richten, um hierdurch u.U. konsistente Erklärungen für die Beschäftigungserfolge in den USA und in Großbritannien zu erhalten. Vor allem Großbritannien als eine Variante des anglo-amerikanischen Modells stellt nach *Heise* eine gute Projektionsfläche dar, weil hier jener radikale Institutionenwandel vorzufinden ist,

---

[534] Vgl. "Die Überlebenschancen des europäischen Wohlfahrtsmodells", a.a.O., S. 27.
[535] ebd.
[536] Vgl. "Modell Deutschland - modernes Deutschland? In: WSI Mitteilungen, 4/1998, S. 225.

der von den Befürwortern neoliberaler Thesen oftmals der Bundesrepublik Deutschland anempfohlen wird.[537]

5.1.1 *Exkurs: Der anglo-amerikanische Weg aus der Beschäftigungskrise: USA und Großbritannien*

Worauf genau beruhen die Beschäftigungserfolge der USA und Großbritanniens? Für die **USA** kann zunächst festgestellt werden, dass bereits seit 1960 eine mehr oder weniger kontinuierliche Steigerung der Erwerbstätigenzahlen zu verzeichnen ist (siehe auch Abbildung 39).[538]

Abbildung 39 Erwerbstätigkeit und Arbeitslosigkeit in den USA

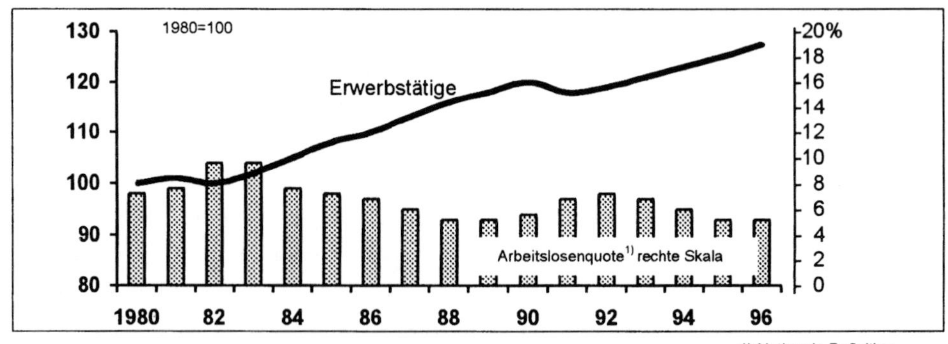

[537] Vgl. Heise, Arne (1998): Institutioneller Wandel, Beschäftigung und Effizienz. A.a.O., S. 235.

[538] Vgl. zu den folgenden Ausführungen Ochel, Wolfgang (1998): Mehr Beschäftigung und weniger Arbeitslosigkeit - Amerika, hast du es besser? In: Mitteilungen aus der Arbeitsmarkt- und Berufsforschung, 2/1998, S. 262.

Das Arbeitsvolumen erhöhte sich ebenfalls stark. "Es gelang, das mit fast 2% pro Jahr anwachsende Erwerbspersonenpotential vollständig in den Arbeitsmarkt zu integrieren und die Arbeitslosenquote zu senken. (...) Die kräftige Beschäftigungszunahme in den USA ist im wesentlichen nicht auf ein stärkeres Wirtschaftswachstum als in Deutschland, sondern auf eine weitaus höhere Beschäftigungsintensität des Wirtschaftswachstums zurückzuführen. Diese basiert auf dem Zusammenwirken verschiedener Elemente des amerikanischen Wirtschaftssystems. Die für die Arbeitsmarktentwicklung wichtigen Elemente sind das dezentrale Lohnfindungssystem, die geringe und zeitlich befristete soziale Absicherung, die hohe Arbeitsmarktflexibilität sowie die geringe Abgabenbelastung der Arbeitseinkommen. Diese Elemente haben zur Absorption von immer mehr Erwerbspersonen durch den Arbeitsmarkt beigetragen"[539]. Ein Großteil der neu entstandenen Arbeitsplätze in den USA sind im Dienstleistungsbereich angesiedelt. Entgegen der verbreiteten Auffassung, dass die meisten dieser neuen Arbeitsplätze lediglich "bad jobs" oder "McJobs" seien, findet man in der Literatur auch häufig die Einschätzung, dass ebenfalls viele neue "good jobs" entstanden sind, d.h. Arbeitsplätze auch für hochqualifiziertes Führungs- und Leitungspersonal.[540]

Die USA sind neben den Niederlanden das einzige derzeit beschäftigungspolitisch erfolgreiche Land, das bereits eine langfristig positive Beschäftigungsentwicklung vorzuweisen hat. "Die Zahl der Erwerbstätigen stieg von 1980 bis 1997 im Jahresdurchschnitt um 1,5 Prozent. Die wichtigste Ursa-

[539] ebd.

[540] Vgl. auch zu den folgenden Ausführungen Scherrer, Peter / Simons, Rolf / Westermann, Klaus (1998): Von den Nachbarn lernen? A.a.O., S. 28f.

che dafür ist sicherlich das sehr hohe Bevölkerungswachstum. Allerdings hat seit 1983 auch die Arbeitslosigkeit im Trend deutlich abgenommen: von 9,6 Prozent 1983 auf 5,0 Prozent 1997 - und dies bei steigender Erwerbsneigung. Das relativ hohe Wirtschaftswachstum war bei gleichzeitig schwachen Produktivitätssteigerungen erheblich beschäftigungswirksamer als in Westeuropa. Anders als in den Niederlanden wurde das Wachstum der Erwerbstätigen also nicht durch Umverteilung der Arbeit, sondern durch starkes Wachstum des Arbeitsvolumens erreicht (von 1980 bis 1996 durchschnittlich um 1,8 Prozent, siehe auch Abbildung 40). Dies war aber nur möglich vor dem Hintergrund einer Bevölkerungszunahme allein seit 1970 um 30 Prozent"[541].

Abbildung 40 Reales Bruttoinlandsprodukt, Erwerbstätige und Arbeitsvolumen in den USA

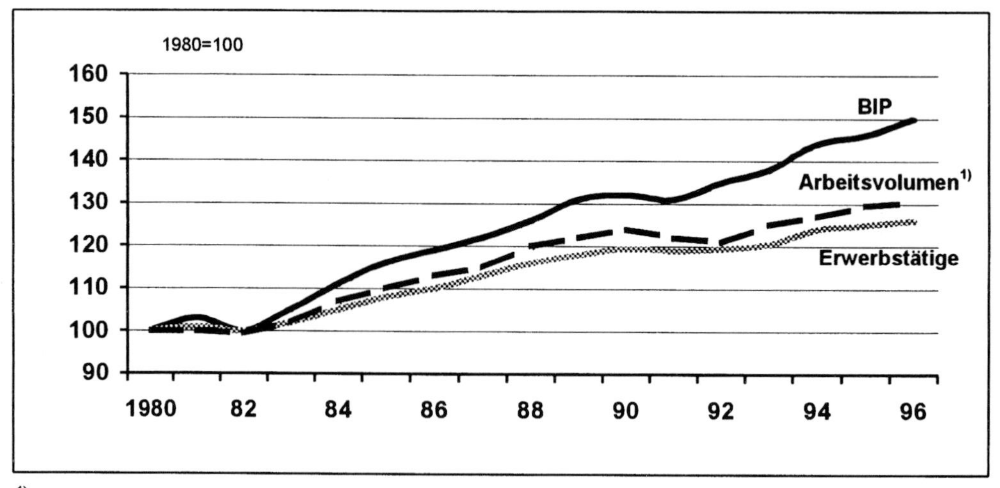

1) Geleistete Arbeitsstunden der Erwerbstätigen

541 ebd.

Neben der Bevölkerungsentwicklung, die demnach starken Einfluss auf die Beschäftigungsentwicklung in den USA ausübte, werden als Ursachen der positiven Beschäftigungseffekte vor allem die Geld- und Fiskalpolitik im makroökonomischen und die Flexibilität der Arbeitsmärkte und der Lohnstruktur im mikroökonomischen Bereich genannt. Allerdings besteht Uneinigkeit darüber, welche Gewichtung zwischen makro- und mikroökonomischen Komponenten bei der Bewertung des amerikanischen Beschäftigungserfolgs anzusetzen ist. "Die Makropolitik gab Anfang der achtziger und Anfang der neunziger Jahre Impulse für ein jeweils langanhaltendes Wachstum und positive Beschäftigungseffekte. War es Anfang der Achtziger v.a. die Reagansche expansive Fiskalpolitik, später gestützt durch eine Lockerung der Geldpolitik, forcierte Anfang der Neunziger die Geldpolitik die Wirtschaftsentwicklung. Angebotsorientierte Ökonomen halten dagegen die Flexibilität der Arbeitsmärkte - als Resultat geringer Regulierung und schwacher sozialstaatlicher Sicherung - für entscheidend"[542]. Der amerikanische Arbeitsmarkt war, anders etwa als der Großbritanniens, schon immer stark dereguliert. Der Kündigungsschutz, der bereits in der Vergangenheit wenig ausgeprägt gewesen ist, wurde in den letzten Jahren durch das Wegfallen tariflicher Schutzvereinbarungen weiter beschnitten. Die **numerische Flexibilität** (hierunter werden Betriebswechsel und auch Wechsel in die bzw. aus der Arbeitslosigkeit verstanden) ist in den USA außerordentlich hoch. Sie wird durch eine ohnehin traditionell hohe geographische Mobilität der amerikanischen Bevölkerung noch forciert. "Zugleich sind Lohn- und Lohnstrukturflexibilität des US-

[542] ebd., S. 29.

Arbeitsmarktes deutlich größer als in Kontinentaleuropa: Die Lohnspreizung war in den USA immer schon immens und ist weiter auseinandergedriftet, der Reallohn im unteren Bereich ist deutlich gesunken. Die Lohnspreizung im Niedriglohnbereich wird flankiert durch eine geringe soziale Sicherung. Die niedrigen Lohnersatzleistungen werden maximal ein halbes Jahr gezahlt, in Ausnahmefällen neun Monate. Die sehr knapp bemessene Sozialhilfe ist seit 1996 auf lebenslang max. fünf Jahre beschränkt. Damit soll der ökonomische Druck zur Arbeitsaufnahme verstärkt werden. Aktive Arbeitsmarktpolitik spielt in den USA kaum eine Rolle"[543]. Daneben bleibt zu erwähnen, dass die in den USA für Beschäftigung Verantwortlichen zu keiner Zeit einen korporatistischen Politikansatz im Sinne des niederländischen oder auch dänischen Konsultations- und Konsenssystems verfolgt haben.

Neben den USA als eine erfolgreiche Variante des angloamerikanischen Modells, feiert auch **Großbritannien** seit einigen Jahren mit einer ausgesprochen marktwirtschaftlichen Strategie große Beschäftigungserfolge. So wurde erreicht, dass die standardisierte Arbeitslosenquote zwischen 1993 und 1998 von 10 Prozent auf 6 Prozent zurückging.[544] Gegenwärtig liegt die Arbeitslosenrate sogar bei nur noch 4,5 Prozent (siehe auch Abbildung 41).[545] "Die Arbeitsmarkterfolge erscheinen primär als Ergebnis einer marktwirtschaftlich orientierten Politik, die eine Liberalisierung

---

[543] ebd.

[544] Vgl. Klodt, Henning (1998): Großbritannien: Die marktwirtschaftliche Strategie, a.a.O., S. 277.

[545] Vgl. "England ist im Aufwind - auch ohne den Euro", in: Die Welt Online, Wirtschaft, Freitag 28. April 2000.

der Gütermärkte, ein Zurückdrängen des Gewerkschaftseinflusses und eine weitreichende Reform des Steuersystems sowie der sozialen Sicherung umfaßte"[546].

Abbildung 41 **Erwerbstätigkeit und Arbeitslosigkeit in Großbritannien**

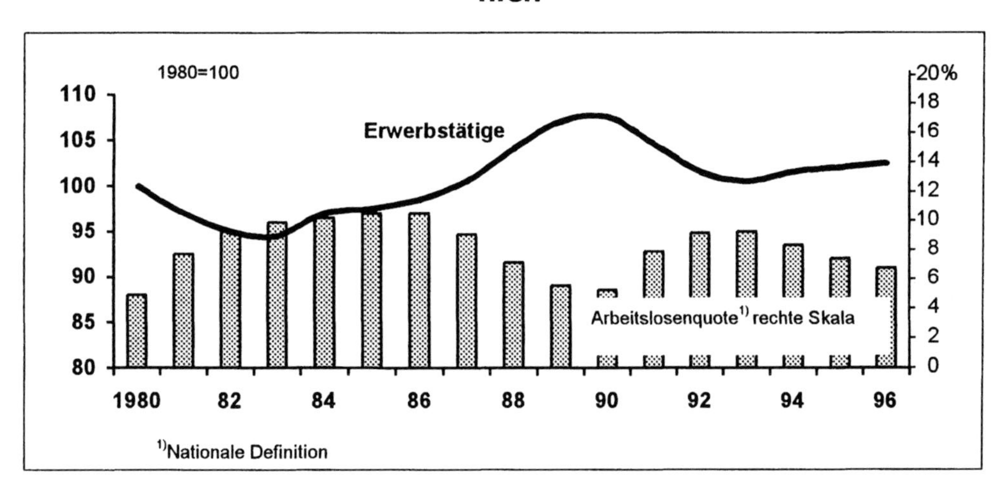

In der Literatur findet man die Einschätzung, dass es vor allem durch eine Flexibilisierung der britischen Wirtschaft möglich wurde, den Abbau industrieller Arbeitsplätze ohne Anstieg der Sockelarbeitslosigkeit (im Gegensatz etwa zur Bundesrepublik Deutschland) zu bewerkstelligen.[547] Als eine wichtige Voraussetzung hierfür wird die starke Spreizung der Lohnstrukturen in Großbritannien angegeben, die zu vielen niedrig entlohnten Arbeitsplätzen zum größten Teil im Dienstleistungsbereich führte. "Die Lohndifferenzierung hat deutlich zugenommen; inzwischen hat die Lohnspreizung

[546] Klodt, Henning (1998): Großbritannien: Die marktwirtschaftliche Strategie, a.a.O., S. 277.
[547] Vgl. zu den folgenden Ausführungen ebd.

wieder das Niveau viktorianischer Zeiten erreicht. Um auch bei Niedriglöhnen die Arbeitsanreize zu erhöhen, wurde für Familien mit niedrigen Einkommen ein Lohnsubventionsprogramm entwickelt. Dennoch ist der Anteil Geringqualifizierter an den Arbeitslosen wie auch der Langzeitarbeitslosen in Großbritannien nicht niedriger als in anderen EU-Ländern mit geringerer Spreizung. Dies wird - im übrigen gilt Gleiches für die USA - mit der ungünstigen Qualifikationsstruktur begründet. Insgesamt erhöht die Kombination aus Lohnspreizung und Reduzierung der Sozialen Sicherung Armut und soziale Ungleichheit"[548].

Abbildung 42 Reales Bruttoinlandsprodukt, Erwerbstätige und Arbeitsvolumen in Großbritannien

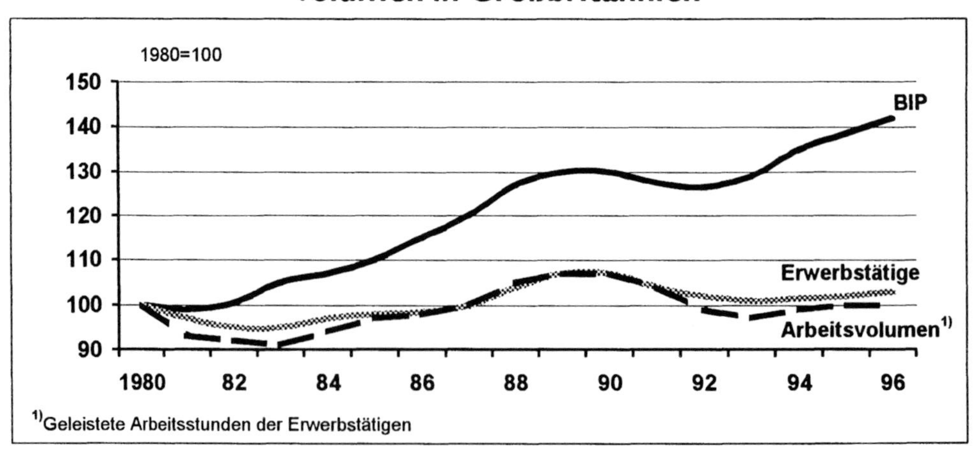

Ähnlich wie bereits auch schon für die USA geschildert, finden sich auch im Fall Großbritanniens keine überein-

[548] Scherrer, Peter / Simons, Rolf / Westermann, Klaus (1998): Von den Nachbarn lernen? A.a.O., S. 27.

stimmenden Aussagen über die genauen Gründe bzw. über die Gewichtung der Ursachen des Beschäftigungserfolges. Hinzu kommt, dass es viele skeptische Stimmen bezüglich der Nachhaltigkeit der positiven Beschäftigungsentwicklung in Großbritannien gibt.[549] "Skeptiker weisen auf den unterschiedlichen Konjunkturverlauf hin, der das Bild verzerre. In der Tat: Während aktuell in der Bundesrepublik die Konjunktur merklich anzieht, flacht das Wachstum in Großbritannien deutlich ab. Generell weist Großbritannien deutlich stärkere konjunkturelle Schwankungen auf als viele andere europäische Länder. Dem Boom in der zweiten Hälfte der achtziger Jahre folgte eine deutliche Rezession. Nach den ökonomischen Problemen der sechziger und siebziger Jahre kann allerdings als Erfolg angesehen werden, daß das Wirtschaftswachstum langfristig im OECD-Trend liegt. Die Gründe für diese Entwicklung werden von den Verfechtern einer forcierten Angebotspolitik vor allem in der Thatcher-Revolution gesehen - in Privatisierungen, Reformen im Steuer- und Transfersystem und in Deregulierungsmaßnahmen, vor allem bezogen auf den Arbeitsmarkt"[550]. Die Veränderungen der institutionellen Rahmenbedingungen in Großbritannien nach der "Thatcher-Revolution" werden von *Scherrer / Simons / Westermann* als dramatisch eingestuft.[551] Um eine Flexibilisierung des Arbeitsmarktes zu erreichen, wurden u.a. die Kündigungsfristen deutlich redu-

---

[549] Vgl. "Ein Wunder, das kein Vorbild ist", in: Süddeutsche Zeitung vom 02.06.1999; "Am Rande der Rezession", in: Stuttgarter Zeitung vom 21.09.1998; "Starker Lohnanstieg in Großbritannien", in: Handelsblatt vom 16.02.2000

[550] Scherrer, Peter / Simons, Rolf / Westermann, Klaus (1998): Von den Nachbarn lernen? A.a.O., S. 27.

[551] Vgl. zu den folgenden Ausführungen ebd.

ziert, die Lohnersatzleistungen gekürzt (in Höhe und auch Dauer) sowie die Rechte der Gewerkschaften erheblich beschnitten, was zu einem gravierenden Machtverlust der britischen Gewerkschaften führte. Vor allem der erzwungene Machtverlust der Gewerkschaften macht u.a. deutlich, dass es in Großbritannien, ebenso wie in den USA, keine Tradition korporatistischer und auf Konsens aufbauender Strukturen gibt oder gegeben hat. "Anders als etwa Dänemark und Holland haben die konservativen Regierungen Englands auf strikte Marktsteuerung und harte Einschränkungen des Wohlfahrtsstaates gesetzt. Die ohnehin im Vergleich zu Kontinentaleuropa niedrigen Sozialleistungsquoten wurden weiter gesenkt. Die Arbeitsanreize sollen durch Senkung und kürzere Bezugsdauern erhöht werden; zugleich wird Druck zur Arbeitsaufnahme ausgeübt"[552].

Die arbeitsmarktpolitisch relevante Frage an dieser Stelle lautet, ob und inwieweit die skizzierten Maßnahmen zum Abbau der Arbeitslosigkeit in den USA und in Großbritannien tatsächlich als Voraussetzung dafür gelten können, dass den beiden Ländern eine Trendwende am Arbeitsmarkt gelungen ist.[553] Diese Frage wird, wie auch bereits angedeutet, in der Literatur kontrovers diskutiert. Sicher, beide Länder haben in der Vergangenheit sehr gute Beschäftigungsergebnisse erzielt, aber welchen Preis mussten sie dafür bezahlen? Und was lässt sich für Deutschland u.U. auch aus wirtschaftsliberalen Gesellschaftsentwürfen lernen? Nicht zuletzt um diese Fragen zu beantworten, sollen im folgenden einige Vor- und Nachteile der jeweiligen Beschäf-

[552] ebd.
[553] Vgl. Klodt, Henning (1998): Großbritannien: Die marktwirtschaftliche Strategie, a.a.O., S. 277.

tigungswege aller hier dargestellten Länder zusammengefasst werden. Besondere Beachtung wird hierbei den Strategien zur Arbeitsmarktflexibilisierung geschenkt, denn "vielfach werden für die mangelnden Erfolge am Arbeitsmarkt in Europa im Vergleich zu den USA auch (...) 'strukturelle Inflexibilitäten' verantwortlich gemacht. Eine der wichtigsten dabei genannten Größen ist die Lohnstruktur entsprechend der Qualifikation der Beschäftigten"[554].

5.1.2 Inflexible Arbeitsmärkte - Ursache der Beschäftigungsmisere? Strategien zur Arbeitsmarktflexibilisierung

Wie bereits im dritten Kapitel dieser Untersuchung kurz skizziert wurde, wird die anhaltend hohe Arbeitslosigkeit in der Bundesrepublik Deutschland oftmals auf eine (behauptete) Starrheit oder **Inflexibilität der Arbeitsmärkte** zurückgeführt.[555] Die Beschäftigungserfolge der USA und Großbritanniens scheinen die These eines positiven Zusammenhangs zwischen Beschäftigung und Flexibilität auf den ersten Blick zu bestätigen.[556] Beide Länder haben einen

[554] Gemeinschaftsdiagnose (1997): Die Lage der Weltwirtschaft und der deutschen Wirtschaft im Herbst 1997, a.a.O., S. 7;
[555] Ganßmann, Heiner (1999): Das Wechselverhältnis von Flexibilität und Rigidität auf den Arbeitsmärkten der USA, Japans und der Bundesrepublik Deutschland. Abschlussbericht (Publikation in Vorbereitung).
[556] Vgl. Klauder, Wolfgang (1998): Flexible Arbeitsmärkte allein genügen nicht, um Beschäftigung zu schaffen. Auch die Nachfrage muß stimuliert werden, in: Die Zeit, Nr. 16, 1998.

stark flexibilisierten Arbeitsmarkt, der als Grund für das hohe Beschäftigungswachstum und die zurückgehende Arbeitslosigkeit in beiden Ländern genannt wird. "Das 'flexible Modell' hat zwei spezifische Merkmale, die anhand des US-amerikanischen und britischen Beispiels verdeutlicht werden können: Auf der Mikro-Ebene gibt es weitgehende Deregulierung von Arbeitsmärkten. Unternehmen haben die Möglichkeit, ihre Arbeitnehmer flexibel einzusetzen und dafür einen nicht (notwendigerweise) kollektiv vereinbarten Lohn zu zahlen. Arbeitszeiten und Gehälter sind in der Regel nicht von Gewerkschaften oder Betriebsrat festgelegt, sondern zwischen einzelnen Arbeitnehmern und Arbeitgebern individuell ausgehandelt. Mindestens ebenso wichtig ist die Makro-Komponente: Wie *Calmfors und Driffil* gezeigt haben, folgt aus einer dezentralisierten Lohnfindung eine relativ niedrige Inflation. Arbeitnehmer in starken Branchen mit relativ hoher Produktivität sind in der Lage, hohe Löhne durchzusetzen, ohne Inflationsrisiko hervorzurufen, während die dezentralisierte Lohnfindung in niedrigproduktiven Dienstleistungssektoren niedrige Löhne gewährleistet. Lohninflation bleibt deshalb unter Kontrolle"[557].

Der OECD zufolge belegt die USA Platz eins auf der "Flexibilitätsskala".[558] Großbritannien ist auf dieser Skala das einzige europäische Land, das eine ähnlich hohe Flexibilität am Arbeitsmarkt erreicht. Die Bundesrepublik Deutschland dagegen rangiert "nur" auf Platz fünfzehn. "Neben der Lohn- und Lohnstrukturflexibilität steht in der Bundesrepublik

[557] Hancké, Bob (1998): Deregulierung und Flexibilität als Wunderheilmittel. A.a.O., S. 255.
[558] Vgl. Klauder, Wolfgang (1998): Flexible Arbeitsmärkte allein genügen nicht, um Beschäftigung zu schaffen. A.a.O.

insbesondere die Flexibilität beim Ausscheiden aus bzw. beim Eintritt in ein Arbeitsverhältnis - die '**numerische Flexibilität'** oder Mobilität der Arbeitskräfte - in der Kritik. Nicht nur in den USA und in Großbritannien, sondern auch in Dänemark sind die Arbeitsmärkte in dieser Hinsicht flexibler. Flexibilität des Arbeitseinsatzes kann aber auf verschiedenen Wegen erreicht werden. In der Bundesrepublik wird die geringere Flexibilität des externen Arbeitsmarktes durch die unternehmensinternen Arbeitsmärkte abgefedert und kompensiert: statt Flexibilität am Arbeitsmarkt Mobilität im Unternehmen. Diese Unterscheidung macht durchaus Sinn"[559]. Sie macht vor allem deswegen Sinn, weil sie dem spezifisch deutschen **Innovations- und Produktionssystem** eher entspricht. Während sich beispielsweise Großbritannien bereits früh dazu entschloss, die Wettbewerbsfähigkeit seiner Ökonomie unter den Bedingungen der Globalisierung vor allem auf Massengütermärkten zu erhalten ("Low Quality-Low Wage" Strategie), versucht Deutschland in erster Linie auf Qualitätsgütermärkten wettbewerbsfähig zu sein ("High Quality-High Wage" Strategie).[560] Nach *Dingeldey* war eine Wahl zwischen diesen beiden Strategien jedoch grundsätzlich nur sehr bedingt möglich, da die in den jeweiligen Ländern zuvor praktizierte Arbeitsmarktpolitik bzw. die institutionellen Voraussetzungen die "Marschrichtung" bereits zu einem großen Teil vorgaben.[561] Die Basis des deutschen bzw. angelsächsischen Innovations- und Industriemodells lässt sich heute folgendermaßen charakteri-

[559] Scherrer, Peter / Simons, Rolf / Westermann, Klaus (1998): Von den Nachbarn lernen? A.a.O., S. 31.
[560] Vgl. Dingeldey, Irene (1998): Arbeitsmarktpolitische Reformen unter New Labour, a.a.O., S. 32.
[561] Vgl. ebd.

sieren: "Während die beiden typischen 'Flexi-Ökonomien' - USA und Großbritannien - sich auf radikale, völlig neue Innovationen konzentrieren, wie z.B. Software, Medien und Bio-Technologie, ist das deutsche Innovationssystem auf einen anderen Produkttyp eingestellt: Dabei werden etablierte, gut beherrschte Technologien schrittweise weiter entwickelt und verbessert und als hochwertige Qualitätsprodukte auf dem Markt angeboten, wie z.B. in der Automobil- und Chemieindustrie bzw. Maschinenbau. Dieses Innovationsmodell braucht Fähigkeiten, die vom deutschen Ausbildungs- und Wissenschaftssystem sehr gut geliefert werden: Ingenieure, die in ihre Firma 'investieren', was bedeutet, daß sie ziemlich klare Karriereperspektiven haben müssen, und (Fach-)Arbeiter, für die das gleiche gilt"[562]. Nach *Hancké* ist die "Produktion" dieser Fähigkeiten aber nur möglich auf der Grundlage einer Interaktion zwischen den bestehenden Regulierungsmechanismen in Deutschland, zu nennen sind hier vor allem die Arbeitgeberverbände und Gewerkschaften, aber auch Ingenieursberufsverbände etc.[563] Ein hochflexibler externer Arbeitsmarkt wie im Fall der USA oder auch Großbritanniens würde vor dem Hintergrund des deutschen Innovations- und Produktionssystems eher kontraproduktiv wirken, da langfristige Perspektiven und damit auch Planungssicherheit für die Unternehmen und für die Beschäftigten verloren gingen. Notwendige Fähigkeiten (Berufsausbildungen, Qualifikationen etc.) für das deutsche Innovations- und Industriemodell würden somit u.U. nicht mehr geliefert: "In dem Flexi-Modell können Arbeitnehmer je nach betrieblichem Bedarf gefeuert werden,

[562] Hancké, Bob (1998): Deregulierung und Flexibilität als Wunderheilmittel. A.a.O., S. 256.
[563] Vgl. auch zu den folgenden Ausführungen ebd., S. 256f.

d.h. wenn ein Unternehmen aufgrund seiner betriebswirtschaftlichen Resultate eine schnelle Kostenlösung sucht. Deshalb bilden Unternehmen in diesem Regime nicht oder viel weniger aus als in Deutschland: die Investition in die Qualifikation von Beschäftigten ist viel zu unsicher. Einzelne Unternehmen sind auch in einer 'Falle' gefangen: Ohne Flächentarifvertrag ist das Abwerben von ausgebildeten Leuten sehr einfach, was wiederum die Ausbildungslust von Unternehmen bremst. Und keine Ausbildung bedeutet, daß es für einzelne Arbeitnehmer wenig Karriereperspektiven gibt. Sie sind deshalb auch weniger bereit, in ihre Ausbildung zu investieren, gerade weil sie nicht sicher sind, daß der Erwerb dieser Fähigkeiten zu einem stabilen Job führen würde. Fazit: In einem deregulierten Modell investieren weder Unternehmen noch Arbeitnehmer in den Erwerb von genau den Fähigkeiten, die dem exportfähigen deutschen Modell zugrunde liegen"[564].

Es wird deutlich, dass Deregulierungen und Flexibilisierungen des Arbeitsmarktes nicht zwangsläufig zu positiven Veränderungen, zumindest auf dem deutschen Arbeitsmarkt, führen müssen. Eine Anpassung an mögliche Flexibilitätserfordernisse muss sich vielmehr aus dem nationalen Produktions- und Innovationssystem heraus ergeben.[565] Eine schnelle Einführung des flexiblen Modells nach Vorbild des angelsächsischen Modells könnte für den deutschen Arbeitsmarkt sogar verheerende Folgen haben: "Es würde die Ausbildungsmotivation der wichtigen Akteure verringern. Aber da die mit dem deutschen Ausbildungssystem zusam-

[564] ebd., S. 257.

[565] Vgl. Scherrer, Peter / Simons, Rolf / Westermann, Klaus (1998): Von den Nachbarn lernen? A.a.O., S. 31.

menhängenden Fähigkeiten notwendige Komponenten im deutschen Innovations- und Produktionsmodell sind, würde eine solche Strategie die relativen Vorteile des deutschen Modells untergraben, ohne notwendigerweise eine lebensfähige Alternative zu bieten. Ohne diese Fähigkeiten, die eigentlich nur von dem stark regulierten nordeuropäischen bzw. deutschen System geliefert werden, ist die Entwicklung und Herstellung von hochwertigen Qualitätsprodukten fast unmöglich. Und gerade das ist die vergleichende Stärke des deutschen Systems. (...) Diese Tatsache allein soll schon zu Vorsicht bei einer Umgestaltung des deutschen Modells mahnen"[566].

Wichtig in diesem Zusammenhang ist die Einschätzung von *Scherrer / Simons / Westermann*, die zu bedenken geben, dass Flexibilität nicht Ziel, sondern in erster Linie Mittel zur Sicherung der Funktionsfähigkeit des Arbeitsmarktes sein sollte.[567] Demzufolge schließen Stabilität und Flexibilität am Arbeitsmarkt sich auch nicht unbedingt aus, sondern es besteht die Möglichkeit, dass sie sich je nach Land in spezifischer Weise ergänzen. Die Ländereranalysen dieser Untersuchung bestätigen diese Möglichkeit. So ist es z.B. den Niederlanden durch das Konzept der Teilzeitarbeit gelungen eine Flexibilisierung des Arbeitsmarktes zu erreichen, ohne eine Deregulierung nach US-amerikanischem oder englischem Vorbild durchzuführen. Die Flexibilisierung des Arbeitsmarktes in den Niederlanden durch Teilzeitarbeit wur-

[566] Hancké, Bob (1998): Deregulierung und Flexibilität als Wunderheilmittel. A.a.O., S. 257.

[567] Vgl. auch zu den folgenden Ausführungen Scherrer, Peter / Simons, Rolf / Westermann, Klaus (1998): Von den Nachbarn lernen? A.a.O., S. 31.

de in erster Linie durch den **Abbau von arbeits- und sozialrechtlichen Benachteiligungen** der Teilzeitbeschäftigten erreicht. "Mit einigen Ausnahmen sind heute die Teilzeitarbeiter den Vollzeitarbeitern gleichgestellt. Die Kinderversorgung wird zwar z.T. kritisiert, ist aber besser als in Deutschland (Ganztagsschulen, freiwillige Vorschulklassen). Hier ist also Flexibilität durch ein Mehr an Sicherheit geschaffen worden ('Flexicurity'), nicht durch den Abbau arbeits- und sozialrechtlichen Schutzes"[568].

Aufgrund der Unternehmensstruktur in Dänemark, die durch kleine und mittlere Unternehmen geprägt ist, besteht hier, ähnlich wie in den USA oder Großbritannien, nur eine geringe Möglichkeit der unternehmensinternen Mobilität der Arbeitskräfte. Die Häufigkeit der Arbeitsplatzwechsel in Dänemark ist dementsprechend höher als in Deutschland. Begünstigt wird dies durch einen schwach ausgebauten Kündigungsschutz. Da in Dänemark der Faktor "Qualifikation" jedoch allgemein einen hohen Stellenwert besitzt, wurde eine hohe Flexibilität des Arbeitseinsatzes in Dänemark durch eine Kombination von hoher numerischer Flexibilität mit externer Qualifizierung erreicht.[569] Hierdurch gelangt Dänemark zu ähnlichen Ergebnissen eines hochflexiblen Arbeitsmarktes wie etwa die USA , zeigt jedoch andererseits, dass eine hohe Flexibiliät am Arbeitsmarkt auch vor dem Hintergrund umfangreicher und langfristiger Lohnersatzleistungen erfolgreich sein kann. "Schließlich sei noch zweierlei zu bedenken: Die Mobilität am deutschen Arbeitsmarkt liegt zwar deutlich unter der Dänemarks oder

[568] ebd., S. 34.
[569] ebd., S. 32.

der USA, jedoch über dem Durchschnitt der OECD-Länder. Zudem zeigt eine Untersuchung der OECD, daß kein statistisch signifikanter Zusammenhang zwischen geringerer Mobilität am Arbeitsmarkt (Labour-Turnover-Rate) und höherer Arbeitslosigkeit besteht. Allerdings ist das dänische System, das hohe Lohnersatzleistungen und zugleich einen schnellen Übergang in qualifizierte Arbeitsplätze sicherstellt, einer genaueren Betrachtung wert"[570].

5.1.3 Niedriglohnkonzepte: Wundermittel gegen Arbeitslosigkeit?

Neben der numerischen Flexibilität wird in der Bundesrepublik Deutschland die **Lohn- und Lohnstrukturflexibilität** massiv kritisiert. Der Meinung der Kritiker zufolge haben es die hochflexiblen Arbeitsmärkte der USA und Großbritanniens vor allem durch eine größere Differenzierung der Löhne geschafft, gering qualifizierte Arbeitnehmer (wieder) in den Arbeitsmarkt zu integrieren. Die Strategie einer größeren Lohndifferenzierung wird daher in Deutschland und allgemein in Europa zunehmend als Möglichkeit diskutiert, vor allem das Problem der Langzeitarbeitslosigkeit der Geringqualifizierten zu lösen (Stichwort: "Niedriglohnsektor"). "Während sich in Kontinentaleuropa die Einkommensverteilung nur geringfügig verschob, sind in den USA - aber auch in Großbritannien - die Einkommensunterschiede explodiert. Das reale Brutto-Haushaltseinkommen

[570] ebd.

der reichsten zehn Prozent der Bevölkerung stieg zwischen 1973 und 1992 um 18 Prozent, jenes der ärmsten zehn Prozent sank dagegen um elf Prozent. Dazu kommt, dass die Steuersätze der oberen Einkommensschichten kräftig reduziert wurden, während die Benefits der Armen, wie Sozialwohnungen, Essensmarken etc., gekürzt wurden. Die Ursachen sind vielschichtig: Zur Explosion der Besitzeinkommen kamen geringe Reallohnsteigerungen der Unselbständigen und der Anteil der Industriearbeiter nahm ab, während durch die kräftige Zuwanderung niedrigqualifizierter Arbeitskräfte die schlechtbezahlten Dienstleistungsjobs stark expandierten"[571].

Besonders in den achtziger und in der ersten Hälfte der neunziger Jahre war in den USA eine steigende Lohnflexibilität im Sinne sinkender Reallöhne und vergrößerter Lohnunterschiede zu konstatieren.[572] Vor dem Hintergrund gleichzeitig zunehmender Beschäftigung und Reduzierung der Arbeitslosigkeit in den USA im selben Zeitraum wird oftmals ein direkter Zusammenhang zwischen wachsender Lohndifferenzierung und Beschäftigungswachstum abgeleitet. Diesem (scheinbaren) Zusammenhang folgend hat die USA das hohe Beschäftigungswachstum und tendenziell fallende Arbeitslosenquoten in der Vergangenheit mit größerer Ungleichverteilung, längerfristigem Reallohnrückgang und geringerer Produktivität erkauft. Der Umkehrschluss würde

[571] "Die Überlebenschance des europäischen Wohlfahrtsmodells", in: Der Standard, 7./8. August 1999, S. 27.
[572] Vgl. auch zu den folgenden Ausführungen Ganßmann, Heiner (1999): Das Wechselverhältnis von Flexibilität und Rigidität auf den Arbeitsmärkten der USA, Japans und der Bundesrepublik Deutschland. A.a.O..

dementsprechend lauten, dass die in der Bundesrepublik Deutschland für die Beschäftigten eher günstigere Lohn- und Produktivitätsentwicklung dafür verantwortlich ist, dass es hier in den vergangenen Jahren nur zu einem geringeren Beschäftigungswachstum gekommen ist. "Ungleichheit ist der Preis, den man für wirtschaftliche Effizienz und ein hohes Beschäftigungsniveau zu zahlen habe, heißt es auf wirtschaftsliberaler Seite. Nur bei einem starken Einkommensgefälle gebe es für die Eliten genügend Anreize, Zeit und Geld zu investieren, und die Mehrheit der Beschäftigten hätten wirtschaftlichen 'Druck nötig, wenn sie alle ihre Kräfte anspannen sollen'. Arbeit wird als Last, als 'disutility', angesehen, der man sich nur bei starken negativen oder positiven ökonomischen Anreizen zuwendet"[573].

Angesichts dieser "Philosophie" stellt sich die Frage, ob sich tatsächlich ein Zusammenhang zwischen wachsender **Einkommensungleichheit** und **Beschäftigung** in den USA und Großbritannien nachweisen lässt. Einer Studie der OECD zufolge, in der für den Zeitraum von 1990 bis 1994 die Beschäftigungsentwicklung und die Arbeitslosenquoten einerseits mit der Entwicklung der Einkommensverteilung andererseits in verschiedenen Ländern in Korrelation gesetzt wurde, kommt zu dem Ergebnis, dass "sich keine signifikanten Beziehungen zwischen diesen Größen feststellen lassen. Für dieses Ergebnis spricht auch der Augenschein: Sowohl für die Länder mit ungleicher als auch für die mit egalitärer Einkommensstruktur lassen sich Beispiele für eine gute oder eine schlechte Beschäftigungsbilanz zitieren. Dä-

[573] Bosch, Gerhard (1998): Brauchen wir mehr Ungleichheit auf dem Arbeitsmarkt? A.a.O., S. 15.

nemark , Norwegen oder die Niederlande können mit ihrer ausgeglichenen Einkommensstruktur eine positive Beschäftigungsbilanz vorweisen, die sich mit der amerikanischen messen läßt oder sie sogar übertrifft"[574]. Zu einem vergleichbaren Ergebnis kommen *Schmitt / Mishel / Bernstein*, die für die USA lediglich eine eher bescheidene Wachstumsrate der Beschäftigung feststellen. Danach ist das seit Ende der siebziger Jahre erzielte US-Ergebnis in diesem Bereich "nicht bemerkenswert besser als das kanadische, das australische oder das niederländische, obwohl diese Volkswirtschaften sehr viel rigidere Arbeitsmarktinstitutionen haben als die USA. Insbesondere hat die britische Volkswirtschaft, die der amerikanischen am stärksten nacheifert, in der Zeit von 1989 bis 1996 keine neuen Beschäftigungsmöglichkeiten geschaffen"[575].

Mehr Ungleichheit schafft also nicht unbedingt mehr Arbeitsplätze. Ebenso wenig führt sie unweigerlich zu einer Steigerung des Bruttoinlandsprodukts (BIP), wie das Beispiel USA zeigt. Die Formel: "Je breiter der Lohnfächer - vor allem in den unteren Lohngruppen - desto höher das Beschäftigungswachstum, und je besser die Bevölkerung mit Arbeitsplätzen versorgt wird, desto höher ist das Pro-Kopf-Einkommen"[576], stimmt für die USA nicht. Denn Daten der

[574] ebd., S. 17.
[575] Schmitt, John / Mishel, Lawrence / Bernstein, Jared (1998): Unterschätzte soziale Kosten, überbewertete ökonomische Vorteile des "US-Modells", a.a.O., S. 276.
[576] Klös, Hans-Peter (1998): Erwerbsintegration als Armutsvermeidungsstrategie - Teilergebnisse des von der informedia-Stidftung für Gesellschaftswissenschaft und Publizistik geförderten Forschungsprojekts "Das deutsche Modell auf dem Prüfstand", a.a.O.

OECD belegen, dass das BIP in den USA zwischen 1989 und 1997 im Durchschnitt nur um etwa 2,2 Prozent pro Jahr gewachsen ist.[577] Mit diesem Wert liegen die USA lediglich im Mittelfeld aller OECD-Länder. "Wird das Wachstum auf der Grundlage des BIP pro Kopf der Bevölkerung gemessen - d.h. auf der Grundlage des Mehr an Gütern und Dienstleistungen, die jedem einzelnen Bürger zur Verfügung stehen - dann ist die US-Volkswirtschaft während der neunziger Jahre lediglich um 1,1 vH pro Jahr gewachsen, wodurch sie näher an die Länder heranrückt, die in der Ligatabelle der OECD ganz unten rangieren; (...) Das, relativ gesehen, regelungsfreie Funktionieren der US-Arbeitsmärkte hat den Vereinigten Staaten kein höheres Wirtschaftswachstum gebracht, und die Effizienz des Arbeitskräftepotentials im Vergleich zu Europa keineswegs erhöht. Andererseits haben Gewerkschaften, Mindestlöhne, gesetzlich verankerte Leistungen und die Sozialversicherungssysteme das Wirtschaftswachstum in Europa im Vergleich zu den USA keineswegs niedriger ausfallen lassen und die europäischen Volkswirtschaften daran gehindert, die Produktivitätslücke gegenüber den Vereinigten Staaten zu verringern"[578].

In der Bundesrepublik Deutschland, in Dänemark und in den Niederlanden ist die **Spreizung der Lohnstruktur** weit weniger stark als in den USA oder auch Großbritannien. Es mehren sich jedoch in der Bundesrepublik die Vorschläge, den bislang im internationalen Vergleich schmalen

[577] Vgl. Schmitt, John / Mishel, Lawrence / Bernstein, Jared (1998): Unterschätzte soziale Kosten, überbewertete ökonomische Vorteile des "US-Modells", a.a.O., S. 274.
[578] ebd., S. 275.

deutschen Lohnfächer zu verbreitern.[579] Hierdurch soll die Arbeitsmarktlage vor allem der Geringqualifizierten in Deutschland verbessert werden, da eine geringe Lohndifferenzierung bislang den Niedriglohnbereich quasi "austrockne", wodurch gerade geringqualifizierte Arbeitskräfte vom Arbeitsmarkt ausgegrenzt würden.[580] Das erste Modell eines Niedriglohnsektors in Deutschland wurde von der Friedrich-Ebert-Stiftung 1998 vorgestellt und von der Benchmarking-Gruppe der Bundesregierung (einer wissenschaftlichen Beratungsgruppe des Bündnisses für Arbeit) weiterentwickelt. Nach Berechnungen dieser Beratungsgruppe könnten über drei Millionen neuer Arbeitsplätze in Deutschland vor allem im Dienstleistungsbereich durch niedrig entlohnte Erwerbsarbeit geschaffen werden.[581] Das Institut der deutschen Wirtschaft (IW) sieht durch die Einführung von Niedriglöhnen in Deutschland gar die Möglichkeit zur Schaffung von bis zu 4,7 Millionen neuer Arbeitsplätze. Als Vorbild wird die Entwicklung in den USA hingestellt, die zeige, dass eine Öffnung der Lohnstruktur nach unten auch in Deutschland unverzichtbar sei.[582] Die in den USA und Großbritannien erzielten Ergebnisse zur Verbesserung der Arbeitsmarktlage von Geringqualifizierten sind bei einer detaillierten Betrachtung jedoch eher negativ zu beurteilen. "Die Beschäftigungsquote der Geringqualifizierten liegt in Deutschland über der in Großbritannien und den

[579] Vgl. Klös, Hans-Peter (1998): Erwerbsintegration als Armutsvermeidungsstrategie, a.a.O.
[580] Vgl. Scherrer, Peter / Simons, Rolf / Westermann, Klaus (1998): Von den Nachbarn lernen? A.a.O., S. 33.
[581] Vgl. Bonk, Birgit (1999): Niedriglöhne, Beitrag in der Sendung "markt" (WDR) vom 14. Juni 1999.
[582] Vgl. "Institut erwartet Job-Wunder durch Billiglöhne", in: dpa-Pressemeldung v. 03.01.1998.

USA. Nur die Geringqualifizierten Frauen haben in Großbritannien eine höhere Beschäftigungsquote. Weiterhin haben die Beschäftigungsquoten der Geringqualifizierten in Deutschland in den letzten Jahren sogar zugenommen, während sie sich in den USA und UK verminderten. Die Beschäftigungsquoten der Geringqualifizierten zeigen also eine völlig andere Dynamik als es die neo-liberale Wirtschaftstheorie voraussagt"[583].

Eine vergleichbares Ergebnis lässt sich nach *Bosch* auch für die Entwicklung der **Arbeitslosenquoten Geringqualifizierter** in den USA und Großbritannien feststellen.[584] Trotz zunehmender Lohndifferenzierung hat sich die Arbeitslosenquote der Geringqualifizierten der allgemeinen Arbeitslosenquote nicht angenähert. "Genau das Gegenteil ist jedoch der Fall. In Großbritannien und den USA ist die Spanne zwischen der allgemeinen Arbeitslosenquote und der Arbeitslosenquote der weniger Qualifizierten größer als in Ländern mit geringerer Einkommensstreuung. (...) Die Geringqualifizierten haben also nicht von der größeren Ungleichheit profitiert"[585].

Als Fazit kann festgehalten werden, dass die für die Bundesrepublik Deutschland zur Lösung der Arbeitslosigkeit oftmals anempfohlene Abwärtsflexibilität der Löhne in den USA und in Großbritannien die Arbeitsmarktlage der Geringqualifizierten dort nicht verbessert, z.T. sogar verschlechtert, hat. "Dies ist besonders ernüchternd, weil es

[583] Bosch, Gerhard (1998): Brauchen wir mehr Ungleichheit auf dem Arbeitsmarkt? A.a.O., S. 17.
[584] Vgl. auch zu den folgenden Ausführungen ebd.
[585] ebd.

sich bei den weniger Qualifizierten gerade um diejenigen handelt, für die man in Europa aus einem Übergang zu flexibleren Institutionen des Arbeitsmarktes Nutzen zu ziehen erwartet"[586]. Angesichts der ungünstigen Arbeitsmarktentwicklung für die Geringqualifizierten in den USA und Großbritannien werden immer mehr Stimmen laut, die besagen, dass eine größere Rigidität im Bereich der Löhne und der Lohnstruktur in den USA und Großbritannien für die Mehrheit der Beschäftigten und Arbeitslosen günstiger gewesen wäre als die praktizierte Lohnflexibilität.[587] Diese Auffassung wird z.B. von *Schmitt / Mishel / Bernstein* als Ergebnis ihrer Studie über das US-Modell vertreten: "Die Lohnflexibilität in den Vereinigten Staaten hat die Einkommen der Arbeitnehmer in den unteren und mittleren Gruppen abgesenkt, ohne daß dadurch nennenswert mehr an Beschäftigungsmöglichkeiten für Arbeitnehmer der unteren Lohngruppen geschaffen worden wären. Die enttäuschende Leistung der Vereinigten Staaten bei der Schaffung von Arbeitsplätzen für weniger qualifizierte Arbeitnehmer belegt, daß die derzeitige Arbeitslosigkeit in Europa relativ wenig mit inflexiblen Arbeitsmarktinstitutionen zu tun hat"[588]. Auch die OECD, ansonsten eher als "Anhänger" des angelsächsischen Weges zu mehr Beschäftigung bekannt, kommt in ihrer Untersuchung zur Einkommensentwicklung zu dem für neoliberale

---

[586] Schmitt, John / Mishel, Lawrence / Bernstein, Jared (1998): Unterschätzte soziale Kosten, überbewertete ökonomische Vorteile des "US-Modells", a.a.O., S. 276.

[587] Vgl. Ganßmann, Heiner (1999): Das Wechselverhältnis von Flexibilität und Rigidität auf den Arbeitsmärkten der USA, Japans und der Bundesrepublik Deutschland. A.a.O.

[588] Schmitt, John / Mishel, Lawrence / Bernstein, Jared (1998): Unterschätzte soziale Kosten, überbewertete ökonomische Vorteile des "US-Modells", a.a.O., S. 276.

Arbeitsmarktrezepte vernichtenden Schluss: "Es gibt nur wenig schlüssige Belege, die zeigen, daß Länder mit einem geringeren Anteil an Niedrigbezahlten dies auf Kosten höher Arbeitslosenzahlen oder einem geringeren Beschäftigungsniveau für besonders gefährdete Gruppen wie Jugendliche oder Frauen erreicht haben"[589].

In einer abschließenden Beurteilung der Niedriglohnstrategien darf überdies nicht vergessen werden, dass, wie oben bereits dargestellt, Lohnstruktur und Qualifikationsentwicklung in einer Ökonomie eng zusammenhängen.[590] *Scherrer / Simons / Westermann* vertreten daher die Auffassung, dass Niedriglohnkonzepte u.U. zwar kurzfristig in bestimmten Bereichen einen Entlastungseffekt erreichen könnten, "mittel- und langfristig haben sie Folgen für Qualifikation, Innovation und Wachstum. Sie beeinflussen in dynamischer Sicht Qualifikationsanforderungen und Produktionskonzepte einer Volkswirtschaft. Eine solide Grundbildung sowie Aus- und Weiterbildung sind deshalb die adäquaten Mittel, um dem Druck auf die Geringqualifizierten zu begegnen"[591].

Die vorangegangenen Ausführungen haben deutlich gemacht, dass die in den USA und Großbritannien praktizierten Lohnflexibilisierungen wenig dazu beigetragen haben, die Beschäftigungsmöglichkeiten der schlecht ausgebildeten Arbeitnehmer zu erhöhen. Nachhaltig positive Beschäfti-

---

[589] OECD, Employment Outlook, Paris, 1996, S. 76; zitiert nach: Bosch, Gerhard (1998): Brauchen wir mehr Ungleichheit auf dem Arbeitsmarkt? A.a.O., S. 18.
[590] Vgl. Scherrer, Peter / Simons, Rolf / Westermann, Klaus (1998): Von den Nachbarn lernen? A.a.O., S. 33.
[591] ebd.

gungseffekte durch mehr Ungleichheit lassen sich demnach in diesen Ländern nicht nachweisen. Nachweisen kann man nach *Bosch* jedoch die negativen Auswirkungen einer Politik der Einkommensdifferenzierung, wie sie in den USA und Großbritannien zu finden ist.[592] Die Kosten von mehr (Einkommens-) Ungleichheit, die für Wirtschaft und Gesellschaft entstehen, sieht er vor allem in einer Schwächung der Innovationskraft der Unternehmen, in geringeren Potenzialen zur Umverteilung von Arbeit und in abnehmender sozialer Kohäsion begründet. Zu einer ähnlichen Bewertung der Kosten und Schwächen des amerikanischen Flexibilitätsmodells kommen *Schmitt / Mishel / Bernstein*, die in einer Untersuchung über das US-Modell zu dem Ergebnis gelangen, dass die Vereinigten Staaten einen hohen wirtschaftlichen und sozialen Preis für die Flexibilität ihres Arbeitsmarktes zahlen.[593] "Das 'US-Modell' hat auf breiter Front zur ökonomischen Ungleichheit geführt und bildet die Wurzel von enormen sozialen Problemen - vom mangelnden Zugang zu den Gesundheitsdiensten bis zu einer hohen Kriminalitäts- und Inhaftierungsrate. Die von dem Modell bewirkten wirtschaftlichen Störungen haben die unteren Einkommensgruppen überproportional stark betroffen, aber auch die Mittelschichten haben Opfer bringen müssen, deren Umfang und Gewicht die meisten der europäischen Befürworter des

---

[592] Vgl. auch zu den folgenden Ausführungen Bosch, Gerhard (1998): Brauchen wir mehr Ungleichheit auf dem Arbeitsmarkt? A.a.O., S. 19.

[593] Vgl. Schmitt, John / Mishel, Lawrence / Bernstein, Jared (1998): Unterschätzte soziale Kosten, überbewertete ökonomische Vorteile des "US-Modells", a.a.O., S. 271.

US-Modells kaum zu erkennen scheinen"[594]. Diese Diagnose gilt uneingeschränkt auch für den britischen Arbeitsmarkt.

Die Frage, ob die Bundesrepublik Deutschland etwas von den derzeit beschäftigungspolitisch erfolgreichen Ländern mit ausgeprägt liberaler Marktverfassung (USA, Großbritannien) lernen kann, was zur Reduzierung der Arbeitslosigkeit beitragen könnte, muss insgesamt wohl eher verneint werden. Die Opfer, die Beschäftigte und auch Erwerbslose in Deutschland bringen müssten, sowie insgesamt die sozialen Kosten, die bei einer Flexibilisierung des deutschen Arbeitsmarktes im Stile des "anglo-amerikanischen Modells" entstehen würden, wären zu groß. Deutlich wird dies u.a. auch in einer Antwort des amerikanischen Wirtschaftsprofessors Paul *Krugmann* auf die Frage, ob Deutschland den wirtschaftlichen Erfolg der USA kopieren kann: "Deutschland ist vermutlich weder in der Lage noch bereit dazu, das amerikanische Wirtschaftssystem nachzuahmen. Einiges in diesem System ist sehr rau und brutal, wie der Arbeitsmarkt und die Sozialpolitik. Ein Grund, warum wir keine Arbeitslosigkeit haben, ist schlicht: Wer nicht arbeitet, verhungert"[595]. Der angelsächsische Weg zu mehr Beschäftigung würde auch in Deutschland zu einer Erosion der sozialen Kohäsion führen. Dieser Weg sollte daher in Deutschland, in der die soziale Gerechtigkeit noch ein gewissen Stellenwert besitzt, nicht beschritten werden. Zumal die Beschäftigungserfolge, die die USA und Großbritannien durch Deregulierung und Flexibilität erreicht haben, ohne-

[594] ebd., S. 278.

[595] Jost, Irmintraut (1999): "Deutschland? Ich bin beunruhigt", Gespräch mit Wirtschaftsprofessor Paul Krugmann, in: Abendblatt, 13.10.1999.

hin eher fragwürdig sind. Zumindest für die Einkommensflexibilisierung kann festgestellt werden, dass die Einkommensungleichheit in den USA und in Großbritannien nicht zu einer Beschäftigungsquote Geringqualifizierter geführt hat, die höher wäre als in Deutschland. Aber gerade diese Personengruppe, so zumindest die Verheißungen der Befürworter des neoliberalen Beschäftigungsansatzes, sollte am meisten von der Einführung flexiblerer Institutionen des Arbeitsmarktes in Deutschland profitieren. "Die Prämissen jener, die einen subventionierten Niedriglohnsektor einrichten wollen, halten also einer genaueren Prüfung nicht stand. Mittels Lohnsubventionierung wird der verfestigte Kern der Arbeitslosigkeit kurzfristig kaum spürbar beseitigt werden können. Zum einen eignen sich bei weitem nicht alle Arbeitslose für Jobs in niedrigproduktiven Dienstleistungen. Zum anderen gibt es in Deutschland überhaupt keinen Nachholbedarf bei einfachen Dienstleistungstätigkeiten zumindest dann nicht, wenn alle in diesem Bereich Erwerbstätigen erfasst werden"[596]. Dieser Auffassung folgend existiert die sogenannte "Dienstleistungslücke" in Deutschland gar nicht. Die in der ökonomischen Literatur häufig anzutreffende Einschätzung, Deutschland habe sein Potenzial einfacher Arbeitsplätze im Dienstleistungsbereich längst nicht ausgeschöpft, lässt sich nur aufrechterhalten, wenn zur Ermittlung der Dienstleistungstätigkeiten der "sektorale" Ansatz gewählt wird.[597] Hierbei wird eine Volkswirtschaft in die drei Sektoren Landwirtschaft, produzierendes Gewerbe und Dienstleistungen eingeteilt. "Zu welchem der Sektoren ein Arbeitnehmer gehört, entscheidet sich nach dem Un-

---

[596] "Vergleich USA - Deutschland: Es gibt keinen Nachholbedarf bei einfachen Dienstleistungen", in: Die Zeit, 17.02.2000.
[597] Vgl. zu den folgenden Ausführungen ebd.

ternehmensschwerpunkt: Pförtner, Buchhalter oder Verkäufer eines Autoproduzenten werden, obwohl eigentlich Dienstleister, dem 'sekundären Sektor' zugeordnet. Internationale Vergleiche der Beschäftigung führen dann aber in die Irre, wenn die betreffenden Länder unterschiedliche Strategien des Outsourcing präferieren. Werden in einem Land mehr Dienstleistungen innerhalb der Industrie erbracht, also relativ mehr Dienstleistungen selbst erstellt, wird auch der Anteil des Dienstleistungssektors an der gesamten Beschäftigung tendenziell kleiner sein. Der Unterschied zu dem Land mit den stärkeren Auslagerungstendenzen ist dann allerdings nicht mehr als ein statistisches Artefakt"[598]. Werden die Daten für die Bundesrepublik jedoch nach dem "funktionalen" Ansatz erhoben (die Beschäftigung wird nach Tätigkeitsbereichen und nicht nach Sektoren differenziert), so ist der Anteil der Dienstleistungen an der Gesamterwerbstätigkeit mit dem anderer Länder vergleichbar; es existiert keine "Dienstleistungslücke".[599] "Grundsätzlich ist die Verwendung des Begriffs "Dienstleistungslücke" nur dann sinnvoll, wenn eben nicht nur Anteilswerte von Sektoren verglichen werden. Tut man dies, hat Deutschland zwangsläufig eine Dienstleistungslücke beziehungsweise einen Industrieüberhang, da die historisch gewachsene Struktur zum höchsten Anteil des sekundären Sektors, des produzierenden Gewerbes, innerhalb der OECD geführt hat. (...) Dieser empirische Befund stellt die zentrale Prämisse der Verfechter eines Niedriglohn-Dienstleistungsbereichs

[598] ebd.

[599] Vgl. "Dienstleistungen als Chance: Entwicklungspfade für die Beschäftigung". Im Rahmen der BMBF-Initiative "Dienstleistungen für das 21. Jahrhundert". Abschlußbericht der PEM 13, Kurzfassung, Göttingen, 1999, S. 17.

infrage. Erfasst man alle Dienstleistungstätigkeiten in Deutschland, ob Vollzeitbeschäftigung oder geringfügige Beschäftigung, ob sozialversicherungspflichtig oder nicht, wird deutlich, dass nicht nur in den Vereinigten Staaten, sondern auch hierzulande der Dienstleistungsbereich als Auffangbecken für gering Qualifizierte fungiert. Man muss, salopp gesagt, nur in die richtige Statistik sehen, um dies festzustellen"[600].

Vor dem Hintergrund des deutschen Innovations- und Produktionssystems stellen sich bezüglich der Übertragbarkeit des flexiblen Modells insgesamt Vorbehalte grundsätzlicher Natur ein, weil die Vorteile des deutschen Modells bei einer Einführung auch nur einiger Komponenten des angelsächsischen "Flexibilitäts-Modells" schnell dem Zerfall preisgegeben würden. "Das deutsche Innovations- und Produktionsmodell beruht u.a. auf betrieblichen und überbetrieblichen Kooperations- und Kompromißstrukturen. Insbesondere das niederländische Beispiel zeigt, wie entscheidend Bewahrung und institutioneller Ausbau solcher Konzepte sind. (...) Arbeitsmarktpolitische Maßnahmen und Ansätze zur Flexibilisierung der Arbeitsmärkte müssen das deutsche Innovations- und Produktionsmodell stärken; die spezielle Innovationsbasis der deutschen Wirtschaft darf nicht zerstört werden. Dies bedeutet u.a. die Präferierung von Konzepten zur intelligenten Qualifikationsanpassung, wie sie etwa in Dänemark erprobt bzw. praktiziert werden"[601].

---

[600] "Vergleich USA - Deutschland: Es gibt keinen Nachholbedarf bei einfachen Dienstleistungen", in: Die Zeit, 17.02.2000.
[601] Scherrer, Peter / Simons, Rolf / Westermann, Klaus (1998): Von den Nachbarn lernen? A.a.O., S. 42.

Die jeweils nationalen Produktions- und Innovationsmodelle stellen somit wichtige Einflussfaktoren in der Frage dar, welche Länder u.U. voneinander lernen können. "Das nationale Innovations- und Produktionssystem begünstigt bestimmte Branchen und erfordert spezifische institutionelle Rahmenbedingungen. Dazu gehören u.a. das Qualifikationssystem und das System sozialer Sicherung. Der jahrzehntelange Erfolg der Bundesrepublik ist eng verknüpft mit dem europäischen Sozialstaatsmodell und mit dem spezifisch deutschen Korporatismus auf betrieblicher Ebene ('Rheinischer Kapitalismus'). Entsprechend kann der Blick auf die europäischen Nachbarn mit ähnlichen Strukturen und Problemen und zumindest partiell erfolgreichen Ansätzen zur Bekämpfung der Beschäftigungskrise hilfreich sein. Eine Orientierung am anglo-amerikanischen Sozialmodell wäre dagegen kontraproduktiv, weil es einen anderen Pfad der Kombination von Innovationssystem und institutionellen Rahmenbedingungen repräsentiert"[602].

5.2 Schlusswort

Die Niederlande und auch Dänemark zeigen, dass sich vergleichsweise geringe Differenzen in Einkommen und Lebenslagen auch vor dem Hintergrund der Globalisierung und Arbeitslosigkeit in Europa weiter aufrechterhalten lassen, wenn dies politisch gewollt ist.[603] Beide Länder stellen

[602] ebd., S. 41.
[603] Vgl. ebd., S. 37.

ein gutes Beispiel dafür dar, "daß die Suche nach einem neuen Ausgleich zwischen Wettbewerbsfähigkeit, sozialpolitischen Leistungen und hoher Beschäftigung, erfolgreich sein kann - ohne sich auf das 'Glatteis des amerikanischen Wohlfahrtskapitalismus' zu begeben"[604]. Wobei der Beschäftigungserfolg in Dänemark sogar eine gewisse Besonderheit aufweist, da er durch eine spezifische Mischung aus angelsächsischer Arbeitsmarktstruktur und kontinentaleuropäischer sozialer Sicherung zustande gekommen ist.[605] "Gelungen ist dieses kleine Job-Wunder, weil die Dänen zwei Denkschulen kombinierten, die in Deutschland als unvereinbar gelten: den Wohlfahrtsstaat skandinavischer Tradition und die Flexibilität nach amerikanischen Vorbild"[606]. Im dänischen, aber auch im niederländischen Weg zu mehr Beschäftigung wird eine gewisse Experimentier- und Reformfreudigkeit im Bereich der Arbeits- und Sozialpolitik sichtbar, die in Deutschland oftmals vermisst und angemahnt wird. Diese Reform- und Experimentierfreude gilt es auch in Deutschland zu forcieren. Dies darf jedoch nicht beinhalten, dass ausländische Instrumente der Beschäftigungserhöhung kritiklos übernommen werden. "Es kommt vielmehr darauf an, innovative Maßnahmepakete zu erarbeiten, die den spezifisch deutschen Faktoren Rechnung tragen"[607].

---

[604] Heinze, Rolf G. / Schmid, Josef / Strünck, Christoph (1999): Vom Wohlfahrtsstaat zum Wettbewerbsstaat. A.a.O., S. 121.
[605] Vgl. ebd., S. 126.
[606] ebd., S. 129.
[607] Glott, Rüdiger / Wilkens, Ingrid / Tasch, Andreas (1998): Bedingungen der Beschäftigungsentwicklung. A.a.O.

Den Niederlanden und Dänemark ist es gelungen, unter Betonung der jeweils nationalen Innovations- und Produktionssysteme und weitgehend im Konsens, den Arbeitsmarkt zu flexibilisieren und ein traditionelles Sozialsystem an die durch die Globalisierung veränderten wirtschaftlichen Erfordernisse anzupassen.[608] Beide Länder beweisen, dass eine Modernisierung des europäischen Wohlfahrtsstaates durch Reformen möglich ist. "In Dänemark wie in den Niederlanden gibt es eine lange Tradition institutionalisierter Kooperationsformen zwischen Unternehmern, Gewerkschaften und Staat. Insbesondere das Beispiel der Niederlande fasziniert viele: ein Korporatismusansatz, institutionalisiert auf nationaler Ebene in Form der Stiftung der Arbeit und des Sozialökonomischen Rates. (...) Das niederländische Institutionensystem ist allerdings weder am Reißbrett entworfen noch bewußt ausgehandelt worden, sondern als ein historisch gewachsenes Geflecht aus einzelnen Maßnahmen in verschiedenen Politikfeldern hervorgegangen"[609]. Der niederländische Beschäftigungserfolg basiert demzufolge nicht auf einem geschlossenen Modell, das man in Deutschland zur Komplettlösung der Arbeitsmarktprobleme kopieren könnte. Vielmehr sollten die Niederlande als Beispiel dafür herangezogen werden, dass die eigenen Stärken - bei aller Notwendigkeit des strukturellen Wandels - nicht voreilig aufgegeben werden dürfen. Sie sollten vielmehr - wenn nötig in modifizierter Form - als Erfolgsbasis für eine weitere Entwicklung dienen. "Statt europäische Unternehmenskultur und soziale Sicherheit einfach über Bord zu werfen und jeden Tag in der Welt nach neuen Beispielen für Europa

[608] Vgl. ebd.

[609] Scherrer, Peter / Simons, Rolf / Westermann, Klaus (1998): Von den Nachbarn lernen? A.a.O., S. 338.

Ausschau zu halten, macht es Sinn, das europäische Gesellschaftsmodell zu reformieren und zu modernisieren, es durch bessere Koordinierung der Finanz-, Wirtschafts- und Beschäftigungspolitik zu stärken und den Strukturwandel sozial verantwortlich voranzutreiben"[610].

Vergessen werden sollte abschließend nicht, dass die für Deutschland - aufgrund der institutionellen und politischen Ähnlichkeiten - besonders interessanten beschäftigungspolitisch erfolgreichen Strategien von Dänemark und den Niederlanden keine wirklichen "Job-Maschinen" gewesen sind. "Echte" neue Arbeitsplätze wurden in beiden Ländern nur wenige geschaffen. Vielmehr wurde die Arbeit auf mehr Erwerbspersonen umverteilt. "Bedeutend ist jedoch: es lassen sich systematische Zusammenhänge zwischen den politischen Maßnahmen einerseits und den Beschäftigungswirkungen andererseits feststellen. Job'wunder' gibt es also nicht".

In den Niederlanden und Dänemark wurde der Arbeitslosigkeit durch Einschränkungen des Arbeitsangebotes und durch eine Ausweitung der Arbeitsnachfrage durch staatliche Maßnahmen und Programme begegnet. Möglich wurde dies u.a., weil in den Niederlanden und Dänemark Umverteilungsziele eine hohe Akzeptanz besitzen.[611] "Die Praktiken zur Einschränkung des **Arbeitsangebotes** der Er-

---

[610] Wulf-Mathies, Monika (1998): Schafft Europa Arbeit? In: Scherrer, Peter / Simons, Rolf / Westermann, Klaus (Hrsg.) (1998): Von den Nachbarn lernen. Wirtschafts- und Beschäftigungspolitik in Europa. Marburg, S. 14.
[611] Vgl. Scherrer, Peter / Simons, Rolf / Westermann, Klaus (1998): Von den Nachbarn lernen? A.a.O., S. 37.

werbspersonen sind vielfältig. Oft basieren sie auf den nationalen sozialen Sicherungssystemen. In den Niederlanden z.B. wird das Arbeitsangebot traditionell durch die immense Zahl Erwerbsunfähiger eingeschränkt; sie ist höher als die Zahl der Arbeitslosen. Natürlich ist diese Form der Verschiebung von Arbeitslosigkeit in Sozialtransfersysteme ökonomisch dysfunktional und in diesem Fall ein - bereits gesetzlich eingeschränktes - Relikt aus besseren Zeiten. Generell bedeuten aber alle Formen der Arbeitsumverteilung eine Einschränkung des Arbeitsangebotes"[612].

Die Niederlande hat mit der Forcierung von Teilzeitarbeit einen besonders interessanten und erfolgreichen Ansatz der Arbeitszeitverkürzung und darüber hinaus der Arbeitsmarktflexibilisierung verfolgt. Die Umverteilung von Arbeit, die durch das niederländische Teilzeitkonzept ermöglicht wurde, trug wesentlich zu den Beschäftigungserfolgen der vergangenen Jahre bei. Die hohe Teilzeitrate in den Niederlanden (37 Prozent der Gesamtbeschäftigung) beeindruckt auch deshalb, weil die Zustimmungsanteile in den Niederlanden zum Teilzeitkonzept im europäischen Vergleich am höchsten sind.[613] "Läßt sich ein solches Konzept übertragen? Skepsis ist nicht nur angebracht, weil vor allem der bei uns weniger bedeutende Dienstleistungssektor das Potential für Teilzeitjobs bietet. Entscheidend ist, daß das holländische Sozialsystem die Teilzeitbeschäftigung begünstigt: Insbesondere die Zahlung einer relativ hohen Grundrente, aber auch viele andere Rahmenbedingungen (u.a. Kinderversorgung) lassen Teilzeitarbeit attraktiv erscheinen.

---

[612] ebd., S. 35.
[613] ebd.

Solche Bedingungen werden in der Bundesrepublik - jedenfalls bislang - nicht geboten. Auch in der Diskussion befindliche Grundsicherungs- oder Grundrentenmodelle orientieren sich längst nicht an einen Versorgungsniveau wie in den Niederlanden. All dies läßt einen ähnlichen Erfolg von Teilzeitkonzepten in der Bundesrepublik unrealistisch erscheinen. Allerdings: Unabhängig vom konkreten Ansatz werden Arbeitsumverteilungskonzepte bei der Bewältigung der Beschäftigungskrise unverzichtbar bleiben"[614].

Neben der Umverteilung von Arbeit spielten staatliche Maßnahmen und Programme, die die **Arbeitsnachfrage** erhöhten, eine wichtige Rolle bei der Reduzierung der Arbeitslosigkeit. "Unsere Nachbarn bieten hier vielfältiges Anschauungsmaterial - nicht nur Dänemark und Holland, sondern inzwischen auch Großbritannien, etwa mit dem aktuellen 'welfare to work'-Programm. Solche konkreten Konzepte aktiver Arbeitsmarktpolitik müssen sorgfältig untersucht werden - unter zwei Aspekten: Zum einen sind die Anreize zur Eingliederung in solche Programme von Interesse. Zum anderen sind Zielsetzungen und tatsächliche Effekte entscheidend. Eine bloße temporäre Reduzierung der Arbeitslosigkeit - mit sicherlich positiven Effekten für die betroffenen Menschen - mag im Wahlkampf helfen. Wichtiger wäre aber, das Potential der Arbeitskräfte volkswirtschaftlich sinnvoll zu nutzen und - durch Qualifizierung oder 'training on the job' - aufzubauen. Innovative aktive Arbeitsmarktpolitik in diesem Sinne scheinen insbesondere die Dänen zu betreiben. Ihre Ansätze über Bildungs- und Erziehungsurlaub bzw. Sabbatjahr, kombiniert mit dem Einsatz von Arbeitslosen, setzen auf Qualifikation und sind langfristig wachstumswirksam"[615].

---

[614] ebd.

[615] ebd., S. 35f.

Die vorangegangenen Kapitel und Ausführungen haben deutlich gemacht, dass es keine einfache Lösung zur Beseitigung der Massenarbeitslosigkeit gibt, die zudem noch in Schulmanier einfach abgeguckt werden könnte. Wenn auch eine 1:1 Übertragung der Erfolgsfaktoren des niederländischen und dänischen Weges zu mehr Beschäftigung auf deutsche Verhältnisse aufgrund unterschiedlicher institutioneller, rechtlicher und gesellschaftspolitischer Rahmenbedingungen ausscheidet, so liefern die Erfahrungen dieser Länder jedoch wichtige Handlungs- und Orientierungshilfen bei der Entwicklung einer eigenen, "optimalen" Strategie zur Bekämpfung der Arbeitslosigkeit. Darüber hinaus machen die (Teil)-Erfolge dieser Länder Mut, weil sie zeigen, dass es doch ein Entrinnen aus der ansonsten in Europa vorherrschenden hohen Arbeitslosigkeit gibt. "Ein vergleichender Blick über die Landesgrenzen hinweg kann hier außerordentlich hilfreich sein, weil er zeigt, daß dem Problem durchaus erfolgreich begegnet werden kann, wenn sich die Politik gestaltenden Kräfte - Regierung, Tarifpartner und Verbände - zu zielorientiertem Handeln aufraffen, anstatt sich in parteipolitischen oder ideologischen Grabenkämpfen gegenseitig zu blockieren. Wenn man sich umschaut und sich die Mühe des Vergleichs macht, stellt man fest, daß es bei allen länderspezifischen Eigenheiten Beispiele für Erfolge wie für Mißerfolge gibt. Aus beiden kann man lernen. Und eben dazu soll dieser Beitrag ermutigen"[616].

[616] Lemper, Alfons (1996): Erfolgreiche Beschäftigungspolitik - Können Länder voneinander lernen? In: Bremer Gesellschaft für Wirtschaftsforschung e.V. (Hrsg.) (1996): Massenarbeitslosigkeit durch Politikversagen? Diskussionsbeiträge, Frankfurt am Main, S. 106.

LITERATURVERZEICHNIS

"Am Rande der Rezession", in: Stuttgarter Zeitung vom 21.09.1998.

"Arbeitspflicht für alleinerziehende Mütter?" In: Frankfurter Rundschau, 8.10.1999.

Auer, Peter (1999): Kleine Länder - ganz groß, in: Bundesarbeitsblatt, 7-8/1999, S. 9-13.

Becker, Uwe (1998): Beschäftigungswunderland Niederlande? In: Aus Politik und Zeitgeschichte, B 11/98, S. 12-21.

Bonk, Birgit (1999): Niedriglöhne, Beitrag in der Sendung "markt" (WDR) vom 14. Juni 1999.

Bosch, Gerhard (1998): Brauchen wir mehr Ungleichheit auf dem Arbeitsmarkt? In: WSI Mitteilungen, 1/1998, S. 15-25.

Castles, Francis G. (Hrsg.) (1993): Families of Nations. Pattern of Public Policy in Western Democracies. Aldershot u.a.

"Dänemark: Erfolgreiche Arbeitsmarktpolitik in den neunziger Jahren", in: Trends Spezial (1999): Vollbeschäftigung in Deutschland - ein Wunschtraum? Juni 1999, S. 31-33.

Der Niederländische Außenhandelsdienst (EVD) (Hrsg.) (1998): Die Niederlande im Internationalen Vergleich 1999/2000, 12.Auflage;
http://www hollandtrade.com/COMPARED/index_G.htm

"Die Beschäftigungspolitik ist nur noch 'Zweite Liga'", in: WAZ, 29.06.2000.

"Dienstleistungen als Chance: Entwicklungspfade für die Beschäftigung". Im Rahmen der BMBF-Initiative "Dienstleistungen für das 21. Jahrhundert". Abschlußbericht der PEM 13, Kurzfassung, Göttingen, 1999.

"Die Überlebenschancen des europäischen Wohlfahrtsmodells", in: Der Standard, 7./8. August 1999, S. 27.

Die Welt online v. 24.08.1999, Gespräch mit IAB-Experte Eugen Spitznagel. http://welt.de/daten/1999/08/24/0824wi126542.htx

Dingeldey, Irene (1998): Arbeitsmarktpolitische Reformen unter New Labour, in: Aus Politik und Zeitgeschichte, 11/1998, S. 32-38.

Döhrn, Roland (1998): Dänemark, ein Vorbild für Deutschland? In: Scherrer, Peter / Simons, Rolf / Westermann, Klaus (Hrsg.) (1998): Von den Nachbarn lernen: Wirtschafts- und Beschäftigungspolitik in Europa. Marburg, S. 161-168.

Döhrn, Roland / Heilemann, Ullrich / Schäfer, Günter (1998): Ein dänisches "Beschäftigungswunder"? In: Mitteilungen aus der Arbeitsmarkt- und Berufsforschung, 2/1998, S. 312-323.

Döhrn, Roland / Heilemann, Ullrich / Schäfer, Günter (1999): Dänemark - Ein "Beschäftigungswunder"? In: Wirtschaftswissenschaftliches Studium (WiST), 9/1999, S. 456-461.

"Eine 'sanfte Landung' für Dänemarks Wirtschaft", in: Neue Züricher Zeitung, 01.09. 1999.

"Ein Wunder, das kein Vorbild ist", in: Süddeutsche Zeitung vom 02.06.1999.

Emmerich, Knut (1998): Dänemark: Arbeitsmarktflexibilität bei hoher sozialer Sicherung, in: Wirtschaftsdienst, 7/1998, S. 401-406.

Emmerich, Knut (1999): Der Preis für mehr Beschäftigung, in: Die Mitbestimmung, 11/1999, S. 33-35.

"England ist im Aufwind - auch ohne den Euro", in: Die Welt Online, Wirtschaft, Freitag 28. April 2000.

"EU-Kommission kritisiert deutsche Beschäftigungspolitik", in: Hamburger Morgenpost Online, 08.09.1999.

"Europäische Arbeitspolitik auf dem Prüfstand", in: TAZ, 08.09.1999.

Fuhrmann, Nora (1999): Emanzipation am Arbeitsmarkt: dänische Reformkonzepte, in: WIP Schwerpunktheft: Frauen und Arbeitsmarkt, WIP Occasional Paper des Arbeitsbereichs Politische Wirtschaftslehre und Vergleichende Politikfeldanalyse, Institut für Politikwissenschaft der Universität Tübingen, Nr. 4, 1999, S. 5-16.

Ganßmann, Heiner (1999): Das Wechselverhältnis von Flexibilität und Rigidität auf den Arbeitsmärkten der USA, Japans und der Bundesrepublik Deutschland. Abschlussbericht (Publikation in Vorbereitung).

Gemeinschaftsdiagnose (1997): Die Lage der Weltwirtschaft und der deutschen Wirtschaft im Herbst 1997, Berlin, Teil 3; http://www.hwwa.uni-hamburg.de/publications/gemDiagnose/gd97herbst/Teil3_1.html

Glott, Rüdiger / Wilkens, Ingrid / Tasch, Andreas (1998): Bedingungen der Beschäftigungsentwicklung. Ein Vergleich zwischen den USA, den Niederlanden und Westdeutschland, in: SOFI-Mitteilungen, Nr. 26; http://www.gwdg.de/sofi/projekte/dl200-PEMI.htm

Halusa, Martin (1999): IWF fordert Wende in der deutschen Arbeitsmarktpolitik, in: Die Welt online, 05.11.1999.

Hancké, Bob (1998): Deregulierung und Flexibilität als Wunderheilmittel. Fragen zur Übertragbarkeit des flexiblen Modells, in: WSI Mitteilungen, 4/1998, S. 255-257.

Hardes, H.-Dieter (1999): Zur Frage der Notwendigkeit einer strategischen Koordinierung der Beschäftigungspolitik in Europa, in: Mitteilungen aus der Arbeitsmarkt- und Berufsforschung, 2/1999, S. 203-218.

Heinze, Rolf G. / Schmid, Josef / Strünck, Christoph (1999): Vom Wohlfahrtsstaat zum Wettbewerbsstaat. Arbeitsmarkt- und Sozialpolitik in den 90er Jahren, Opladen.

Heise, Arne (1998): Institutioneller Wandel, Beschäftigung und Effizienz. Ein deutsch-britischer Vergleich zur Klärung eines komplexen Zusammenhanges, in: WSI Mitteilungen, 4/1998, S. 233-241.

Heister, Michael (1999): Ein holländisches Wunder? In: Arbeit und Sozialpolitik, 5-6/99, S. 57-62.

Hetzel, Helmut (2000): Komplettes deutsches Dorf geht zur Arbeit in die Niederlande, in: Aachener Zeitung, 18. Januar 2000.

Hygum, Ove (1999): Beschäftigungswunder Dänemark, ein Modell? In: Schmid, Günther / Schömann, Klaus (Hrsg.) (1999): Von Dänemark lernen. Learning from Denmark. Discussion Paper FS I 99 - 201, Wissenschaftszentrum Berlin für Sozialforschung, S. 11-16.

"Institut erwartet Job-Wunder durch Billiglöhne", in: dpa-Pressemeldung v. 03.01.1998.

Jost, Irmintraut (1999): "Deutschland? Ich bin beunruhigt", Gespräch mit Wirtschaftsprofessor Paul Krugmann, in: Abendblatt, 13.10.1999.

Klauder, Wolfgang (1998): Flexible Arbeitsmärkte allein genügen nicht, um Beschäftigung zu schaffen. Auch die Nachfrage muß stimuliert werden, in: Die Zeit, Nr. 16, 1998.

Kleinfeld, Ralf (1998): Was können die Deutschen vom niederländischen Poldermodell lernen? In: Scherrer, Peter / Simons, Rolf / Westermann, Klaus (Hrsg.) (1998) Von den Nachbarn lernen: Wirtschafts- und Beschäftigungspolitik in Europa. Marburg, S. 121-145.

Kleinfeld, Ralf (1998): Niederlande-Lexikon. Geschichte, Politik, Wirtschaft, Gesellschaft. In: Müller, Bernd (Hrsg.) (1998): Vorbild Niederlande? Tips und Informationen zu Alltagsleben, Politik und Wirtschaft, Münster, S. 115-231.

Kleinhenz, Gerhard (1998): Was ist beschäftigungspolitischer Erfolg? In: Mitteilungen aus der Arbeitsmarkt- und Berufswelt, 2/1998, S. 258-261.

Klodt, Henning (1998): Großbritannien: Die marktwirtschaftliche Strategie, in: Mitteilungen aus der Arbeitsmarkt- und Berufsforschung, 2/1998, S. 277-293.

Klodt, Henning (1999): Arbeitsmarkterfolge in Großbritannien. Die marktwirtschaftliche Strategie, in: Wirtschaftswissenschaftliches Studium, 8/1999, S. 394-399.

Klös, Hans-Peter (1998): Arbeitsmarktentwicklung im Spiegel international vergleichender Empirie - kann Deutschland vom Ausland lernen? In: iw-trends, 1/98, S. 21-37.

Klös, Hans-Peter (1998): Erwerbsintegration als Armutsvermeidungsstrategie - Teilergebnisse des von der informedia-Stidftung für Gesellschaftswissenschaft und Publizistik geförderten Forschungsprojekts "Das deutsche Modell auf dem Prüfstand", in: iw-trends, 3/1998.

Königlich Dänisches Ministerium des Äußeren (Hrsg.) (1999): Dänemark. Kopenhagen; http://www.um.dk/danmark/denmark

Kröger, Martin / Suntum, Ulrich van (1999): Mit aktiver Arbeitsmarktpolitik aus der Beschäftigungsmisere? Ansätze und Erfahrungen in Großbritannien, Dänemark, Schweden und Deutschland. Gütersloh.

Kuhn, Gisbert (1999): Der Glanz des Reformlandes wird matter, in: Augsburger Allgemeine, 12.10.1999.

Lemper, Alfons (1996): Erfolgreiche Beschäftigungspolitik - Können Länder voneinander lernen? In: Bremer Gesellschaft für Wirtschaftsforschung e.V. (Hrsg.) (1996): Massenarbeitslosigkeit durch Politikversagen? Diskussionsbeiträge, Frankfurt am Main, S. 81-108.

"Luxusprobleme" in den Niederlanden, in: Neue Züricher Zeitung, 13.01.2000, Nr. 10.

Madsen, Per Kongshoy (1998): Das dänische "Beschäftigungswunder", in: Die Mitbestimmung, 5/98, S. 36-38.

Markovits, Andrei S: (1982): Introduction: Model Germany - A Cursory Overview of a Compley Construct; in: ders. (Hrsg.) (1982): The Political Economy of West Germany - Modell Deutschland, New York.

Ministerium für Wirtschaft und Mittelstand, Technologie und Verkehr des Landes Nordrhein-Westfalen (Hrsg.) (1999): Elemente einer erfolgreichen Beschäftigungspolitik - Das Beispiel Dänemark, in: Konjunktur in Nordrhein-Westfalen, 2/1999, S. 21-26.

Modell Deutschland – modernes Deutschland? In: WSI Mitteilungen, 4/1998, S. 225.

Mytzek, Ralf / Schömann, Klaus (1999): Institutionelle und finanzielle Rahmenbedingungen für Jobrotation in neun europäischen Ländern. In: Schmid, Günther / Schömann, Klaus (Hrsg.) (1999): Von Dänemark lernen. Learning from Denmark. Discussion Paper FS I 99-201, Wissenschaftszentrum Berlin für Sozialforschung, S. 27-30.

Ochel, Wolfgang (1998): Mehr Beschäftigung und weniger Arbeitslosigkeit - Amerika, hast du es besser? In: Mitteilungen aus der Arbeitsmarkt- und Berufsforschung, 2/1998, S. 262-276.

Paridon, Kees van (1998): Erfahrungen und Lehren aus der niederländischen Wirtschafts- und Sozialpolitik. In: Müller, Bernd (Hrsg.) (1998): Vorbild Niederlande? Tips und Informationen zu Alltagsleben, Politik und Wirtschaft. Münster, S. 75-96.

"Politik und Statistik in der EU. Herausforderung und Antwort", in: SIGMA, 1/2000, S. 47-49.

"Reformvorbild mit Euro-Allergie", in: Süddeutsche Zeitung, Beilage, 06.10. 1999.

Rehm, Philipp / Schmid, Josef (1999): Vier Welten der Beschäftigung - eine Längsschnittanalyse arbeitsmarktpolitischer Performanz. WIP-Occasional Paper Nr. 13, Tübingen.
Roth, Christian / Schmid, Josef / Blancke, Susanne (2000): Unterrichtseinheit: Internationale Modelle der Arbeitsmarktpolitik - Von den "Besten" lernen., in: SOWI, 1/2000; http://www.uni-tuebingen.de/uni/spi/rount.htm

Scherrer, Peter / Simons, Rolf / Westermann, Klaus (1998): Von den Nachbarn lernen? Für eine Modernisierung des "Rheinischen Kapitalismus" durch Arbeitsumverteilung, Innovation und Qualifizierung. In: Scherrer, Peter / Simons, Rolf / Westermann, Klaus (Hrsg.) (1998): Von den Nachbarn lernen. Wirtschafts- und Beschäftigungspolitik in Europa, Marburg, S. 18-42.

Scherrer, Peter / Simons, Rolf / Westermann, Klaus (Hrsg.) (1998): Von den Nachbarn lernen. Wirtschafts- und Beschäftigungspolitik in Europa. Marburg.

Schmid, Günther (1996): Beschäftigungswunder Niederlande? Ein Vergleich der Beschäftigungssysteme in den Niederlanden und in Deutschland. Discussion Paper FS I 96-206, Wissenschaftszentrum Berlin für Sozialforschung 1996.

Schmid, Günther (1997): Das niederländische Beschäftigungswunder? Ein Vergleich der Beschäftigungssysteme in den Niederlanden und Deutschland.
http: // www.ias.berlin.de/ersep/59_d/01400002.htm

Schmid, Günther (1999): Jobrotation - Ein Modell für investive Arbeitszeitverkürzung. In: Schmid, Günther / Schömann, Klaus (Hrsg.) (1999): Von Dänemark lernen. Learning from Denmark. Discussion Paper FS I 99-201, Wissenschaftszentrum Berlin für Sozialforschung, S. 31-36.

Schmid, Günther / Schömann, Klaus (Hrsg.) (1999): Von Dänemark lernen. Learning from Denmark. Discussion Paper FS I 99 - 201, Wissenschaftszentrum Berlin für Sozialforschung.

Schmid, Josef (1998): Arbeitsmarktpolitik im Vergleich: Stellenwert, Strukturen und Wandel eines Politikfeldes im Wohlfahrtsstaat. In: Schmid, J. / Niketta, R. (Hrsg.) (1998): Wohlfahrtsstaat - Krise und Reform. Marburg.
http:// www.uni-tuebingen.de/uni/spi/schpaiv.htm

Schmid, Josef (1998): Zukunft des Wohlfahrtsstaats (im internationalen Vergleich). In: Otto, Hans-Uwe (Hrsg.) (1998): Handbuch für Sozialarbeit. Neuwied;
http.//www.uni-tuebingen.de/uni/spi/schpzdw.htm

Schmid, Josef (1998): Herkunft und Zukunft der Wohlfahrt. Entwicklungspfade zwischen ökonomischem Globalisierungsdruck, staatlich vermittelter Solidarität und gesellschaftlicher Leistung im Vergleich. WIP Occasional Paper, 1/1998.

Schmid, Josef (1999): Von den Nachbarn lernen - Reflexionen über eine Grauzone zwischen Bildungsreisen und komparativen Analysen, in: WIP Schwerpunktheft: Reformen in westeuropäischen Wohlfahrtsstaaten - Potentiale und Trends, WIP Occasional Paper Nr. 5 - 1999, S. 5-13.

Schmid, Josef / Blancke, Susanne / Roth, Christian / Steiert, Rudolf (2000): Arbeitslosigkeit und Politik zum Wechsel des

Jahrtausends, in: SOWI-Themenheft "Politik und Arbeitsmarkt", 1/2000; http://www.uni-tuebingen.de/uni/spi/scheinl.htm

Schmitt, John / Mishel, Lawrence / Bernstein, Jared (1998): Unterschätzte soziale Kosten, überbewertete ökonomische Vorteile des "US-Modells", in: WSI Mitteilungen, 4/1998, S. 271-279.

Schrader, Klaus (1999): Dänemarks Weg aus der Arbeitslosigkeit: Vorbild für andere? In: Die Weltwirtschaft, 2/1999, S. 207-233.

Schröder, Jörg / van Suntum, Ulrich (1998): Internationales Beschäftigungsranking 1998. Gütersloh.

Spenneberg, Lutz (1997): Von Holland lernen? In: Die Woche, vom 7.3.1999.

"Starker Lohnanstieg in Großbritannien", in: Handelsblatt vom 16.02.2000.

Stille, Frank (1998): Der niederländische Weg: Durch Konsens zum Erfolg, in: Mitteilungen aus der Arbeitsmarkt- und Berufsforschung, 2/1998, S. S. 294-311.

Trends Spezial (1999): Vollbeschäftigung in Deutschland - ein Wunschtraum? Juni 1999.

"USA und Holland: Jobwunder oder Zahlentrick, Berliner Morgenpost, vom 23.5.1999.

Van Empel, Frank (1997): Modell Holland. Die Stärke von Verhandlungen in den Niederlanden. Broschüre anläßlich der Verleihung des Carl Bertelsmann-Preises 1997.

"Vergleich USA - Deutschland: Es gibt keinen Nachholbedarf bei einfachen Dienstleistungen", in: Die Zeit, 17.02.2000.

"Vertretung führt Arbeitslose in Job", in: Westdeutsche Allgemeine Zeitung, 01.04.2000.

Visser, Jelle / Hemerijck, Anton (1997): Ein holländisches Wunder? Reform des Sozialstaates und Beschäftigungswachstum in den Niederlanden, Frankfurt/Main, New York.

Visser, Jelle / Hemerijck, Anton (1998): Lehren aus dem holländischen Beispiel, in: Die Mitbestimmung, 5/1998, S. 11-15.

Volz, Joachim (1998): Können die Niederlande ein beschäftigungspolitisches Vorbild für Deutschland sein? sein? In: Scherrer, Peter / Simons, Rolf / Westermann, Klaus (Hrsg.) (1998): Von den Nachbarn lernen: Wirtschafts- und Beschäftigungspolitik in Europa. Marburg, S. 115-120.

Wagenmans, Willy (1998): Arbeitsverhältnisse als ein "Win-Win Game". Das Konsensmodell in den Niederlanden, in: Scherrer, Peter / Simons, Rolf / Westermann, Klaus (Hrsg.) (1998) Von den Nachbarn lernen: Wirtschafts- und Beschäftigungspolitik in Europa. Marburg, S. 111-114.

Walwei, Ulrich (1998): Beschäftigungspolitisch erfolgreiche Länder: Konsequenzen für Deutschland, in: Mitteilungen aus der Arbeitsmarkt- und Berufswelt, 2/1998, S. 334-347.

Walwei, Ulrich (1999): Das Beschäftigungsproblem - Nationale und europäische Antworten, in: Arbeit und Sozialpolitik, 5-6/1999, S. 32-39.

Weber, Alexander (1998): Der dänische Arbeitsmarkt - ein Modell für Deutschland? In: Scherrer, Peter / Simons, Rolf / Westermann, Klaus (Hrsg.) (1998): Von den Nachbarn lernen: Wirtschafts- und Beschäftigungspolitik in Europa. Marburg, S. 169-186.

Werner, Heinz (1998): Beschäftigungspolitisch erfolgreich Länder - Was steckt dahinter? In: Mitteilungen aus der Arbeitsmarkt- und Berufsforschung, 2/1998, S. 324-333.

Wernicke, Christian (1998): Modell Holland, in: Die Zeit, Nr. 41, 01.10.1998;
http:// www.Zeit.de/archiv/1998/41/199841.holland_.html

Willke, Gerhard (1998): Standortkonkurrenz und Beschäftigung - Ein internationaler Vergleich. Nürtingen; http://www.lpb.bwue.de/publikat/global/wilke.htm

Winkler-Büttner, Diana (1997): Unterschiedliche Arbeitsmarktregulierung in Europa, in: Wirtschaftsdienst, VI/1997, S. 354-358.

Wulf-Mathies, Monika (1998): Schafft Europa Arbeit? In: Scherrer, Peter / Simons, Rolf / Westermann, Klaus (Hrsg.) (1998): Von den Nachbarn lernen. Wirtschafts- und Beschäftigungspolitik in Europa. Marburg, S. 13-16.

Zilian, Hans Georg (1998): Einleitung: Flexibilisierung – eine Lösung, die zum Problem wird? In: Zilian, Hans Georg / Flecker, Jörg (Hrsg.) (1998): Flexibilisierung – Problem oder Lösung? Berlin, S. 9-28.

Zilian, Hans Georg / Flecker, Jörg (Hrsg.) (1998): Flexibilisierung – Problem oder Lösung? Berlin.

pragma

controlling für kleinbetriebe und dienstleister

Von Oktober 1997 bis Februar 1998 führte die pragma GmbH ein Modellprojekt „Controlling in Kleinbetrieben" durch, bei dem mit drei Kleinbetrieben / Dienstleistern ein professionelles Controlling-System entwickelt und (teilweise) umgesetzt wurde. In der vorliegenden Broschüre sind Hintergründe, Verlauf und Erfahrungen aus den hier abgelaufenen Arbeitsprozessen zusammengefasst und dargestellt. Sie wendet sich in erster Linie an InhaberInnen und Geschäftsführer(innen) von Unternehmen mit etwa bis zu 30 Beschäftigten, die das Controlling ihres Betriebs verbessern möchten und an Beispielen und Erfahrungen interessiert sind sowie an Organisations- oder UnternehmensberaterInnen, die mit Kleinbetrieben arbeiten.

Das Projekt „Controlling in Kleinbetrieben" wurde gefördert mit Mitteln der EU und des Landes Nordrhein-Westfalen im Rahmen des QUATRO-Programms.

pragma

projektbericht